就「社」社会で就「職」する若者たち

—専門学校生の初期キャリア—

片山悠樹
〔編著〕

学文社

はじめに

　本書のテーマは若者のキャリア形成である。私の専門である教育社会学に限っても，このテーマに関する優れた研究は多く，いまさら私が扱う必要がないような気もしている。それでも，こうして出版したのは，まだ掘り下げて検討する余地がいくつか残されていると思ったからである。そのひとつが，「職種」を中心としたキャリアである。それは，さまざまな職務を経験する「会社員」というキャリアではなく，看護師，保育士や美容師といった特定の職務を経験するキャリアのことを指す。そして，本書で扱うのは「職種」中心のキャリアを歩む若者（とくに女性）たちである。

　1970年代後半生まれの私は，父親の仕事の関係で，「都会」から離れたさまざまな地域で過ごした。かつての炭鉱地域，ピーナッツ畑が広がる田園地帯，海に囲まれた地域など。徒歩圏内に駅はなく，日常生活で電車に乗ったことはほとんどなかった。また，まわりを見渡してもスーツ姿の大人はほとんどいなかった。私にとって，スーツを着て（満員）電車に揺られながら出勤するのはテレビのなかの出来事であった。まわりの大人たちは農（林）漁業，建設業や自営業などで働き，生活していた。いまになって思えば，私は企業社会の「周辺」で育ち，まわりの大人たちは「会社員」とは少し違う働き方をしていたように思う。

　若者のキャリアを研究するようになったとき，私の経験と研究の前提が異なっていることが気になっていた。キャリアの研究では，企業社会がひとつの前提となっており，「会社員」（とくに大企業）への移行に研究の関心が集まっている（ように私には見えた）。もちろん，そうした前提を否定するつもりはないし，日本の労働市場の特徴を考えれば，ある意味で当然ともいえる（一方で，企業社会への移行を前提とする研究を批判する研究も存在している）。それでも私の経験＝「職種」中心のキャリアと，研究の前提＝「会社員」中心のキャリアの違いは頭の隅に残っていた。

当然ながら「職種」中心のキャリアは，かつて私の経験だけの話ではなく，現在でも存在している。例えば，看護師，保育士や美容師などがあげられよう。とくにCOVID-19（新型コロナウイルス感染症）の感染拡大を機に「エッセンシャルワーカー」という人口に膾炙し，私たちの日常生活を支える職種の重要性を改めて意識するようになったが，そこで働く人々の多くは「職種」中心のキャリアを歩んでいる。そのため，「職種」を中心としたキャリアを念頭に，若者のキャリアを検討したいと思い，かたちにしたのが本書である。本書に多少のオリジナリティがあるとすれば，視点の移動—「会社員」から「職種」へ—である。その程度かと思う方もいるかもしれないが，「会社員」／「職種」中心のキャリアの違いを意識しながら，若者のキャリア形成をまとまったかたちで検討している出版物は少ないと思っている。

　ところが，イメージを具体化しようとすると，どこに焦点をあてればよいのか，かなり迷った。「どの職種に注目すべきか？」，「都市よりも地方で調査を実施した方がよいのか？」など。しかも，人員も限られているので，大きな規模の調査を行うことは難しい。苦肉の策ではあるが，前著（『「ものづくり」と職業教育—工業高校と仕事のつながり方』岩波書店，2016年）のテーマである職業教育の延長で考え，専門学校に焦点をあてながら探るという方針にした。安易に見えるかもしれないが，若者のキャリア形成にとって教育という側面は重要な要素である。そうした経緯で，専門学校と職種の関連を踏まえ，本書に登場する若者たちが決まっていった。本書を読んでいただければわかるように，本書の若者たちは専門学校を卒業して，保育士，介護福祉士，理美容師，ネイリスト，自動車整備士といった職種へとキャリアを歩んでいる（なかには，うまくいかなかった者もいる）。彼／彼女らのキャリアは，「会社員」へと移行する若者たちとどのように異なるのか。本書では，「職種」中心のキャリアをできるだけ具体的に記述してみたつもりである。もちろん，さまざまな制約や準備不足もあり，わかっていない点や曖昧な点も多い。いまにして思えば，もう少し工夫すればよかったと後悔している。それでも，本書をきっかけに（批判も含め），若者のキャリアに関する新しい議論が生まれたらと願うばかりである。

今回の研究プロジェクトを立ち上げたのは，10年ほど前である。はじめは細々と実施する予定であったが，調査の地域・対象校が追加され，調査期間も長くなっていった。本書の若者たちは卒業後にさまざまな地域に移動したため，追跡するのはなかなか大変であった。しかも，COVID-19の感染拡大という予想だにしなかった出来事が起こり，一時は調査の延期あるいは中止も考えた。それでも，共同研究者として参加していただいた方々に助けられながら，またオンラインインタビューという方法を試しながら，曲がりなりにも追跡調査のかたちをたもつことができた。共同研究者の方々には感謝を申し上げたい。また，本書の執筆には参加できなかった，児島功和さん（パーソル総合研究所）と内田康弘さん（愛知学院大学）のお名前もここに記しておきたい。そして何よりも，調査に協力してくださった4校の専門学校の先生方と学生のみなさんには，この場を借りてお礼を申し上げたい。匿名性を守るため，お名前はあげることはできないが，みなさんの協力なしでは，今回の研究は進めることはできなかった。

　最後に，私たちの研究の意義を理解いただき，本書の企画を進めていただいた学文社の落合絵理さんにも，お礼を申し上げたい。

2024年12月29日

片山　悠樹

※本研究は，JSPS科研費（JP16K17417およびJP20K02585）による成果の一部である。

目　次

はじめに　i

序章　就「社」型／就「職」型キャリア……………………………片山悠樹　1

1. 本書の目的　1

2. 女性と職業教育　4

3. 分析対象としての専門学校　8

4. 本書の構成　10

I 部　専門学校の若者の初期キャリア

1 章　日本社会の構造的変化と専門学校卒の初期キャリア…… 岩脇千裕　16

1. はじめに　16

2. 専門学校卒業者の学校から職業への移行　17

　　2.1 卒業直後の就業状況　17／2.2 専門学校における学習内容と就業先との関係　18

3. 専門学校卒業者のキャリア観と離職状況　20

　　3.1 専門学校卒業者のキャリア観　20／3.2 専門学校卒業者の早期離職傾向　21／3.3 専門学校卒業者の早期離職傾向の背景　22

4. 専門学校卒の労働市場における位置づけの変化　23

　　4.1 若年正規雇用者の労働市場における高学歴化と脱工業化　23／4.2 社会サービス産業における専門学校卒女性の存在感の低下　26

5. 専門学校卒の労働市場における位置づけの変化　29

　　5.1 雇用の安定性と訓練機会　29／5.2 労働時間と賃金　31／5.3 脱工業化サービス産業における雇用の質　32

6. おわりに　33

目 次　v

2章　分化する女性の職業意識 ……………………………… 片山悠樹　38

1．はじめに　38

2．分析の視点—産業特殊的スキルと専門学校の資格教育　41

3．データ　43

4．分析結果　46

5．まとめと課題　52

Ⅱ部　専門学校の入学から卒業まで

3章　入学から卒業までの概要 …………………………………… 片山悠樹　56

1．調査の概要　56

2．対象者の概要　58

3．学校生活　60

4．小括　64

4章　専門学校からの移行プロセス ……… 都島梨紗・上地香杜・片山悠樹　68

1．目的　68

2．受験回数と応募方法　69

3．保育・介護福祉系の移行プロセス—応募先の「決め手」はなんだったのか　71

　　3.1　補助的な役割を果たす「学校・先生からの紹介・推薦」71／3.2　決め手①—「近さ」へのこだわり　73／3.3　決め手②—「実習施設」であること　74／3.4　実習施設と養成校の結びつきかた　78

4．理美容系の移行プロセス　80

　　4.1　理美容師系の移行プロセス　81／4.2　メイク系の移行プロセス　86

5．考察　89

5章　職業教育と非認知的能力—説明能力に注目して …………片山悠樹　94

1．はじめに　94

2．「職務コンピテンシー」と「教育コンピテンシー」　95

   2.1　非認知的能力の再登場と職務の脱文脈化　95／2.2　分析課題　98

3．分析結果　99

   3.1　消費者のニーズの変化　99／3.2　説明の相手と自信　102

4．非認知的能力は教育可能なのか？　112

6章　専門学校女子学生の性別役割意識の変化 ………………尾川満宏　116

1．本章の問い—なぜ専門学校在学中に性別役割意識が高まるのか　116

2．分析の視点と方法　119

3．性別役割意識と諸変数の関連　120

   3.1　学校所在地と学科　120／3.2　専門学校での学習経験　121／3.3　進路
相談の相手　122／3.4　職業生活に関する不安　124／3.5　ワークキャリア
観　125／3.6　ライフキャリア観　126／3.7　地元就職希望　127

4．在学中の性別役割意識向上の規定要因　128

5．まとめと考察　130

   補. 卒業後追跡インタビュー調査にみる性別役割意識　132

Ⅲ部　専門学校の女性とキャリア

7章　専門学校女子学生の進路選択とキャリア展望…………尾川満宏　140

1．はじめに　140

2．使用するデータと本章の視点　141

3．男女学生の職業選択に関する意識　142

   3.1　職業希望の形成時期　142／3.2　職業観：どのような仕事を希望する
か　143／3.3　就職地域の希望と実際　145

目　次　vii

4．女子学生の在学中のキャリア意識　148

　　4.1　ワークキャリア観　148／4.2　職業生活に関する不安　151／4.3　ライ
　　フキャリア観　153／4.4　社会意識　155

5．結果のまとめ　157

8章　キャリア形成と地域移動―保育系と美容系における仕事と地域

………………………………………………………………上地香杜　160

1．はじめに　160

2．保育系職業と地域移動　161

3．美容系職業と地域移動　165

　　3.1　メイク系と地域移動　165／3.2　美容師と地域移動　169

4．キャリア形成と地域移動　175

9章　保育系／美容系専門学校卒業生の初期キャリア

………………………………………………………上地香杜・都島梨紗　179

1．はじめに　179

2．若年保育系専門職と美容系専門職の辞める理由・続ける理由　180

　　2.1　保育士の実態調査からみる辞める理由・続ける理由　180／2.2　美容
　　師の実態調査からみる美容業界の働き方　182

3．保育系専門学校卒業生のやりがいと初期キャリア　184

　　3.1　保育系専門学校生の卒後追跡状況　184／3.2　保育専門職のキャリア
　　とやりがい―①転職しない保育専門職の語り　185／3.3　保育専門職のキャ
　　リアとやりがい―②転職する保育専門職の語り　187／3.4　いつでも復職
　　でき，子育ての社会化を選択できる，という将来の見通し　189

4．美容系専門学校卒業生のやりがいと初期キャリア　191

　　4.1　美容系専門学校生の追跡状況　191／4.2　勤務時間外でスキルを身に
　　つける　192／4.3　将来を見すえたキャリア形成　197

5．考察　202

5.1　保育系専門学校卒業生の働き方　202／5.2　美容系専門学校卒業生の
　　働き方　203

　6．おわりに　205

10章　専門学校卒の女性は職業教育の効果をいかに語るか？
　　………………………………………………………………片山悠樹　209

　1．問題関心　209

　2．分析データ　210

　3．分析結果　210

　　3.1　保育系　210／3.2　理美容系　219／3.3　考察—知識と職業教育への語
　　り　224

　4．まとめ—知識への意味づけ　227

終章　就「職」型キャリアを考えるために　…………………………片山悠樹　229

　1．専門学校からの移行　229

　2．就「社」社会周縁でのキャリア形成　231

　3．ジェンダー規範の再生産　235

　4．今後の課題　236

　索引　241

序章 就「社」型／就「職」型キャリア

片山悠樹

1. 本書の目的

「就「社」社会のなかで就「職」する若者たち」というタイトルは，奇妙に見えるかもしれない。なぜ，このようなタイトルなのか。この話から本書の目的を提示してみたい。

日本社会での就職は，就「職」ではなく就「社」だといわれる。就職の判断材料が職業ではなく，会社になるのが，その理由である。こうした考えは，日本社会ではある意味であたり前となっており，菅山真次 (2011) は就「社」社会と表現している。

就「社」社会の成立を歴史的に紐解いた菅山は，学校を卒業する特定の時点でひとつの企業に就くというキャリア形成のパターンは，1950 年代以降一般化していくと指摘する。明治期から高度成長期までおよそ 1 世紀にも及ぶスパンで，ホワイトカラー層に限られていた就職の慣行・制度が，製造大企業の男性労働者を中心にブルーカラー層にも広がっていく様相を描き出している。こうした慣行・制度が浸透するなかで，日本社会ではひとつの企業に長期にわたり勤務することが「標準」的とみなされるようになる。

就「社」社会と似た関心を労働法の観点から整理したのが，濱口桂一郎の「メンバーシップ型」社会である (濱口 2013, 2021)。濱口は，仕事と人の結び付け方において，職務をベースとする「ジョブ型」と，人をベースとする「メンバーシップ型」を提案する。「ジョブ型」では遂行すべき職務があらかじめ定められており，それを遂行できる人をはめ込む一方，「メンバーシップ型」では人（会社員というメンバー）を先に決めて，その人に職務を割り振る。こうしたふたつ

の違いは雇用，賃金や労使関係などにも及ぶが，採用でいえば職務が特定されている「ジョブ型」では職務に必要な人のみ採用し，その時期も必要な時に限定される（欠員募集）のに対して，「メンバーシップ型」ではある特定の時期に一斉に採用される（一括採用）。一括採用が可能なのは，「メンバーシップ型」では定期的に職務を替わることが原則となっているためである（定期人事異動）。そこでは，特定の職務の専門家になるのではなく，さまざまな職務を経験し，企業特有のスキルを獲得していくことが目指される。そのため，企業は長期雇用のインセンティブが働き，長雇用保障が強化されやすくなる。

　アプローチの違いはあれ，菅山も濱口もキャリア形成において職業よりも会社が優先される社会を見事に描き出している。こうした社会のなかでの職業移行やキャリア形成を，就「社」型キャリアとしておこう。

　若者の職業移行やキャリア形成というテーマを精力的に扱ってきたのは教育社会学であるが，その前提にあったのは就「社」型キャリアである。例えば，新規学卒者を卒業前の特定の時期にリクルートする新規学卒一括採用のように，「間断なき」移行に研究関心が向けられた。高卒就職であれば過去の採用実績をもとに職業斡旋を行う学校と継続的に採用を行う企業が取り結ぶ実績関係というしくみや（苅谷1991），大卒就職の場合は採用に関する情報の提供などを行うOB・OGネットワークの存在が明らかにされた（苅谷・本田2010）。実績関係もOB・OGネットワークも新規学卒一括採用を支えるものであったが，こうしたしくみは潜在能力の選抜も併せ持っていた。

　うえで触れたように，「メンバーシップ型」では特定の職務に紐づいた採用を行うわけではないため，企業は特定の職務能力ではなく，訓練可能性を求める。採用後に職場での訓練（OJT）によって企業特有のスキルを有する労働者として育てるため，訓練可能性が重視される[1]。そして，訓練可能性を測る代理指標として用いられたのが，学校の成績や大学のランクである。高卒就職でいえば，学校の成績が高いほど大企業に就職する確率が高まる。

　就「社」型キャリアを前提とした，これまでの研究では，スムーズな移行と潜在能力＝普通教育の成果の重視という特徴が描き出されてきた。

これに対して，本書では職種中心にキャリアを歩む若者たちに焦点をあて，彼ら／彼女らの職業への移行や初期のキャリア形成を検討してみたい。就「社」型キャリアが優勢な社会のなかで，職種中心のキャリアはどういった特徴を持つのか。そして，若者の職業移行やキャリア形成に関する従来の研究にどのような視点を提供できるのか。本書では，職種中心のキャリアを就「職」型キャリアと名づけ，検討する。

しかしながら，日本社会のなかで就「職」型キャリアはどのぐらい広がっているのか。例えば，医療業界などの専門職は典型的な就「職」型キャリアといえるだろう。病院内で医者（あるいは看護師）は医者（看護師）として働きつづけるように，職種が替わることはない。ほかにも教師も就「職」型キャリアのひとつとしてあげられるだろう。企業や組織の変更はあっても，職種を変更することなくキャリアを形成する人々は，どの程度存在しているのであろうか。ここでは，渡邉勉の職業経歴の研究を参考にしてみたい。

社会階層と社会移動全国調査（SSM 調査）のデータによると，15 歳から 40 歳までの間に職業（SSM9 分類）をひとつしか経験していない者は男女ともおよそ 5 割前後となるという（渡邉 2011）。さらに，SSM 職業小分類をもとに 20 年間での職歴の分析結果によると，従業先移動も職業移動も経験していない「一貫型」が 33.3%，従業先移動はあるものの職業移動がない「職業一貫型」は 9.3% であるという（渡邉 2019）。調査の関係上，職業分類には限界があろうが，20 年あまりで職業経験がひとつであるというキャリアはある程度広がりを見せている。また，具体的な職業としては，「一貫型」や「職業一貫型」には専門職や技術職が多く含まれるものの，建設関係，理容師，仕立職などは「職業一貫型」で多く，専門職以外でも職業経験がひとつであるキャリアは確認できる。

こうした結果を踏まえると，就「職」型キャリアはある程度の広がりを持っていると考えられ，就「職」型キャリアという視点を取り上げることには一定の意義があるといえる。本書では，就「職」型キャリアを念頭に若者の移行やキャリア形成を分析する。

2. 女性と職業教育

　就「職」型キャリアを分析するにあたり，どのような視点からアプローチすべきか。本書では，就「社」型キャリアで周辺的あるいは軽視されがちな視点の2つを取り上げ，就「職」型キャリアの様子を描きたい。それは，女性と職業教育である。

　日本社会のなかで，見通しのよいキャリアという恩恵を受けていたのは，主に男性である（熊沢 2000）。企業が提供する安定的なキャリア（男性）は，労働と生活の分離を明確にし，生活モデルは核家族が中心となる。安定的なキャリアの恩恵を受けにくい女性は専業主婦というかたちで家事労働を担い，性別役割分業が自明視された。さらに，家事労働だけでなく，女性を中小企業のパートタイマーや自営業セクターといった周辺的な労働に置くことで性別役割分業は維持されてきた（野村 1998）。就「社」型キャリアの正式なメンバーになるのは男性であり，女性は周辺的なメンバーであったのである。

　ところが，近年，そうした分業に変化が訪れる。その背景のひとつは，産業構造の変化である。

　欧米では1980年代以降，製造業の縮小とサービス業の拡大が生じたが（Esping-Andersen 1999＝2000），やや遅れながらも日本社会でも同様の傾向が見られる。産業別就業者数でいえば，高度成長をけん引した製造業は1990年代後半になると減少する一方，サービス業が増加し，多数を占めている[2]。サービス業の拡大という脱工業化のなか，女性の労働参加率が上昇する。もっとも，上昇しているのは正規雇用だけではなく，むしろ非正規雇用の方が目立つ。労働市場の二極化や雇用の不安定化のなか，女性のキャリアは必ずしも安定的ではない。

　長松奈美江（2016）は，イエスタ・エスピン－アンデルセンの議論をベースに日本社会の脱工業化と労働の変化（1987年→2012年）を扱っているが，医療，福祉，教育などの「社会サービス」における女性の就業者数の増加，技能水準の高さや長時間労働などを指摘している。本書でも，長松の議論を参考に，産業別の就業者の変化を確認してみよう（技能水準や雇用の質などについては1章

で分析する）。

　図序-1は1987年と2017年の産業別就業者数を男女別に示したものである。産業を分類するにあたり，工業社会以前から存在した，あるいは工業化とともに出現したサービス業を「従来型サービス」，脱工業化のなかで拡大したサービス業を「ビジネスサービス」，「消費者サービス」と「社会サービス」と便宜的に区分した。比較対象として製造業などの「従来型ものづくり」を掲載している[3]。なお，「従来型サービス」と「従来型ものづくり」をまとめて「従来型産業」とし，「ビジネスサービス」，「消費者サービス」と「社会サービス」をまとめて「脱工業化サービス産業」とする。

　図を見ると，男性では「従来型ものづくり」と「従来型サービス」がやや減少する一方，「ビジネスサービス」と「社会サービス」が増加している。女性でも，「従来型ものづくり」の減少と「ビジネスサービス」の増加が確認できるが，とりわけ目立つ変化は「社会サービス」の増加である。脱工業化にともなう変化は，女性の「社会サービス」で最もよく表れている。

　こうした変化は，就「職」型キャリアにおいて，どのようなかたちで表れるだろうか。「社会サービス」に含まれる介護福祉士や保育士などは入職の際に資格が求められる職種であり，就「職」型キャリアの典型であるといえる。脱

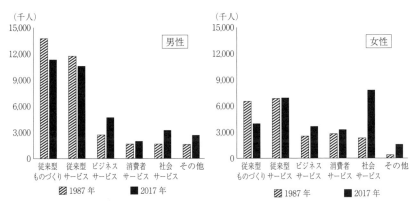

図序-1　産業別就業者数の変化（在学者は除く）
出所：総務省統計局『就業構造基本調査』

工業化による女性の「社会サービス」の上昇は，女性のなかで就「職」型キャリアを占める比重が高まっていることを示している。そのため，就「職」型キャリアに注目する本書では，女性に焦点をあてる。

　もうひとつの視点が職業教育である。

　さきにも触れたように，就「社」型キャリアが優勢な社会では，企業は職場での訓練を重視し，採用の際に求めるのは職務のスキルではなく訓練可能性である。そのため，教育の成果（教育年数や成績）は訓練可能性の代理指標として見なされるようになり，反面で学校での職業スキルの形成機能は軽視される。日本社会での職業教育への関心の低さはそのことを象徴しており，本田由紀(2005) が職業的レリバンスの欠如として問題視しているのはまさにこの点である[4]。就「社」型キャリアを前提とした若者のキャリア研究では，職業教育は分析の対象として取り上げられることは少なかった。

　製造業が優勢であった工業社会には要求されるスキルが低くても収入の安定した職業がある程度存在したが (Kalleberg 2011)，脱工業化のなかでそうした職業は少なくなり，これまで以上に知識やスキルが必要とされる。こうしたなか，職業教育の役割に注目が集まりつつある。その代表的例が「資本主義の多様性」論の職業教育・訓練制度に関する議論である。ここでは詳細は扱わないが，収斂理論に代わり発展した「資本主義の多様性」論のなかで，職業教育・訓練制度に対する関心が高まり，1990 年代以降は国際比較データが整備され（本田 2016），研究が進展している。そこでは，社会保護（失業保護／雇用保護）とスキルといった制度の補完性から職業教育・訓練制度の多様性が示され，経済発展との関連が検討されている (Estevez-Abe, Iversen and Soskice 2001 = 2007)。職業教育・訓練制度といっても，実施主体（企業，学校など）も異なるため，一括りに論じることは難しいが，本書の関心に引き付けていえば，学校の職業教育が賃金格差を縮小させる可能性が提示され (Busemeyer 2015)，職業教育のポジティブな効果が示されている。

　こうした研究動向を念頭においたとき，職業教育は就「職」型キャリアを歩む若者とくに女性たちにとって，どのような役割を果たしていると考えられる

だろうか。

　例えば，短期高等教育における人的資本の形成機能を分析した多喜弘文（2023）は，企業特殊的なスキル形成のなかで周辺的な立場に置かれやすい女性にとって，職業教育機関である専門学校は企業を超えたスキルや資格の獲得を通して安定的なキャリアを築く機能を果たしている可能性を指摘している。就「社」型キャリアでは男女間で分断され，女性は不利になりやすいが，就「職」型キャリアでは職業教育でのスキル形成を介して女性はそうした不利を回避できる可能性があるという。そういった意味で，本書では就「職」型キャリアに対する職業教育の役割を取り上げる。

　ただし，急いで指摘しなければならない点がある。それは，人的資本論が想定するように，スキルの概念は客観的な実態にもとづくものではなく，社会的に構成される側面を有するということである。例えば，ジル・ブラックモアは，オーストラリアの職業教育主義的な改革動向の言説をもとに，フォーディズムで重視された「特定の状況に対応した」スキルから，ポストフォーディズムで重視される「包括的」な人格的なスキルへと変化する様子を記述し，スキル概念の構築性を示している。そのうえで，女性的スキルと見なされる「包括的」な人格的なスキルが重視されるようになったものの，いまだ男性的視点は根強く，スキルを基盤としたジェンダーの再生産構造は維持されていることを指摘する（Blackmore 1997）。

　ブラックモアの議論はスキルにひそむ問題を提示している。スキルやスキル形成を客観的な実態ではなく，社会的関係性のなかにおき，理解することが重要である。そのため，本書ではスキル形成の実践や，スキルに対する若者たちの認識といったミクロな視点に注意を払いながら，スキル形成について検討する。具体的には，職業教育の実践ではどのようなスキルが重視されるようになったのか，そして若者とくに女性たちはスキルをどのように認識しキャリアを紡ぎ出しているのか，これらを議論したい。

3. 分析対象としての専門学校

　就「職」型キャリアのあり方を女性と職業教育という視点から検討する本書では，分析対象として専修学校専門課程（以下，専門学校）を取り上げる。

　なぜ，専門学校の若者なのか。その意図を理解していただくために，専門学校の社会的位置づけを確認しておきたい。

　若者の移行やキャリア形成の研究では，分析ターゲットのほとんどは高卒の若者か，大卒の若者であった。**図序-2**は高卒後の進路状況の推移を示したものだが，1990年代までは高卒就職者が最も多かった。1990年代以降になると，大卒者が多数を占めるようになる。たびたび目にする図ではあるが，かつての高卒就職と現在の大卒のボリュームが，移行やキャリア形成の研究において高卒と大卒の若者が中心となる理由である。一方，専門学校進学率は2000年代まで順調に上昇していたが，その後20％台で頭打ちとなり，決して多いとは

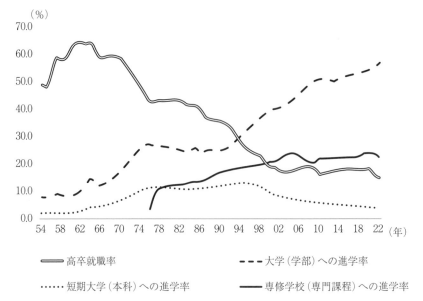

図序-2　戦後社会の高校卒業者の進路状況（進学率と就職率）
出所：文部科学省『学校基本調査』

いえない。**図序 -2** を見る限り，専門学校の若者を取り上げる積極的な意味は見いだせないが，本書ではあえて専門学校の若者を扱う。それは，先ほど示した産業別就業者が関係する。

表序 -1 は，**図序 -1** の産業別就業者数を若年層に絞り（15 歳〜39 歳），就業者の比率を学歴・性別ごとに示したものである。表を見ると，「従来型ものづくり」では「高卒以下　男性」と「大学・大学院　男性」が多数を占めており，「従来型サービス」でも同様のパターンが見られる。「従来型ものづくり」や「従来型サービス」といった「従来型産業」では，高卒と大卒の男性が中心である。

「脱工業化サービス産業」について見ると，「ビジネスサービス」ではその多くが高学歴層で占められている。「社会サービス」でも高学歴層の割合が比較的高い。それに対して，「消費者サービス」では「高卒以下」の割合が高くなっている。ところが，「消費者サービス」と「社会サービス」については，もうひとつ特徴がある。それは，「専門学校　女性」が一定の割合を占めているということである。

表序 -1 から，つぎのようにいえよう。「従来型産業」では高校や大学からの移行が主流であり，キャリア形成の中心は高卒や大卒の男性であった。ところ

表序 -1　学歴・性別ごとの産業別就業率

（15 歳〜39 歳：数値は％）

	高校以下 男性	高校以下 女性	専門学校 男性	専門学校 女性	短大・高専 男性	短大・高専 女性	大学・大学院 男性	大学・大学院 女性	計
従来型 ものづくり	40.9	12.5	7.7	3.0	2.6	2.9	23.1	7.4	100.0
従来型 サービス	24.5	17.7	8.6	6.8	1.8	5.2	22.1	13.3	100.0
ビジネス サービス	9.0	8.6	8.2	5.9	1.6	4.7	38.1	23.9	100.0
消費者 サービス	17.8	25.7	11.1	16.7	0.8	7.2	9.9	10.8	100.0
社会 サービス	3.7	10.8	7.5	20.1	0.9	13.6	17.3	26.1	100.0

出所：総務省統計局『就業構造基本調査』平成 29 年
注：表中の網掛け部分は 15％以上を示す。

が，「社会サービス」や「消費者サービス」に目を向けると，専門学校の若者とくに女性が目立つ。脱工業化のなか，「社会サービス」や「消費者サービス」へと移行する専門学校卒の女性が目立つようになり，さらに彼女らは就「職」型キャリアを歩んでいる可能性がある。

　しかし，専門学校の役割は，就業者数といった量的な意味にとどまらない。いくつかの研究によれば，専門学校と女性のキャリア形成にいくつかの特徴が観察される。眞鍋倫子 (2011, 2016) によれば，男性では雇用形態や所得において高卒と専門学校卒との違いが見られないのに対し，女性の場合，専門学校卒で正規雇用率と所得が高いという。多喜弘文 (2016) や濱中淳子 (2013) も，女性では専門学校の卒業で収入が上昇することを示している[5]。つまり，専門学校での教育を通じて，女性たちはスキルを獲得し，キャリア形成の基盤としているのである。そして，それが可能となるのは，すでに触れたように，就「職」型キャリアでは職業教育が機能しやすいためではないか[6]。

　以上のように，本書では専門学校の若者とくに女性を分析のターゲットとする。そして，分析を通して，若者たちのキャリアに対する職業教育の可能性を問う。こうした問題は何度か問われてきたが (本田 2005, 片山 2016)，本書では専門学校の若者 (女性) を題材にアプローチする。

4. 本書の構成

　本書の構成は以下の通りである。

　第Ⅰ部では，専門学校の若者の初期キャリアを検討する。具体的には，1章で雇用の安定性，訓練機会や賃金といった雇用の質という観点から，専門学校卒の若者の初期キャリアの実態を描き出す。2章では，職業意識という視点から，専門学校卒の若者のキャリア展望を検討する。その際，専門学校卒の女性に焦点をあてる。

　第Ⅱ部と第Ⅲ部では，本書の執筆者を中心に実施された調査 (アンケート調査とインタビュー調査) のデータをもとに，専門学校の教育と若者の移行プロセ

スや初期のキャリア形成を記述する。

　第Ⅱ部では，専門学校の教育と移行プロセスを扱う。3章では，具体的な分析に入る前段階として，調査対象者の学びの状況を概略的に示す。つづく4章では専門学校からの移行プロセスの特徴を高卒就職との比較で描き出す。そして5章では，コミュニケーション能力を事例に，職業教育における非認知的能力の教育可能性について試論的に検討する。6章ではキャリア観を構成する意識のうち，性別役割意識を取り上げ，専門学校教育の「潜在的逆機能」を検討する。

　第Ⅲ部では，専門学校卒の女性に焦点をあて，キャリアと能力の関連やキャリアと地域移動を扱う。7章では，専門学校入学から卒業までのキャリア展望の様子を概略的に示す。そして，8章では，女性のキャリア形成について，地域移動という視点から描き出す。9章では，転職経験を事例に，キャリア意識の変化を記述する。10章では，職業教育の効果に対する認識をもとに，職業教育の効果に関する議論の問い直しを試みる。

　以上の議論を踏まえ，就「社」社会のなかで就「職」する若者たちの移行やキャリア形成に対して，専門学校を含めた職業教育に何ができうるのかを議論する。

注

1）こうした点は，「資本主義の多様性」論の「スキル形成レジーム」で，日本社会を企業ベースの職業教育・訓練が優勢で，スキルの性質が企業特殊的と分類したことと整合的である（Estevez-Abe, Iversen and Soskice 2001＝2007，Thelen 2004）。

2）産業構造の変化は産業分類からもうかがえる。日本標準産業分類（大分類）の名称を見ると，2002年改訂を境に，「サービス業」の分類が詳細化している。1993年改定までは「サービス業」と一括りであったが，2002年改訂で「医療，福祉」，「教育，学習支援業」，「複合サービス業」と「サービス産業（他に分類されないもの）」などが，2007年改訂では「学術研究，専門・技術サービス業」と「生活関連サービス業，娯楽業」が追加されている。分類から見ても，1990年代から2000年代あたりで産業構造が変化したといえる。

3) 分類は，イエスタ・エスピン-アンデルセン（1999＝2000，2009＝2011）および長松奈美江（2016）を参考にした。具体的には，下記の通りである。1987年と2017年では分類が異なるため，比較可能な項目のみを取り上げた。なお，1987年と2017年で分類名称が異なる場合は，（　）内に1987年の分類名称を記した。
「従来型ものづくり」＝「鉱業」，「建設業」，「製造業」
「従来型サービス」＝「電気・ガス・熱供給・水道業」，「情報通信業（通信業）」，「運輸業，郵便業（運輸業）」，「卸売業，小売業（卸売・小売業（飲食店を除く））」
「ビジネスサービス」＝「金融・保険業」や「不動産業，物品賃貸業」，「学術研究，専門・技術サービス業（他に分類されない専門サービス）」
「消費者サービス」＝「飲食店，持ち帰り・配達飲食サービス業」，「宿泊業」，「娯楽業（映画・娯楽）」，「生活関連サービス（対個人サービス）」
「社会サービス」＝「医療業，保健衛生（医療業），「社会保険・社会福祉・介護事業」，「教育，学習支援業（教育）」

4) 乾彰夫（2002）は「戦後日本型青年期」論のなかで，公的職業教育・訓練の欠如を指摘している。「戦後日本型青年期」は，学校から職業への移行を中心とした経済的自立，生育家族からの分離と新しい家族形成といったプロセスに戦後日本社会の性格を付与した概念であり，福祉国家体制下で形成された西欧社会の青年期と区分するかたちで，企業社会化を通して大衆的に拡大した日本社会の青年期の特徴を示すものである。主な特徴を整理すると，競争的性格をともなう移行ルート，就学期間中の家族／学校の保護から就業後の企業による労務管理を通した保護，公的な職業教育・訓練の欠如などがあげられる。高度成長期に大衆的な成立を見た「戦後日本型青年期」であるが，1990年代以降，若年正規雇用の減少などによってその枠組みは解体されてしまう。そうしたなかで，乾は再編に向けた課題のひとつとして公的な職業教育・訓練のシステム構築を指摘している。

5) 専門学校卒業後の転離職については，雇用職業総合研究所（1985）や李敏（2009）がある。

6) 植上一希（2011）は，日本型雇用（長期雇用・年功型処遇・企業内技能養成）環境の「標準的キャリア形成」には包含されないキャリアを歩む若者たちに対する専門学校の役割を記述している。就「社」型キャリア／就「職」型キャリアと対比し，後者に対する専門学校の機能を検討する本書は植上と関心を共有している。

引用・参考文献

Blackmore, J., 1997, The Gendering of Skill and Vocationalism in Twentieth-Century Australian Education, Halsey, A. H., Lauder, H., Brown, P. and Wells, A. S., (eds.), *Education: Culture, Economy, and Society*, Oxford University Press：

224-239.

Blossfeld, H.-P. and Hofmeister, H.(eds.), 2006, *Globalization, Uncertainty and Women's Careers: A International Comparison*, Edward Elgar Publishing.

Busemeyer, M. R., 2015, *Skills and Inequality: Partisan Politics and the Political Economy of Education Reforms in Western Welfare States*, Cambridge University Press.

Esping-Andersen, G., 1999＝2000, 渡辺雅男・渡辺景子訳『ポスト工業経済の社会的基礎―市場・福祉国家・家族の政治経済学』桜井書店.

Esping-Andersen, G., 2009＝2011, 大沢真理監訳『平等と効率の福祉革命―新しい女性の役割』岩波書店.

Estevez-Abe, M., Iversen, T. and Soskice, D., 2001＝2007, 「社会保護と技能形成―福祉国家の再解釈」Hall, P. A. and Soskice, D.(eds.), 遠山弘徳・我孫子誠男・山田鋭夫・宇仁宏幸・藤田奈々子訳『資本主義の多様性―比較優位の制度的基礎』ナカニシヤ出版：167-210.

濱口桂一郎, 2013, 『若者と労働―「入社」の仕組みから解きほぐす』中公新書ラクレ.

濱口桂一郎, 2021, 『ジョブ型雇用社会とは何か―正社員体制の矛盾と転機』岩波新書.

濱中淳子, 2013, 『検証・学歴の効果』勁草書房.

本田由紀, 2005, 『若者と仕事―「学校経由の就職」を超えて』東京大学出版会.

本田由紀, 2016, 「教育と労働の関係をめぐる社会間の差異―「資本主義の多様性」論に基づく考察と検証」『教育学研究』83(2)：140-153.

乾彰夫, 2002, 「「戦後日本型青年期」とその解体・再編―「学校から仕事へ」の移行過程の変容を中心に」『ポリティーク』(3)：88-107.

Kalleberg, A. L., 2011, *Good Jobs, Bad Jobs: The Rise of Polarized and Precarious Employment Systems in the United States, 1970s to 2000s*, Russell Sage Foundation.

苅谷剛彦, 1991, 『学校・職業・選抜の社会学―高卒就職の日本的メカニズム』東京大学出版会.

苅谷剛彦・本田由紀編, 2010, 『大卒就職の社会学―データからみる変化』東京大学出版会.

片山悠樹, 2016, 『「ものづくり」と職業教育―工業高校と仕事のつながり方』岩波書店.

雇用職業総合研究所, 1985, 『専修学校卒業生の職業と意識』.

熊沢誠, 2000, 『女性労働と企業社会』岩波新書.

李敏, 2009, 「専門学校卒業生の初期キャリア」小方直幸編『専門学校教育と卒業生のキャリア』(高等教育研究叢書103), 広島大学高等教育研究開発センター：33-47.

眞鍋倫子，2011，「「専門学校卒業の効果」『教育学論集』53：55-71.

眞鍋倫子，2016，「女性のキャリアに対する専門学校卒業の効果：就業構造基本調査の分析より」『教育学論集』58：55-75.

長松奈美江，2016，「サービス産業化がもたらす働き方の変化—「仕事の質」に注目して」『日本労働研究雑誌』58(1)：27-39.

野村正實，1998，『雇用不安』岩波書店.

菅山真次，2011，『「就社」社会の誕生—ホワイトカラーからブルーカラーへ』名古屋大学出版会.

多喜弘文，2016，「学歴としての専門学校の効果とその男女差—就業構造基本調査の個票データを用いた基礎分析」『社会志林』63(3)：59-78.

多喜弘文，2023，「日本における短期高等教育学歴と人的資本形成—就業構造基本調査を用いた短大・高専・専門学校の比較」『社会志林』69(4)：97-118.

Thelen, K., 2004, *How Institutions Evolve: The Political Economy of Skills in Germany, Britain, the United Sates, and Japan*, Cambridge University Press.

植上一希，2011，『専門学校の教育とキャリア形成—進学・学び・卒業後』大月書店.

渡邉勉，2011，「職歴からみる雇用の流動化と固定化—職業経歴の多様性」石田浩・近藤博之・中尾啓子編『現代の階層社会2　階層と移動の構造』東京大学出版会：173-187

渡邉勉，2019，「職業経歴の不平等」『理論と方法』33(2)：218－232.

I 部

専門学校の若者の初期キャリア

日本社会の構造的変化と専門学校卒の初期キャリア

岩脇千裕

1. はじめに

　本章では，専門学校卒業者の初期キャリアの特徴を近年の産業構造の変化と関連づけて整理する。第2節と第3節では，専門学校卒業から初めて正規雇用された会社等を離職するまでのキャリアについて，他学歴と比べた場合の専門学校卒の特徴を示す。第4節と第5節では，日本社会の脱工業化が専門学校卒の初期キャリアに及ぼした影響を，若年正規雇用者の労働市場における専門学校卒の位置づけ，および彼・彼女らが正規雇用された場合の雇用の質に着目して検討する。

　本章では，e-Statに公開された政府統計の他，労働政策研究・研修機構（以下「JILPT」）が厚生労働省から使用許可を得て「雇用動向調査」と「若年者雇用実態調査」を二次分析した結果（JILPT 2023，岩脇2022a, 2022b）と，JILPT（2019）による「第2回若年者の能力開発と職場への定着に関する調査」の分析結果を，再分析を加えたうえで示す。なお，本章で政府統計を用いる際には，本書の第2部，第3部で採りあげる「地域の専門学校に対する継続調査」の対象者（2019年3月卒）に対応する年次の統計を選んだため，結果的に2017～2020年に実施された統計を使うことになった。したがって本章の議論は，2020年以降の新型コロナウイルス感染症の拡大が影響する前の労働市場についてのものである点に留意されたい。

2. 専門学校卒業者の学校から職業への移行

2.1 卒業直後の就業状況

本節では、新卒時の職業への移行過程における専門学校卒の特徴を示す。「学校基本調査」によると、2018年度間に専門学校を卒業した人は234,103人、うち男性は100,484人、女性は133,619人と女性の方がやや多い。この専門学校卒業者のうち就職者[1]が占める比率は、男性は75.7%、女性は82.7%で、大学卒の男女と短大卒の女性とは同程度だが、高校卒・高専卒の男女、短大卒の男性よりは大幅に高い（図1-1）。同年齢層で卒業する高専卒の男女や短大卒の男

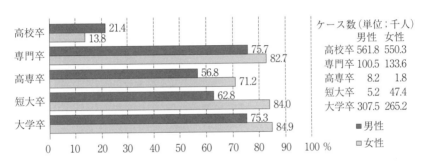

図1-1　2018年度卒業者に占める就職者の比率（性・学歴別）
出所：文部科学省『学校基本調査』令和元年
注：専門卒＝専修学校専門課程卒業者。

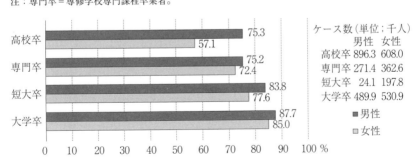

図1-2　15〜24歳の雇用者に占める正規雇用者の比率（性・学歴別）
出所：総務省統計局『就業構造基本調査』平成29年
注：専門卒＝専修学校専門課程卒業者。JILPT（2022：23）の集計により、女性の高専卒には専修学校卒のケースが混在している可能性が示唆されたため、高専卒は掲載を控える。

性と比べて専門学校卒は，卒業後に進学など就職以外の進路をとる人が少ない傾向にあるといえる。さらに，就職後の従業上の地位を比較するため，**図1-2**へ，「平成29年就業構造基本調査」より，新規学卒者を多く含む年齢層（15〜24歳）について，雇用者に占める正規の職員・従業員（以下「正規雇用者」）の比率を性・学歴別に示した。専門学校卒の若者は，同年齢層の高等教育修了者と比べて，正規雇用者となる傾向が弱いことがわかる。

2.2　専門学校における学習内容と就業先との関係

次に，学校から職業への入職経路について，JILPT（2023）が「雇用動向調査」を二次分析した結果をみると[2]，雇用期間に定めのない一般労働者[3]として入職した新規学卒者[4]のうち，入職経路が「学校」であった比率は，男性では高専・短大卒（82.9％）や専門学校卒（78.9％）の比率が，高校卒（29.6％）や大学卒（35.8％）より大幅に高い。女性は専門学校卒が81.6％と突出して高く，高校卒は25.7％，大学卒38.1％，高専・短大卒は64.4％であった。

専門学校卒が学校を経由して就職する傾向があるのは，その学習内容と産業・職業とが強く結びついているためである。**図1-3**へ「学校基本調査」より2018年度間の専門学校卒業者の進路を性・学科別に示した。卒業者に占める就職者の比率は男性75.7％，女性82.7％，関係分野への就職者の比率は男性69.2％，女性78.4％と，就職者の9割以上が学科と関係する分野に就職した。学科別にみると，医療，教育・社会福祉，衛生の卒業者は9割前後が就職し，8割以上が関係分野に就職した。これらの学科では，学習内容と将来働く産業や職業とが強く結びついている。一方，服飾・家政，文化・教養，男性の商業実務の卒業者は4〜6割が就職し，関係分野への就職率は男性で4割強，女性で5割強である。これらの学科では，就職以外に進学や一時的な職業に就く，求職活動を継続するなど進路は多様であり，学科と関係のない分野で働く人も多い。

同じく「学校基本調査」から2018年度間に専門学校を卒業した者の出身学科の構成を見ると，女性の約半数を職業との結びつきが強い学科出身者（医療30.6％，教育・社会福祉7.4％，衛生17.3％）が占める。彼女らは，序章で説明さ

れた脱工業化により拡大した社会サービス（教育・学習支援業，医療・保健衛生，社会保険・社会福祉・介護）や消費者サービス（宿泊・飲食サービス業，生活関連サービス業）へ就職すると推察される。一方男性は，26.4％が工業，26.7％が文化・教養，16.3％が医療，12.8％が商業実務の出身である。工業学科は関連分野への就職率が79.0％と比較的高く，卒業者の多くは工業が経済の中心であっ

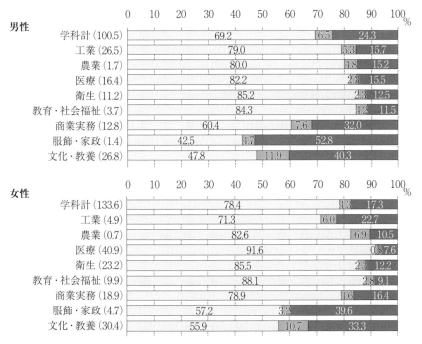

図1-3 2018年度専修学校専門課程卒業者の進路構成（性・学科別）
出所：文部科学省『学校基本調査』令和元年，専修学校専門課程を2018年度間に卒業した者について作成。
注：1「就職者」とは自営業含む経常的収入を得る仕事に就いた者を指し，家事手伝い，臨時的な仕事に就いた者を除く。
　 2「医療」は看護，准看護，歯科衛生，歯科技工，臨床検査，診療放射線，はり・きゅう・あんま，柔道整復，理学・作業療法等，「教育・社会福祉」は保育士養成，教員養成，介護福祉，社会福祉等，「衛生」は栄養，調理，理容，美容，製菓・製パン等，「服飾・家政」は家政，和洋裁，料理，編物・手芸，ファッションビジネス等，「文化・教養」は音楽，美術，デザイン，茶華道，外国語，演劇・映画，写真，通訳・ガイド，動物，法律行政，スポーツ等，「商業実務」は，商業，経理・簿記，秘書，経営，旅行，情報，ビジネス等，「工業」は測量，土木・建築，電気・電子，無線・通信，自動車整備，機械，電子計算機，情報処理等を含む。

20 I部 専門学校の若者の初期キャリア

た時代に発展した従来型産業（製造業，建設業，電気・ガス，運輸・郵便等）へ就
職すると思われる。一方，文化・教養や商業実務の卒業者は就職以外の進路や
学科に関連しない分野に就職する場合も多い。本章の後半では脱工業化による
専門学校卒のキャリアの変化を検討するが，そこで示される専門学校卒女性の
動向には医療，教育・福祉，衛生学科卒業者の動向が，専門学校卒男性の動向
には工業と医療を中心にさまざまな学科出身者の動向が反映されると予想される。

3. 専門学校卒業者のキャリア観と離職状況

3.1 専門学校卒業者のキャリア観

　専門学校卒女性の半数以上を占める医療，教育・社会福祉，衛生等の学科で
は，資格や免許の取得を必須とする専門技術職や技能職へと若者を輩出する。
これらの職業では，資格や免許が参入障壁となるとともに能力の証明書として
も機能するため，職業別の労働市場が存在することや，組織間移動が比較的円
滑であることが予想される。またこれらの職業には，鍼灸師や美容師など独立
開業がキャリア達成の一つのあり方である職業も多く含まれる。

　一方，厚生労働省によると，新規学卒者の就職後3年以内離職率は2006年
以降，高校卒や大学卒より短大等（短大，高専，専門学校等）卒が最も高い状況
が続いている[5]。この状況は，短大等卒を構成する学校のうち最も卒業者数が
多く，かつ卒業後に輩出される労働市場の流動性が高い専門学校卒によっても
たらされた可能性がある。そこで本節では，JILPT（2019）による「第2回若年
者の能力開発と職場への定着に関する調査（以下「JILPT調査」）」のデータを
用いて，専門学校卒のキャリア観と離職状況との関係を概説する。JILPT調
査は，若者が初めて正社員として勤務した会社等を離職した要因と離職後のキャ
リア形成状況の把握を目的に，20〜33歳の正社員経験者を対象に2018年に実
施されたWebモニター調査である。

　はじめに，専門学校卒のキャリア観を他学歴と比較する。JILPT調査の回
答者のうち，厚生労働省が「新規学卒就職者の離職状況」で新規学卒者とみな

表1-1　新卒採用正社員の初職在籍時の理想のキャリアコース（性・学歴別）

（単位：％，Ｎはケース数）

| | 男性 ** | | | | 女性 ** | | | |
	勤続型	転職型	独立型	N	勤続型	転職型	独立型	N
高校卒	70.3	20.7	7.5	629	80.0	13.4	3.0	404
専門学校卒	57.1	31.1	11.2	196	69.0	21.2	6.2	274
高専卒	71.2	23.7	3.4	59	－	－	－	28
短大卒	－	－	－	21	79.2	17.4	2.1	288
大学卒	66.5	27.7	5.1	1,139	72.5	21.7	3.8	851
修士卒	69.6	23.8	6.1	214	74.4	20.5	5.1	39
学歴計	67.2	25.4	6.3	2,258	74.6	19.2	3.7	1,884

出所：JILPT (2019)「第2回若年者の能力開発と職場への定着に関する調査」から作成。　　** p<.01
注：1　ケース数が少ない男性短大卒と女性高専卒の％は表示せず「－」とした。
　　2　学歴間で最大値を網掛し，最小値を下線で示した。
　　3　「勤続型」は「1つの会社に長く勤め，だんだん管理的な地位になっていくコース」「1つの会社に長く勤め，ある仕事の専門家になるコース」「1つの会社で長く勤め，自分の生活に合わせた働き方が選択できるコース」を，「転職型」は「いくつかの会社を経験して，だんだん管理的な地位になっていくコース」「いくつかの会社を経験して，ある仕事の専門家になるコース」を，「独立型」は「最初は雇われて働き，後に独立して仕事をするコース」を含む。「その他」「特になし」は表示を割愛。

す年齢[6)]で最終学歴の学校を卒業し翌月までに正規雇用された人を「新卒採用正社員」と定義し，その「理想のキャリアコース」を学歴間で比較した（**表1-1**）。専門学校卒は男女とも，一つの会社に長く勤め続けることを理想とする「勤続型」の比率が最も低く，最初は雇われて働き後に独立することを理想とする「独立型」の比率が最も高い。また男性ではいくつかの会社を経験することを理想とする「転職型」も最も高い。専門学校卒に限定し同様の分析を出身学科別に行うと[7)]，男女とも「独立型」の比率が最も高いのは衛生学科出身者（男性22.2％，女性13.8％），「転職型」の比率が最も高いのは教育・社会福祉学科出身者（男性44.4％，女性38.9％）であった。

3.2　専門学校卒業者の早期離職傾向

次に，新卒採用正社員の離職状況を学歴間で比較する。**図1-4**へ，就職後1年，3年，6年以内に離職した人の比率を性・学歴別に示した。男性は就職後

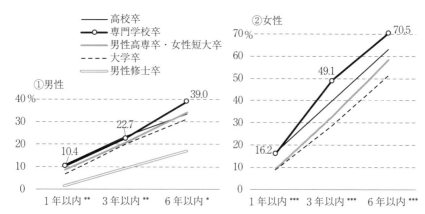

図 1-4　新卒採用正社員の就職後 1 年・3 年・6 年以内離職率（性・学歴別）
出所：JILPT（2019）「第 2 回若年者の能力開発と職場への定着に関する調査」から作成。
　　*** $p<.001$ ** $p<.01$ * $p<.05$
注：1「X 年以内離職率」は「就職から調査時点まで X 年以上経過した人」を対象に算出。
　　2 ケース数が少ない男性の短大卒、女性の高専卒・修士卒は表示を割愛。※専門学校卒のみ値を表示。

3 年以内までは大卒以下の学歴間であまり差がないが、6 年以内では専門学校卒が 39.0％ と突出する。女性は、1 年以内では高校卒と専門学校卒が他学歴より大幅に高い状態だったのが、3 年以内以降は専門学校卒が突出する。

さらに、離職から 1 年間の就業状況を学歴間で比べると、3 年以内離職者では、専門学校卒は正社員として働いた比率（男性 65.9％、女性 45.6％）がどの学歴よりも高い。また 6 年以内離職者に占める正社員比率は、専門学校卒が男女とも他の多くの学歴より高く、さらに男性では雇用以外の形態（自営業・内職・家族従業等）で働いた比率も 7.0％ と学歴間で最も高い。キャリア観だけでなく実際の行動でも、専門学校卒は離職率が高く、かつ離職後に無業者や非正規雇用者になるのではなく、正規雇用者への転職や雇用されない働き方への転換をする傾向がある。

3.3　専門学校卒業者の早期離職傾向の背景

ただし、以上をもって専門学校卒の転職・独立志向が彼・彼女らの離職・転職を引き起こしたと結論づけることはできない。JILPT 調査のデータを用い

て専門学校新卒者が就職後3年以内に離職する要因を探索したJILPT (2022)によれば，男性の「転職型」または「独立型」は「勤続型」より就職後3年以内離職率が高い。しかし，卒業時期や出身学科，職業，昇給状況，勤務先の企業規模や人材育成方針，長期勤続への期待などを統制すると，離職確率を高める有意な要因は，昇給状況と衛生関係の専攻出身であることのみであった。専門学校卒の男性はそもそも賃金額が高校卒と同程度なのだが，そのうえさらに初任給から昇給がないまたは減額された場合に，離職が発生する傾向にある。また衛生関係の専攻出身者は美容・理容や調理・製菓などの技能職に就く者が多いが，これらの分野では組織を移動したり独立したりすることでキャリアアップを目指すことが一般的なのかもしれない。

　一方，女性では初任給から昇給がないまたは低下した場合と，1年あたり月額1万円以上の急速な昇給があった場合に，就職後3年以内離職率は大幅に上昇した。この急速な昇給が離職を招くメカニズムは職業によって異なる。専門技術職の女性は離職直前の給与額が比較的高く，急速に昇給した場合は結婚・出産等を理由に離職した人が多い。これに対して非専門技術職（販売職・サービス職が多い）の女性では，急速に昇給しても給与額は高校卒と変わらないうえ，昇給とともに長時間労働や責任の重い職務を担わされたことが離職につながった。

　以上より，専門学校卒の初めての正規雇用先における雇用の質は，性別や出身学科，これらの属性と強く結びついた産業や職業によって大きく異なり，そのことが彼・彼女らのキャリア形成に影響を及ぼしていると推察される。

4. 専門学校卒の労働市場における位置づけの変化

4.1 若年正規雇用者の労働市場における高学歴化と脱工業化

　図序-1で示されたように，1987年から2017年にかけて日本の就業者数は，男性は横ばい，女性は増加した。一方で日本の人口は少子化により2008年をピークに減少が続いているので[8]，上記の就業者数の増大は定年延長や女性の労働力化等によりもたらされたと考えられる。なかでも若年人口は急速に減少

したため，今日の若者にとって正規雇用者となること自体はかつてほど難しくはなくなった。「就業構造基本調査」によれば，2007年から2017年にかけて15～24歳の非在学雇用者数は439万人から361万人へと急減し，そのうち正規雇用者が占める比率は66.8％から74.0％へ大幅に拡大した。バブル経済崩壊後の日本では長らく「正社員になれない若者たち」が社会問題視されてきたが，21世紀の日本において新たに浮上している問題は，正社員としての「雇用の質」である。

　本書の序章では，1980年代以降の日本で専門学校卒の女性が社会の脱工業化により発展したサービス産業へ輩出される傾向が示された。これらの産業では労働集約的な対人サービスの仕事が多いが，本章第3節で示したように，販売やサービスなど非専門技術職に就いた専門学校卒女性の労働環境は，正規雇用者であっても就業継続が困難になるほど厳しい。一方，1990年代から大学進学率が上昇し続けたことで，専門学校卒業者は減少傾向にある[9]。専門学校卒女性の主要な輩出先である脱工業化サービス産業のなかには，高等教育修了者による代替雇用が進んだ産業もあるのではないだろうか。本章の後半では2000年代後半以降の若年正規雇用者の労働市場に着目し，脱工業化と高学歴化により，専門学校卒業者の労働市場における位置づけや雇用の質にどのような変化が生じたのか概説する。

　はじめに，若年正規雇用者の学歴構成の変化を把握する。**表1-2①**へ「就業構造基本調査」から15～24歳の正規雇用者数と，2007年に対する2017年の増減率を性・学歴別に示した。若年正規雇用者数はこの10年間で男女とも約9％減少した。とくに男性の中学卒と専門学校卒，女性の中学卒，専門学校卒，高専・短大卒では減少が著しい。対照的に，大学卒では男女とも大幅に増大した。男女とも，最終学歴の専門学校および短期高等教育から大学への移行がみられる。

　次に，若年正規雇用者の就業先産業の変化を確認する。**表1-2①**と同様の集計を性・就業先産業別に行った（**表1-2②**）。産業は序章に倣い，「従来型産業＝従来型ものづくり（鉱業，製造業，建設業）＋従来型サービス（電気・ガス，運輸・郵便業，卸売・小売業等）」と，「脱工業化サービス産業＝ビジネスサービス

（金融業・保険業，情報通信業，学術研究，専門・技術サービス等）＋社会サービス＋消費者サービス」に分類した。

　2007年に対する2017年の増減率をみると，若年正規雇用者数は産業計では男女とも約9％減少したが，男性の社会サービスと女性のビジネスサービスでは増大，男性のビジネスサービスと女性の社会サービスでは相対的に減少率が小さい。この10年間における若年正規雇用者の就業先産業の脱工業化は，ビジネスサービスと社会サービスによってもたらされたと考えられる。

　一方，従来型サービスと消費者サービスでは，若年正規雇用者数は男女とも産業計より大幅に減少した。従来型サービスは社会の脱工業化により労働需要が縮小する従来型産業である。これに対して，消費者サービスは脱工業化サービス産業の一つであり，1987年から2017年までの長期かつ就業者全体でみると拡大傾向にある（**図序-1**）。2007年から2017年までの日本の労働市場は，

表1-2　15〜24歳の非在学正規雇用者数と増減率（性・学歴・産業別）

①学歴別	男性 '07年	'17年	増減率	女性 '07年	'17年	増減率
学歴計	155.8万人→	142.6万人	▲ 8.5%	136.0万人→	124.2万人	▲ 8.7 %
中学卒	9.4万人→	5.5万人	▲ 41.8%	2.1万人→	1.1万人	▲ 49.3 %
高校卒	74.9万人→	67.5万人	▲ 9.9%	40.2万人→	34.7万人	▲ 13.5 %
専門学校卒	27.4万人→	20.4万人	▲ 25.5%	33.0万人→	26.3万人	▲ 20.5 %
高専・短大卒	5.2万人→	4.8万人	▲ 8.4%	25.9万人→	16.2万人	▲ 37.6 %
大学卒	36.6万人→	43.0万人	17.2%	34.5万人→	45.2万人	30.9 %

出所：総務省統計局『就業構造基本調査』 ＊岩脇（2022b：26）から転載。
注：学歴計より大きい増減率を網掛した。

②産業別	男性 '07年	'17年	増減率	女性 '07	'17年	増減率
産業計	155.8万人→	142.6万人	▲ 8.5%	136.0万人→	124.2万人	▲ 8.7 %
従来型ものづくり	63.8万人→	58.8万人	▲ 7.8%	19.0万人→	16.8万人	▲ 11.5 %
従来型サービス	40.7万人→	29.4万人	▲ 27.6%	29.9万人→	22.7万人	▲ 24.2 %
ビジネスサービス	19.4万人→	18.6万人	▲ 4.1%	19.9万人→	20.4万人	2.3 %
社会サービス	9.1万人→	12.2万人	34.5%	46.1万人→	43.2万人	▲ 6.3 %
消費者サービス	10.6万人→	7.2万人	▲ 32.1%	14.2万人→	12.1万人	▲ 14.9 %

出所：総務省統計局『就業構造基本調査』
注：産業計より大きい増減率を網掛した。

26　I 部　専門学校の若者の初期キャリア

2009 年の世界的金融危機により一時供給過多となったが，2011 年からは労働力人口の減少と景気回復により労働力不足が基調となり [10]，産業界は希少性を増した若者を積極的に正規雇用するようになった [11]。しかし，消費者サービスには雇用の質が低い傾向があるため（次節参照），売り手市場を背景に若者が消費者サービスを敬遠するようになり，若年正規雇用者が激減したのだろう。

4.2　社会サービス産業における専門学校卒女性の存在感の低下

　どのような若者が脱工業化サービス産業へ進出するようになったのだろうか。図 1-5 へ，「就業構造基本調査」から 2007 年と 2017 年の 15～24 歳の非在学正規雇用者について就労先産業の構成を性・学歴別に示した。男女とも専門学校卒と大学卒では，2007 年の時点ですでに脱工業化サービス産業の比率が学歴計と比べて大幅に高い。産業構成を 2 時点で比べると，専門学校卒・大学卒の男性と専門学校卒以外の女性では従来型産業計の比率が大幅に低下した。ただし専門学校卒・大学卒の男性では脱工業化サービス産業の拡大はわずかで，むしろ「その他」に含まれる「公務」が大幅に拡大した（専門学校卒：8.6％ポイント増，大学卒：5.4％ポイント増）。一方，中学卒，高専・短大卒，大学卒の女性では脱工業化サービス産業全体の拡大がみられた。この 10 年間の若年正規雇用者の就業先産業の脱工業化は，主に中学卒，高専・短大卒，大学卒の女性において進行したといえる。

　脱工業化サービス産業を構成する 3 種の産業は，それぞれどの学歴で拡大したのだろうか。ビジネスサービスの拡大幅が最も大きいのは専門学校卒の女性である（8.7％→11.7％）。一方，ビジネスサービスの比率を学歴間で比べると，男女とも 2 時点ともに大学卒が突出して高い。さらにこの 10 年間に大学卒の正規雇用者数が急増したので（表 1-2 ①），ビジネスサービスでは若年正規雇用者に占める大学卒の比率が産業計と比べて大幅に拡大した [12]。ビジネスサービスは学歴による参入障壁がますます高くなりつつある産業といえる。

　消費者サービスは，男女ともさまざまな学歴で少しずつシェアが縮小した結果，学歴計での若年正規雇用者数は激減した（表 1-2 ②）。そのようななかでも

1章 日本社会の構造的変化と専門学校卒の初期キャリア　27

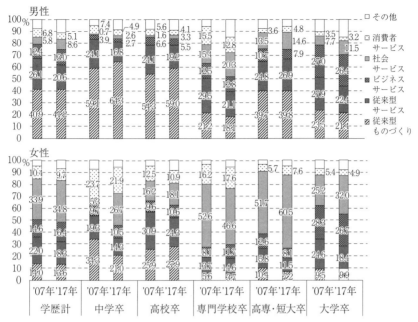

図1-5　15〜24歳正規雇用者の就業先産業の構成（性，学歴別）
出所：総務省統計局『就業構造基本調査』，＊岩脇（2022b：27）から転載。
注：ケース数は本書の表1-2①参照。

2017年の消費者サービスの比率が学歴計より大幅に高いのは，専門学校卒（男性：12.8%，女性17.6%）と中学卒の女性（21.9%）である。彼・彼女らにとって消費者サービスは，今も主要な就職先産業の一つである。

社会サービスは大半の学歴で拡大した。学歴計と比べて大幅に拡大した学歴は，専門学校卒男性（15.4%→20.3%），中学卒女性（5.3%→26.7%），高専・短大卒女性（51.7%→60.5%），大学卒女性（25.2%→32.0%）である。一方，専門学校卒女性では大幅に縮小した（52.6%→46.6%）。本節冒頭で示唆した，従来は専門学校卒が雇用されていた仕事へ高等教育修了者が雇用されるという代替雇用現象は，社会サービスで就業する女性の間で発生している可能性がある。

ただし，同じ産業に雇用されるとしても，専門学校卒と大学卒の就く職業が異なれば両者は競合しない。そこで図1-6へ，「就業構造基本調査」の15〜24

28　I部　専門学校の若者の初期キャリア

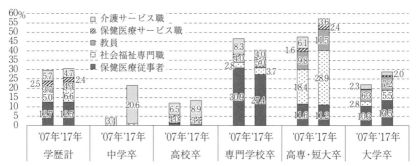

図1-6　15～24歳女性非在学正規雇用者に占める社会サービス関連職業の比率と内訳（性，学歴別）

出所：総務省統計局『就業構造基本調査』平成29年，＊岩脇（2022b：30）から転載。
注：1　ケース数は本書の表1-2①参照。
　　2　「保健医療従事者」には，保健師，助産師，看護師，診療放射線技師，臨床検査技師，理学療法士，作業療法士，視能訓練士，言語聴覚士，歯科衛生士，歯科技工士，栄養士，あん摩マッサージ指圧師，はり師，きゅう師，柔道整復師，「社会福祉専門職」には保育士，その他の社会福祉専門職業従事者，「教員」には，幼稚園教員，小学校教員，中学校教員，高等学校教員，特別支援学校教員，大学教員，その他の教員，「保健医療サービス職」には，看護助手，その他の保健医療サービス職業従事者，「介護サービス職」には，介護職員（医療・福祉施設等），訪問介護従事者を含む。

歳の女性非在学正規雇用者に占める社会サービス関連職業従事者の比率とその内訳を示した。社会サービス関連職業としては，専門的・技術的職業からは保健医療従事者，社会福祉専門職業従事者，教員を，サービス職からは保健医療サービス職業従事者，介護サービス職業従事者を採り上げた。

　社会サービス関連職業の内訳をみると，中学卒の大半が介護サービス職であり，その比率は急激に拡大している。高校卒では保健医療サービス職が微減し，介護サービス職がやや拡大，保健医療従事者（准看護師と推察される）は横ばいである。専門学校卒は両年とも保健医療従事者が突出し次に介護サービス職が多いが，両職業とも2017年には縮小した。高専・短大卒（実質的には短大卒）は両年とも社会福祉専門職が最も多く，次いで保健医療従事者と教員が同程度だが，2017年には社会福祉専門職のみ大幅に拡大し介護サービス職が縮小した。大学卒ではサービス職はごく僅かで，保健医療従事者，教員，社会福祉専門職の順に多く，2017年には保健医療従事者と社会福祉専門職が拡大した[13]。

長期的には社会サービス全体での労働需要は拡大し，若年人口は急減しているので，専門学校卒の雇用機会を大学卒が奪ったことで専門学校卒女性に占める社会サービス就業者の比率が低下したとは考えにくい。むしろ，従来は専門学校を卒業して社会サービスの専門技術職に就いた層が，近年は専門学校ではなく大学へ進学・卒業した後に同じ専門技術職に就くようになったと解釈するのが適切だろう。

5. 専門学校卒の労働市場における位置づけの変化

5.1 雇用の安定性と訓練機会

　ここまでの分析により，専門学校卒の若者は他学歴と比べると消費者サービス

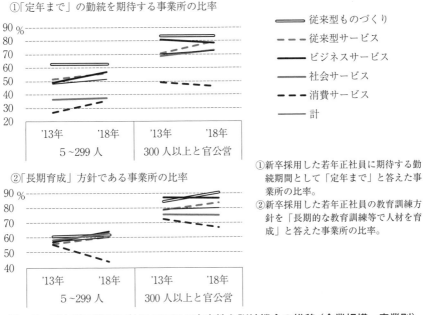

図1-7　新卒採用若年正社員の雇用の安定性と訓練機会の推移（企業規模・産業別）
出所：岩脇（2022b）の図表1-12から①を，図表1-13から②を作成。
注：「若年者雇用実態調査」事業所調査から新卒採用された15～34歳の正社員が在籍する事業所について作成。

30　Ⅰ部　専門学校の若者の初期キャリア

や社会サービスで就業する傾向がある一方で，女性では近年，ビジネスサービスでの就業者が増え，社会サービスで就業する場合は大学進学を経るようになったことが明らかにされた。本節では，これらの専門学校卒の若者が進出する傾向がある脱工業化サービス産業において，正規雇用者として働く場合に得られる雇用の質，すなわち雇用の安定性・訓練機会・労働時間・賃金などが，従来型産業で働く場合と比べてどう異なるのか，先行研究を要約する形で概説する。

　まず，雇用の安定性と訓練機会について産業間を比較しよう。参照する資料は，JILPT が厚生労働省から使用許可を得て「若年者雇用実態調査」の事業所調査の個票データを二次分析した結果である（岩脇 2022a，2022b）[14]。

　図1-7 へ，新卒時に採用された若年正社員の雇用の安定性と訓練機会が就業先産業によってどう異なり，2013年から2018年までにどう変化したかを示した。雇用の安定性の指標である「①『定年まで』の勤続を期待する事業所の比率」は，ビジネスサービスは従来型産業に近似する高さである。一方，消費者サービスは二時点とも企業規模問わず50％に満たない。社会サービスは企業規模5〜299人では消費者サービスと同程度に低く，300人以上と官公営では従来型産業と同様に比較的高い比率を示す。同様の傾向が，訓練機会の指標である「②『長期育成』方針である事業所の比率」にもみられる。企業規模5〜299人では，2013年には産業間の差があまりないが，2018年には消費者サービスのみ大幅に低下した。300人以上と官公営では，ビジネスサービスは従来型ものづくりと同等の8割強，社会サービスは7割強を維持したが，消費者サービスは大幅に低下した。

　さらに，新卒採用時の重視点を多重回答で尋ねた2018年の結果を産業別に集計すると，消費者サービスと社会サービスでは「業務に役立つ専門知識や技能（資格・免許や語学力）」を「重視する」と答えた比率が約4割と，他の産業（いずれも約2割）より大幅に高い。さらに消費者サービスでは「従順さ・会社への忠誠心」も25.4％と最高値を示した。対照的に，ビジネスサービスは上記2つを除くすべての選択肢[15]で従来型産業を凌ぐ高い回答率を示した。以上より，消費者サービスと社会サービスは即戦力を求める傾向があるのに対し，

ビジネスサービスは多角的に訓練可能性を評価し採用後に企業内で長期的に育てる傾向があると考えられる。

5.2 労働時間と賃金

次に，労働条件の水準を産業間で比較しよう。図1-8へ，性別と企業規模を組み合わせた4つのグループごとに，新卒採用された若年正社員の①週あたり実労働時間と②月あたり給与額の平均値を，就業先産業別に算出して示した[16]。

労働時間の平均を産業間で比べると，4つのグループのいずれも消費者サービスまたは社会サービスが突出して長い。とくに女性では従来型産業と比べて3〜5時間も長い。一方，ビジネスサービスは従来型産業と同程度である。

給与額の平均を産業間で比べると，4つのグループのいずれも消費者サービスが最も低いのに対し，ビジネスサービスは従来型ものづくりに匹敵する高さである。また，給与額は産業以上に企業規模間および性別間の差が大きく，どの産業も概ね「300人以上と官公営の男性」「5〜299人の男性」「300人以上と

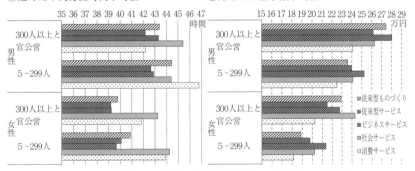

図1-8 新卒採用正社員の労働条件（性，就業先の産業別）

出所：岩脇（2022b）の図表1-16から①を，図表1-17から②を作成。
注：1 「若年者雇用実態調査」の労働者調査に就業先事業所による事業所調査の回答を紐付したデータから新卒採用された15〜34歳の正社員を取り出した二次分析した。
　　2 ①調査時点直前の一週間の実労働時間を10段階で尋ねる設問に「働いていなかった」と答えた人を除き残りの選択肢の中央値を連続変数に換算し平均値を算出。
　　3 ②調査前月に支払われた賃金総額（税込）を9段階で尋ねる設問に「支給がない」と答えた人を除き残りの選択肢の中央値を連続変数に換算し平均値を算出。

官公営の女性」「5〜299人の女性」の順に高いのだが，社会サービスのみ，「300人以上と官公営の女性」が「5〜299人の男性」をわずかに上回る（統計的には有意差なし）。

5.3 脱工業化サービス産業における雇用の質

　以上をまとめよう。脱工業化サービス産業を構成する3つの産業のうち，ビジネスサービスの雇用管理は従来型産業に近い。訓練可能性を重視して新卒者を採用し，定年までの勤続を期待しつつ長期間の訓練を行う。労働時間は長すぎず，賃金水準も比較的高い。ただし，大卒以上の学歴や新卒採用時に多様な能力を評価するなど正規雇用者に求められる水準が高い。また，女性の給与額が男性より大幅に低いことから，性別職域分離が行われている可能性がある。

　一方，消費者サービスや社会サービスでは，新卒採用時に業務に役立つ専門知識や技能を重視すること，長期雇用・長期育成を志向する傾向が弱いことから，流動的な労働市場を想定した雇用管理を行っている可能性がある。ただしその背景はそれぞれ異なる。

　消費者サービスは個人顧客に労働集約的なサービスを提供する産業である。職務遂行に必要な技能水準は低く参入が容易，かつ価格を上げにくいため賃金水準は低い。非正規雇用者比率が高いため，労働生産性の低さを補う責任を負う正規雇用者の労働時間は長くなる（長松 2016）。厚生労働省の「新規学卒就職者の離職状況」によれば，新規学卒者の就職後3年以内離職率は消費者サービスに含まれる飲食・宿泊業や生活関連サービス業で著しく高い。雇用の質の低さが若者の早期離職を招き，職場定着が見込めないためますます短期的視野の雇用管理になるという循環が形成されていると考えられる。

　一方，社会サービスで長期雇用・長期育成型の雇用管理があまり行われないのは，教諭や看護師，保育士などの専門技術職を多く雇用する同産業では国家資格や免許が職務遂行能力の客観的指標として機能し，職業別の流動的な労働市場が形成されているためだろう。ただし，雇用の質は組織の形態や規模によって異なる。公的組織や大企業の社会サービスでは，給与額も比較的高く若者の

職場定着を期待できるため，組織内で長期的に育成し，徐々に戦力化していくことで訓練コストを長期スパンで回収することも可能である。しかし賃金水準が低く職場定着を期待できない中小組織では，訓練コストの回収が見込めないため，即戦力志向や短期的視野での雇用管理にならざるをえないのだろう。

6. おわりに

　本章では，専門学校卒業者の初期キャリアの特徴を概説したうえで，日本社会の産業構造が脱工業化し高学歴化が進行したことで，労働市場における専門学校卒の立ち位置が変化した様相を示した。また，専門学校卒の若者が多く進出する脱工業化サービス産業の正規雇用者に対する雇用管理の特徴と，近年みられる変化について論じてきた。これらの変化が，専門学校卒の初期キャリアに今後どのような影響を及ぼす可能性があるか，その展望を考察することで本章を締めくくろう。

　本章が分析対象とした2010年代には，若年人口の急激な減少と景気回復により，学歴を問わず若者全体に正規雇用の機会が拡大した。ただし，正規雇用のなかでも「雇用の質」がよい企業や組織へ雇用される機会は学歴によって異なる。その学歴間格差は産業や性別によって異なる表れ方をする。

　社会サービスでの就業は専門学校卒の女性にとって，長時間労働を受け入れさえすれば，大学卒と同じ資格をより少ない教育投資で取得でき，同一資格を取得すれば性や学歴に関わらず評価を得られるため教育投資の効果が高い。図1-8②と同様の手順で給与額の平均を就業先産業ごとに性・学歴間で比較すると，専門学校卒の女性は社会サービスで就業した場合のみ，高校卒女性より高くかつ大学卒女性および専門学校卒男性と同等の金額を得られる[17]。しかし社会サービスの高学歴化が今後さらに進むと，こうした効果は期待し難くなるかもしれない。なぜなら，社会サービスのなかでも雇用の安定性が高く給与額も高い公的組織や大企業への就職は，大学卒がより有利だからだ[18]。

　一方，専門学校卒の男性では近年，社会サービスへの進出がみられる。なか

でも医療関係の専攻を選ぶ者や[19]，社会サービス関連職業のなかでも専門技術職に就く者の拡大がみられる[20]。その背景には，社会サービスが専門学校卒の男性にとって唯一高校卒と明確に差別化でき，大学卒に待遇を近づけられる分野であることがあげられる。図1-8②と同様の手順で給与額の平均を就業先産業ごとに性・学歴間で比較すると，専門学校卒の男性は現状，どの産業で就業しても大学卒男性より低くかつ高校卒男性と同等の給与しか得られていない[21]。その要因は，雇用の質に恵まれやすい従来型産業やビジネスサービスでは，大企業や官公営事業所への就職は高校卒の方が有利だからだ[22]。これらの産業は，新卒者を長期雇用・長期育成する傾向があるため，年齢が若い高校卒は定年までの期間が長く可塑性が高いと判断され好まれるのだろう。これに対して社会サービスの専門技術職に就くには国家資格や免許の取得が必須であり，高校卒では参入が難しい。年齢や学歴ではなく職業資格が重視される社会サービスの専門技術職に就くことで，高校卒との差別化を図り大学卒との待遇差も縮めるという専門学校卒女性がとってきた戦略に，専門学校卒男性も倣おうとしているのだろう。しかし男性においても近年，大学卒の社会サービスへの進出が見られる（図1-5）。女性と同じく，社会サービス内での優良な雇用機会が大学卒に偏っていく可能性は否めない。社会サービスの専門技術職においては，男女とも今後ますます高学歴化が進んでいくことだろう。

　これらの高学歴化が専門学校卒の初期キャリアにもたらした影響は，社会サービスのうち医療・保健衛生の分野で顕著である。これに対して，社会サービスを構成するもう片方，すなわち教育・社会福祉の分野には，全学歴・男女共通の「少子化による需要減のリスク」が存在する。同分野における労働需要の拡大は，女性の労働力化が家庭の保育・教育機能を外部化させたことで生じたものだが，今後少子化がさらに進行すれば，保育士や幼稚園教諭などの職業は労働需要が減退する可能性が高い。本書の第2部，第3部では保育士等を養成する専門学校の事例が採り上げられるが，労働需要の減退を想定したキャリア形成が今後必要になるかもしれない。

　高学歴化が進むなか，専門学校卒の女性は新たな活躍の場として近年，ビジ

ネスサービスへ進出している。しかしそこでの待遇は男性よりも劣る可能性がある。ビジネスサービスは従来型産業と同じく，新卒採用正社員に対し長期雇用・長期育成を行う傾向があるが，この雇用管理方針は労働者の性別にかかわらず行われているとは限らない。従来型産業が栄えた工業が経済の中心にあった時代には，女性は労働市場の周縁に位置づけられてきた。その時代の雇用管理スタイルを継承するビジネスサービスでは，女性が職場のなかで補助的な役割を担っている可能性がある。実際，ビジネスサービスでは給与額の男女差が著しい（図1-8②）。ビジネスサービスには多様な職業が包含されており，事務職や営業職となる場合と，システムエンジニアのように専門技術を要する職業に就く場合とでは，性別による待遇差の表れ方も異なるだろう。この点については今後の研究課題としたい。

　また，専門学校卒の若者は他学歴と比べて，雇用の質が最も低い消費者サービスで就業する傾向もみられた。しかし同じ消費者サービスで働くとしても，免許や資格を要する技能職と，参入障壁の低い低技能の職業とでは状況は異なるだろう。第2節でみたように，専門学校の衛生学科は調理師や美容師など免許や資格を要する技能労働者を養成している。衛生学科出身者は男女とも組織間移動や独立を伴うキャリア形成を理想とする傾向があり，実際に離職率も高い。また男性では自営業へ転ずる傾向もみられる。本書の第2部，第3部では美容師等を養成する専門学校の事例が採り上げられるが，彼・彼女らは消費者サービスの世界でどのような未来を切り開こうとしているのだろうか。その戦略の行方に思いをはせ，本章をしめくくろう。

注

1) 専修学校卒は学校基本調査の「卒業後の状況調査」の対象外であるため進学者数や正規の職員等に就いた者の統計がなく，職業への移行の円滑度を測る際に用いられる「非進学卒業者に占める正規雇用者の比率」を算出できない。そこで専修学校卒との比較が可能になるよう，従業上の地位を問わず就職者（就職進学者を含む）が卒業者に占める比率を算出した。

2) JILPT が厚生労働省から使用許諾を得て「雇用動向調査」の2014〜2020年の累

積データを作成しウェイトバックした復元値を二次分析した (JILPT 2023)。

3)「一般労働者」＝パートタイマー以外の常用労働者（出向者と出向戻りを除く）。

4) 調査年の1月以降に卒業し同年の1～6月に学歴別上限年齢（高校卒22歳，専修学校専門課程卒25歳，高専短大卒24歳，大学卒26歳，大学院卒29歳）以下で入職した者 (JILPT 2023)。

5) 厚生労働省「新規学卒者の離職状況」https://www.mhlw.go.jp/stf/seisakunitsuite/bunya/0000137940.html（最終閲覧2023年1月25日）。

6) 高校卒：18, 19歳，専門・高専・短大卒：20, 21歳，大学卒・修士卒：22歳以上。

7) ケース数が少なくなるので，男女をまとめてケース数が20以上の学科について χ二乗検定を行ったところ，10％水準で有意差が認められた。

8) 国立社会保障・人口問題研究所「日本の将来推計人口（令和5年推計）結果の概要」。

9)「学校基本調査」より大学進学率（過年度高卒者等を含む）を2007年と2017年とで比べると，男性は53.5％→55.9％と若干の上昇，女性は40.6％→49.1％と大幅に上昇したのに対して，同時期の高校卒業者に占める専門学校専修課程進学者の比率には変化が少ない（男性13.7％→12.9％，女性20.1％→19.9％）。

10)「労働経済動向調査」より2000～2021年の11月の正社員過不足感の推移を参照した。

11) 本章第4節4.1参照

12)「就業構造基本調査」より，15～24歳の非在学正規雇用者に占める大学・大学院卒の比率の変化（2007年→2017年）をみると，産業計では25.0％→33.6％（男性24.7％→30.8％，女性25.5％→36.7％），ビジネスサービスでは50.8％→61.0％（男性52.1％→62.5％，女性49.5％→59.6％）である。

13)「就業構造基本調査」から15～24歳女性非在学正規雇用者の学歴構成を産業別に集計し2007年と2017年を比較すると，全産業（専門学校卒24.3％→21.2％，大学卒25.3％→36.4％）と比べて社会サービスは，専門学校卒の縮小（37.7％→28.3％）と大学卒の拡大（18.9％→33.5％）が著しい。

14)「若年者雇用実態調査」の事業所調査から新卒採用した15～34歳の正社員が在籍する事業所を対象としウェイトバック後の復元値を分析した。また個人調査の各ケースに勤務先事業所の回答を紐付けした「統合データ」を作成し，18～34歳・非在学・卒業後1年以内に正規雇用された者を「新卒採用正社員」と定義して実測値を分析した。

15)「職業意識・勤労意欲」「チャレンジ精神」「柔軟な発想」「マナー・社会常識」「組織への適応性」「業務に役立つ職業経験・訓練経験」「コミュニケーション能力」「体力・ストレス耐性」。

16) t検定を行い5％水準で有意差がみられたものについて言及。

17) 図1-8②と同じ手順で各産業に就業する女性の平均給与額を学歴間で比べると，

社会サービスのみ高校卒より専門学校卒が有意に高く，大学卒と専門学校卒の間には有意差がない（高校卒 19.8 万円，専門学校卒 23.5 万円，大学卒 24.2 万円）。また各産業に就業する専門学校卒の平均給与額を男女で比べると社会サービスのみ有意差がない（男性 24.2 万円，女性 23.5 万円）。

18) 図1-8①と図1-8②で分析対象とした社会サービスで就業する女性について「300人以上と官公営」で就業している比率を学歴間で比べると，専門学校卒の女性では72.0％，同大学卒では83.8％である。

19) 「学校基本調査」から専修学校専門課程を卒業し就職した者の出身学科の構成比を2006年度間卒と2016年度間卒で比べると，男性は工業が縮小（32.5％→27.7％）し，医療が拡大（16.8％→21.0％）した。

20) 図1-6と同様のグラフを専門学校卒の男性について作ると，2007年にはサービス職（6.5％）と専門技術職（7.3％）の比率は半々だが，2017年には保健医療従事者が拡大（6.2％→13.6％）したことで，サービス職（4.7％）より専門技術職（14.3％）の比率が大幅に高くなった。

21) 図1-8②と同じ手順で各産業に就業する男性の平均給与額を学歴間で比べると，どの産業でも大学卒は専門学校卒より有意に高く，高校卒と専門学校卒の間には有意差がみられない。

22) 図1-8①と図1-8②で分析対象とした男性について，産業別に「300人以上と官公営」で就業している比率を学歴間で比べると，従来型ものづくり，従来型サービス，ビジネスサービスでは高校卒の方が専門学校卒より有意に高い。

引用・参考文献

岩脇千裕, 2022a,「専門学校卒業者のキャリア」日本教育社会学会第74回大会課題研究Ⅱ第3報告資料.

―――, 2022b,「脱工業化社会と新規学卒者のキャリア」堀有喜衣・岩脇千裕・小杉礼子・久保京子・小黒恵・柳煌碩『日本社会の変容と若者のキャリア形成』JILPT第4期プロジェクト研究シリーズNo.5, 第1章：11-47.

長松奈美江, 2016,「サービス産業化がもたらす働き方の変化」『日本労働研究雑誌』No. 666：27-39.

労働政策研究・研修機構（JILPT）, 2019,『若年者の離職状況と離職後のキャリア形成Ⅱ（第2回若年者の能力開発と職場への定着に関する調査）』調査シリーズNo.191.

―――, 2022,『非典型的キャリアをたどる若者の困難と支援に関する研究』労働政策研究報告書No.214.

―――, 2023,『若年既卒者の雇用動向：「雇用動向調査」二次分析』資料シリーズNo. 266.

分化する女性の職業意識

片山悠樹

1. はじめに

　本章の目的は，職業意識という視点から，専門学校の若者たちの初期キャリアを検討することである。

　大学のユニバーサル・アクセス化のなか，学生の質の変化や，それに対応する教育の議論が盛んである[1]。若者の半数が大学に進学する現状のなか，大学教育へと関心が集中するのは，当然であろう。しかし，専門学校への進学率も20%を超えており，その存在感は見逃せない。

　本章の課題を設定するにあたり，進学の動向を確認しておこう。専門学校の進学動向については序章で触れたが，ここでは男女別に専門学校，大学，大学院の進学率の推移（女性の場合は短大も含む）を示したい。図2-1を見ると，女性の場合，1990年代まで進学者が最も多かった短大の進学率が低下している。大学院に目を向けると，男性は進学率が上昇する一方，女性は男性ほど伸びず，男女による違いが確認できる[2]。大学進学率の上昇という共通のトレンドのなか，大学院進学では男女の差が確認できる。そして，そうした差のひとつとして，専門学校への進学がある。

　男性の場合，2000年代まで専門学校進学率は順調に上昇していたが，その後20%台で頭打ちとなっている。女性の場合は進学率が上昇し，2000年代前半に一時的な低下が見られるものの，2010年代には再び上昇しているように見える。2000年以降の専門学校進学率は，男性では停滞，女性では若干の上昇を示し，女性が男性を上回っている。一見すると，細かい違いではあるが，本章ではこの点に注目したい。

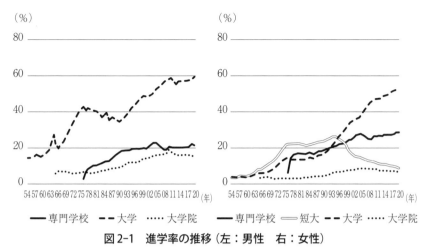

図 2-1　進学率の推移（左：男性　右：女性）
出所：文部科学省『学校基本調査』

　視点を変えて，専門学校の分野を確認しておこう。学校基本調査では「工業」，「農業」，「医療」，「衛生」，「教育・社会福祉」，「商業実務」，「服飾・家政」，「文化・教養」に8分野に分類されている。図は省略するが，専門学校の制度化当初（1970年代後半），在学者の半数近くが「服飾・家政」であったが，急激に低下し，いまでは少数派となっている。1980年代後半から1990年代に上昇したのは「工業」と「商業実務」であるが，その後低下する。専門学校の分野は時代によって大きく変動し，2021年では「医療」(30.2%)，「文化・教養」(21.0%)，「工業」(16.6%)，「衛生」(11.8%)，「商業実務」(11.8%)となっている。
　分野をそのまま扱うと，煩雑になるため，植上一希（2011）の分類を参考に，議論を進めてみたい。
　植上は専門学校の分野を，職業への参入が標準化され（教育内容編成の自由度が低い），特定の職種とのつながりを意識したキャリア形成を重視する「資格教育分野」と，「資格教育分野」ほど標準化していない「非資格教育分野」に区分している。植上に倣い，「資格教育分野」の在籍率と生徒数を男女別に示したのが図2-2である[3]。
　図を見ると，制度化当初は，男性の方が「資格教育分野」の比率が高かった。

しかし，1980年代の学生数増加のなかで，男性の比率が低下し，女性の方が上回るようになる。その後，男性の比率は持ち直すものの，女性の比率が男性を上回る状態が続く。専門学校では女性の方が職種に関連する分野で学んでいることがわかる。

こうした動向を踏まえると，専門学校が女性のキャリア形成（所得，雇用形態，職業意識など）にプラスに機能するという分析結果も納得できる（眞鍋2011，2016，濱中2013，多喜2016など）。ただし，それは専門学校の効果のロジックを説明するものではない。なぜ，女性だけに専門学校の効果が見られるのか。そこにはどのようなロジックが存在するのか。

そこで本章では，職業意識に注目し，職業意識に対する専門学校の効果と，そのロジックを検討したい。教育と職業の関連を検証する場合，収入や雇用状

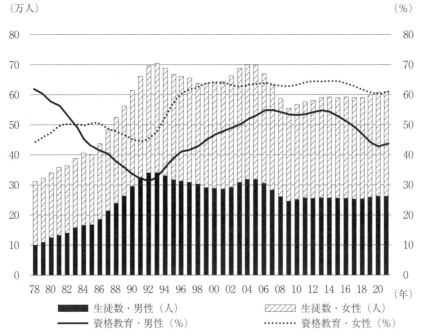

図2-2　男女別在学者数と資格教育分野の推移

出所：文部科学省『学校基本調査』

況などを取り上げることが一般的であるが，本章で扱う20歳代前半の初期キャリアでは関連が見出しにくい。そこで，次善の策ではあるが，キャリア形成を予見するひとつの指標として，職業意識に着目する。具体的には，専門学校の若者たち（とくに女性）は，他の学歴と比較した場合，どのような職業意識を持つようになるのかを検討する。

2. 分析の視点—産業特殊的スキルと専門学校の資格教育

なぜ，女性だけに専門学校の効果が表れるのか。この問題を考える補助線として，阿形健司（1998, 2000）の職業資格に関する研究を取り上げてみよう。

職業資格は，国家資格や公的資格だけでなく，民間資格まで含めると膨大な数になるが，取得の難易度，保持者の学歴などによっていくつかのパターンにわかれる。そして，資格の効果は限定的ながらも存在し，しかも男女で異なる。例えば，女性の場合，資格は収入の上昇をもたらす。こうした結果に対して，阿形は資格の社会的文脈（職業や学歴との関連性）から考察しているが，女性の場合，看護師や保育士など職務が比較的明確な労働市場へと参入することで，資格の効果が顕在化する可能性があるという。

阿形が導き出した知見に，スキルの性質という視点を加えると，女性に対する専門学校の効果が説明可能になる。

「資本主義の多様性」論から派生した「スキル形成レジーム」によれば，スキル形成は一般的スキル形成（アメリカなど），産業特殊的スキル形成（ドイツなど），企業特殊的スキル形成の3つに類型化される。日本は企業ベースの教育・訓練が優勢であり，スキルの性質は企業特殊的である（Estevez-Abe, Iversen and Soskice 2001＝2007，Thelen 2004）。日本では雇用主は被雇用者の能力の判断材料として普通教育の成果を重視する一方で，職業教育への関心は低く，また被雇用者に大規模な初期投資を行う。日本が企業特殊的スキル形成に該当するというのは妥当であろうが，男女間で大きく異なる可能性がある。

この点について，佐野和子（2019）の研究が参考になる。女性では学校，と

くに専門学校で職業資格を取得する割合が突出して高いが，その要因として企業ベースの教育・訓練から排除されやすい女性は，学校を通じて産業特殊的スキルを形成する傾向があるという。佐野の議論は，社会サービスや消費者サービスで女性の専門学校卒の割合が高いこと（**表序-1**)，また阿形の知見とも整合的である。女性の場合，専門学校の効果が顕在化するのは，企業ベースの教育・訓練が支配的ではない労働市場への参入が目立つため，または専門学校で獲得されるスキルが産業特殊的性質（資格によって公認される，あるいは特定の業界内で価値が認められる）を持ちやすいためではないか。こうした条件が揃うことで，専門学校は一定の効果を発揮していると予想される。

　一方で，男性の場合，専門学校の効果が顕在化しないのも説明可能である。序章の**表序-1**で示したように，従来型産業（従来型ものづくりや従来型サービス）への就業率は男性で優位であり，その構造に大きな変化が見られない。男性の場合，企業ベースの教育・訓練が支配的な労働市場への参入が主流であるため，専門学校の効果が顕在化しにくいのではないか。

　上記の議論を，企業規模という観点から補足してみよう。

　図2-3は，雇用先の従業員規模を学歴別に示したものである。男性を見ると，高校，専門学校，短大・高専では構成比に大きな違いはなく，大学・大学院になると1000人〜・官公庁の比率が高くなる。大卒と非大卒で規模に顕著な違いが見られるものの，その違いに目をつぶれば，ほとんどの男性が企業や官公庁で働いている。

　女性の場合はどうであろうか。学歴が高くなると300人未満の比率が低下する傾向が読みとれる。しかし，男性と比較した場合，目立つ特徴は「その他の法人・団体」である。『就業構造基本調査』には「その他の法人・団体」に該当するものとして，医療法人，社会福祉法人，組合，経済団体などがあげられている。ここに含まれるのは，スキル形成の議論で想定される企業とはやや趣きが異なる職場がほとんどである[4]。しかも，「その他の法人・団体」の比率は専門学校で最も高くなっている。

　女性の「その他の法人・団体」の比率の高さは，一定数の女性は企業ベース

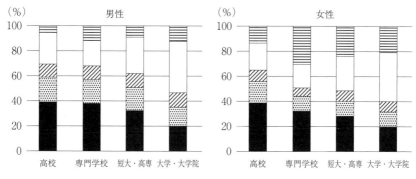

図 2-3　学歴×従業員規模
出所：総務省統計局『就業構造基本調査』平成29年
注：従業員「1人」は除いた。

の教育・訓練が支配的ではない労働市場へ参入し，そこでキャリアを形成していることを裏づけているように見える。

　以上から，本章では，専門学校の効果を男女別に検討する。企業ベースの教育・訓練が支配的な労働市場へ参入する男性の場合，仕事で重視されるスキルは企業特殊的になりやすく，専門学校の教育効果は顕在化されにくいのではないか。本章の課題でいえば，男性の場合，職業意識に対する専門学校の効果は観察されないと予想される。一方，女性の場合，「その他の法人・団体」のように，企業ベースの教育・訓練が支配的ではない労働市場へと参入し，しかもその市場は産業特殊スキル形成の性格を有している可能性がある。そのため，スキル形成の場として専門学校が機能しているのではないか。とくに，「資格教育分野」の専門学校においては，そうした傾向が顕著に表れるのではないか。本章の課題に即していえば，女性の場合，職業意識に対して専門学校とくに「資格教育分野」の専門学校が効果を持つと予想される。

3. データ

　使用するデータは「若者の教育とキャリア形成に関する調査」（研究代表：乾

44　I部　専門学校の若者の初期キャリア

彰夫）である。この調査では，2007年4月1日時点で20歳の男女を対象に年1回のアンケート調査が実施され，5年間にわたり対象者を追跡した（wave1：2007年／20歳〜wave5：2011年／25歳）。このデータを使用するのは，20代前半の若者のキャリア形成を継続的に把握できることと，専門学校を分野別に把握できること，この2つの理由による。調査概要については，乾・本田・中村編（2017）を参照。

　調査の回答者は891人（wave1〜wave5）であるが，沖縄県を除く全国サンプルが750人，沖縄サンプルが141人であり，実際の人口比に対して沖縄サンプルの割合が高いため，沖縄サンプルは分析から除外した。また，パネル調査であるため，若者の初期キャリアをたどることが可能である反面，20代前半までと期間が限られている。さらに，21歳，22歳の場合，大学生は在学中であるため，職業意識を分析するうえでは適切ではない。そのため，本章では，分析期間をwave3（23歳）〜wave5（25歳）に限定した。該当期間中に教育機関に在学していたサンプル（多くは大学院生である）や，就労状態にないサンプルは除外した。さらに，サンプル数が極めて少ないため中学校卒も分析対象から外した。以上から，本章で扱うサンプルは，**表2-1**の通りである。

　分析に際して，専門学校は「資格系」と「非資格系」に区分する。植上の「資格教育分野」と「非資格教育分野」を参考に，専門学校の学科のうち，「理工・情報通信・建築・機械」，「医療・看護・歯科」，「食物・調理・栄養」，「理容・美容」と「教育・保育・社会福祉」を「資格系」とし，それ以外を「非資格系」とした。厳密にいえば，植上の分類と異なる部分はあるものの，多様な学科で構成される専門学校の現状を踏まえるとやむを得ないといえよう。

　本章で扱う職業意識は，次の4つである。回答分布は**表2-2**の通りである。

・専門性：「仕事を通じて高い専門性を身につけたい」
・資格取得：「将来，さらに何らかの資格を取りたい」
・雇用①：「できるだけずっと，フルタイムで働きたい」
・雇用②：「離職・転職せず，同じ会社で働きつづけたい」

2章　分化する女性の職業意識　45

表2-1　分析サンプル

		%	N
性別	男性	42.3	200
	女性	57.7	273
学歴	高校	23.9	113
	専門学校	21.2	100
	専門学校・資格系	14.2	67
	専門学校・非資格系	7.0	33
	短大・高専	13.7	65
	大学	41.2	195
雇用形態	正規雇用	71.5	338
	非正規雇用	28.5	135
職種	専門・技術	30.9	146
	事務	22.4	106
	販売・サービス	28.1	133
	技能・保安・運輸・その他	13.5	64
	無回答	5.1	24
企業規模	大企業（300人以上）・官公庁	40.6	192
	中小企業（300人未満）	46.7	221
	無回答	12.7	60

注：雇用形態，職種，企業規模についてはwave5の値。

表2-2　職業意識の分布

（数値：%）

		とても あてはまる	やや あてはまる	あまり あてはまらない	まったく あてはまらない
専門性	wave3	42.5	41.2	14.8	1.5
	wave4	40.0	42.1	17.1	0.8
	wave5	37.4	46.5	15.4	0.6
資格取得	wave3	36.2	35.5	24.1	4.2
	wave4	31.1	41.2	24.1	3.6
	wave5	31.7	44.8	20.9	2.5
雇用①	wave3	20.5	27.1	41.6	10.8
	wave4	22.8	28.5	38.3	10.4
	wave5	23.9	36.4	31.3	8.5
雇用②	wave3	31.9	38.5	24.9	4.7
	wave4	30.0	37.0	26.4	6.6
	wave5	27.3	39.7	27.7	5.3

4. 分析結果

まずは，専門性の結果から見ていこう。

図2-4は，学歴ごとに専門性に対する意識の推移を示したものである。なお，男性の短大・高専はサンプル数が少なかったため，省略した。

男性の結果を見ると，wave3（23歳）では学歴間で有意な差が認められ，専門学校卒の値が最も高くなっている。しかし，wave4（24歳）とwave5（25歳）では，他の学歴との有意な違いが見られなくなる。

一方，女性の結果を見ると，wave3では，学歴間の有意な違いはなかったものの，wave4とwave5では学歴による差が広がっているように見える。高卒や大卒では専門性に対する意識が低下する一方，専門学校卒では緩やかながら上昇している。

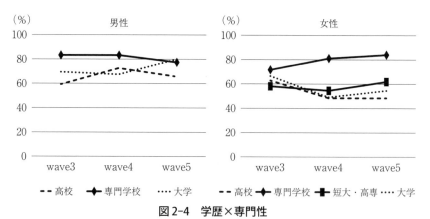

図2-4　学歴×専門性

注：「とてもあてはまる」と「ややあてはまる」の合計。

女性では学歴による差が確認されたが，専門学校を「資格系」と「非資格系」に区分した場合，どのような傾向が見られるのか。その結果が，図2-5である。結果を見ると，非資格系では値が上下しているが，資格系では一貫して上昇している。20代前半の専門性に対する意識は，高卒や大卒では低下し，

資格系の専門学校卒では上昇している。初期キャリアにおいて、専門性に対する意識が学歴によって分化していく様子がうかがえよう[5]。

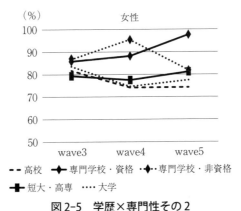

図2-5　学歴×専門性その2
注：「とてもあてはまる」と「ややあてはまる」の合計。

同様に、資格取得の結果を、見ていこう（図2-6）。

男性の結果を見ると、高卒以外では資格取得に対する意識が高くなっている。wave3では学歴間で有意な差は見られないが、wave5では有意な差が認められる。専門性とは異なり、資格取得に対する意識は20代前半で学歴による差が拡大している。

一方、女性ではwave4まで大きな変化はない。ところが、wave5になると専門学校卒で急激に値が上昇している。

図2-6の女性の結果を、資格系と非資格系にわけて示したのが図2-7である。結果を見ると、非資格系ではwave4で値が上昇し、wave5で停滞している。一方、資格系ではwave4でやや減少し、wave5で急激に上昇している。

資格系の専門学校の値が上下している背景には、資格取得の質問項目が関係している可能性がある。質問項目には「将来、さらに何らかの資格を取りたい」とあり、「さらに」との言葉が示しているように、すでに資格を持っている者は肯定的に回答しない可能性がある。今回の分析でいえば、資格系の専門学校

48　I部　専門学校の若者の初期キャリア

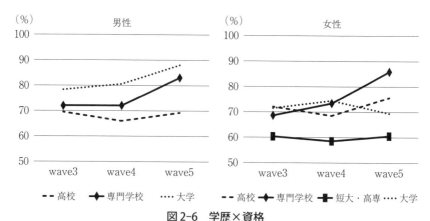

図2-6　学歴×資格

注：「とてもあてはまる」と「ややあてはまる」の合計。

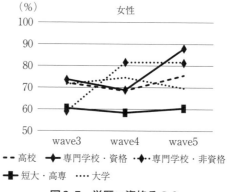

図2-7　学歴×資格その2

注：「とてもあてはまる」と「ややあてはまる」の合計。

卒はすでに職業に関する資格を持っており，wave4では必要ないと判断したが，wave 5の時点で「さらに」資格を取得する必要性を感じた可能性がある。なお，雇用①と雇用②についても同様に検討したが，学歴による差は確認できなかった（図省略）。

　以上のように，専門性，資格取得や雇用に対する意識を検討してきたが，男性の場合，学歴が高いほど資格取得に積極的であるという傾向が確認できた。ただし，その他については顕著な違いは認められなかった。女性の場合も雇用

に対する意識では学歴による違いは見られなかったものの，専門性と資格取得では学歴による違いが観察された。しかも，その違いは教育年数によるものではなく，専門学校とくに資格系の専門学校で数値が高いという特徴が確認された。

女性の場合，資格系の専門学校で専門性や資格取得といった職業意識が高くなるが，他の要因を統制しても確認できるのであろうか。

表2-3は，専門性と資格取得を従属変数（wave5：「とてもあてはまる」と「ややあてはまる」＝1,「まったくあてはまらない」と「あまりあてはまらない」＝0）としたロジスティック回帰分析の結果である。専門性の結果を見ると（左側），10％の統計的有意水準であるものの，専門学校と専門職・技術職で有意な効果が確認できる。資格系と非資格系に区分した結果を見ると（右側），資格系では有意な効果が認められる一方，非資格系では有意な効果は見られない。専門性に対する専門学校の影響は，資格系で確認できる。

資格取得についても同様に見ていこう。左側の結果を見ると，専門学校のみ有意な影響を示している。さらに，資格系／非資格系にわけた場合（真ん中），資格系で有意な効果を示している（非資格系は10％水準で有意）。資格取得に関する質問項目は「将来，さらに何らかの資格を取りたい」であり，資格の保有状況が影響を及ぼすことが予想されるため，資格保有数を投入した（右側）。結果を見ると，資格保有数は10％水準であるものの有意となっている。そして，資格系は有意な効果を示している。

以上の結果を見ると，女性の場合，資格系の専門学校は初期キャリアにおける職業意識（専門性や資格取得）を高めると解釈できよう。なお，男性の場合，専門性と資格取得のいずれにおいても，学歴による有意な違いは確認できなかった（結果省略）。

ここまでの分析は，労働市場という視点を欠いていた。つまり，「スキル形成レジーム」の違いによって，資格系の専門学校の効果の表れ方に特徴が見られるのではないか。便宜的ではあるが，脱工業化サービス産業（ビジネスサービス／社会サービス／消費者サービス）を産業特殊的スキルが支配的な産業と仮定して，資格系の専門学校の効果を確認してみよう。具体的には，wave 5の

50　I部　専門学校の若者の初期キャリア

表2-3　専門性／資格の規定要因分析（ロジスティック回帰分析）

	専門性		資格		
	B				
（定数）	0.900	0.990	-0.193	-0.140	-0.175
教育歴					
短大・高専（基準）	—	—	—	—	—
高校	0.001	-0.043	0.797 †	0.772	0.801
専門学校	1.124 †		1.516 **		
専門学校・資格系		2.222 *		1.685 **	1.731 **
専門学校・非資格系		0.367		1.217 †	1.143 †
大学	-0.007	-0.008	0.272	0.271	0.383
雇用形態					
非正規雇用（基準）	—	—	—	—	—
正規雇用	-0.212	-0.192	0.354	0.360	0.311
職種					
技能・保安・運輸・その他（基準）	—	—	—	—	—
専門・技術	1.521 †	1.345	0.109	0.035	-0.278
事務	0.401	0.352	0.457	0.419	0.161
販売・サービス	0.386	0.307	-0.052	-0.091	-0.300
無回答	1.075	0.893	1.054	0.981	0.618
企業規模					
中小企業（基準）					
大企業	-0.350	-0.384	0.407	0.394	0.387
無回答	-0.234	-0.129	0.261	0.300	0.425
保有資格数					0.177 †
N	273				
$-2LL$	246.013	242.873	300.210	299.836	292.822
CoxSnell R^2	.070	.081	.067	.068	.081
Nagelkerke R^2	.113	.130	.097	.099	.117

** $p < .01$　* $p < .05$　† $p < .10$

時点で働いている産業を，従来型産業（従来型ものづくり／従来型サービス）と
脱工業化サービス産業にわけ[6]，学歴は「専門学校・資格系」と「それ以外」
とした。なお，従来型産業／脱工業化サービス産業と専門学校・資格系／それ
以外を組み合わせると，4つのパターンができるが，「専門学校・資格系・従
来型」のパターンはサンプル数が極端に少なくなったため（男性：6人　女性：

2章　分化する女性の職業意識　51

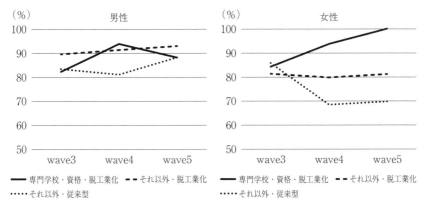

図 2-8　サービス産業における専門学校の効果・専門性
注：「とてもあてはまる」と「ややあてはまる」の合計。

5人），省略した。

　専門性について見ると（**図2-8**），男性では，wave4で「それ以外・従来型」の値が低くなっているものの，大きな違いは確認できない。一方，女性の場合，分化する傾向が読みとれる。資格系の専門学校を卒業して脱工業化サービス産業に参入した場合（「専門学校・資格・脱工業化」），年齢があがるにつれ，専門性への意識が高くなる。一方，脱工業化サービス産業であっても，資格系の専門学校でなければ（「それ以外・脱工業化サービス」）値は上昇しない。また，従来型産業の場合は低下している。

　資格取得について見ると（**図2-9**），男性では年齢があがるにつれ，カテゴリー間の違いが縮小している。一方，女性の場合，「専門学校・資格系・脱工業化」以外では，大きな変化は確認できない。ところが，資格系の専門学校を卒業して脱工業化サービス産業に参入すると，資格取得に対する意識がwave5で急激に上昇する。

　サンプル数が限定された分析ではあるものの，脱工業化サービス産業という条件下で，資格系の専門学校は効果を持つ可能性がある。もちろん，「専門学校・資格・従来型」と比較できないため，ここでの解釈はひとつの可能性ではあるが，資格系の専門学校と産業によって，女性の職業意識は分化していく様

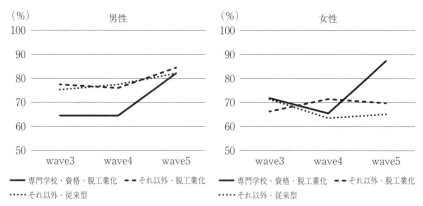

図2-9 サービス産業における専門学校の効果・資格取得
注:「とてもあてはまる」と「ややあてはまる」の合計。

子が観察できる。

5. まとめと課題

本章では,職業意識に対する専門学校の効果を男女ごとに検討してきた。知見は下記の通りである。

男性の場合,職業意識に対する学歴による差は確認されなかった。分析範囲は20代前半ではあるが,職業意識に対する学歴の影響は限定的であるといえる。

女性の場合も,雇用に対する意識では学歴による差は確認されなかった。しかし,専門性や資格取得に対する意識では,資格系の専門学校卒業者は肯定的な反応を示している。同じ教育年数の短大・高専卒よりも肯定的であったように(表2-3),教育年数に還元できない,専門学校特有の効果であると解釈できる。

なぜ,専門学校の効果が見られるのか。そのひとつの要因として,資格教育の効果が考えられる。ただし,その効果が発揮されるには,社会的文脈が必要である(阿形2000)。そのため,本章は産業に着目した。具体的には,脱工業化サービス産業に注目し,資格系の専門学校とそれ以外との比較を行った(図2-8・図2-9)。社会サービスや消費者サービスといった脱工業化サービス産業

の場合，資格系の専門学校卒で専門性や資格取得に対する意識が上昇していた。

　なぜ，脱工業化サービス産業と資格系の専門学校という組み合わせなのか。脱工業化サービス産業は産業内で求められるスキルが優勢な市場であり，そうした市場では参入前の教育が効果を持ちやすいためではないか。第1章で岩脇が示しているように，社会サービスと消費者サービスでは能力開発の外部化は進んでおり，そうした産業へ参入する場合，学校教育が効果を持つようになると考えられる。そのため，本章の結果にあるように，職業意識に対する資格系の専門学校の効果が顕在化したのであろう。

　本章では，職業意識という視点から，資格系の専門学校−脱工業化サービス産業の関連性を示したにすぎない。こうした関連を前提とした場合，資格系の専門学校卒の若者たちは，どのようにキャリアを展望し，また職業知識をどのように認識しているのか。次章以降では，われわれが実施した調査を用いて，議論を行う。

注

1) 大学進学率50％に達して以降，大学のリーディングスが出版されている。例えば，橋本鉱市・阿曽沼明裕企画編集『リーディングス　日本の高等教育』（8巻），広田照幸・吉田文・小林傳司・上山隆大・濱中淳子責任編集『シリーズ大学』（7巻）など。
2) ただし，2010年代には男性の大学院進学率は鈍化する。
3) 植上の分類によれば，「資格教育分野」は「医療」，「衛生」と「教育・社会福祉」に加え，「工業」のうち「測量」，「土木・建築」，「電気・電子」，「無線・通信」と「自動車整備」が該当する。
4) 女性の「その他の法人・団体」の比率を産業別に見ると，「従来型ものづくり」：0.7％，「従来型サービス」：7.9％，「ビジネスサービス」：7.6％，「消費者サービス」：3.6％，「社会サービス」：53.9％となり，大部分が「社会サービス」である。
5) 男性でも同様の分析を行ったが，有意な差は確認できなかった。また，資格系の専門学校の値が上昇する傾向も見られなかった。
6) サンプル数は「脱工業化サービス産業」，「従来型産業」の順に，男性では73人，91人，女性では165人，68人となった。

引用・参考文献

阿形健司，1998，「職業資格の効果分析の試み」『教育社会学研究』63：177-196.

阿形健司，2000，「資格社会の可能性—学歴主義は脱却できるか」近藤博之編『日本の階層システム3戦後日本の教育社会』東京大学出版会：127-148.

Estevez-Abe, M., Iversen, T. and Soskice, D.，2001＝2007，「社会保護と技能形成—福祉国家の再解釈」Hall, P. A. and Soskice, D. (eds.), 遠山弘徳・我孫子誠男・山田鋭夫・宇仁宏幸・藤田奈々子訳『資本主義の多様性—比較優位の制度的基礎』ナカニシヤ出版：167-210.

濱中淳子，2013，『検証・学歴の効果』勁草書房.

乾彰夫・本田由紀・中村高康編，2017，『危機のなかの若者たち—教育とキャリアに関する5年間の追跡調査』東京大学出版会.

眞鍋倫子，2011，「専門学校卒業の効果」『教育学論集』53：55-71.

眞鍋倫子，2016，「女性のキャリアに対する専門学校卒業の効果：就業構造基本調査の分析より」『教育学論集』58：55-75.

佐野和子，2019，「女性の教育歴とスキル形成—スキル形成レジームに基づく計量社会学的分析」『ソシオロジ』64(1)：21-40.

多喜弘文，2016，「学歴としての専門学校の効果とその男女差—就業構造基本調査の個票データを用いた基礎分析」『社会志林』63(3)：59-78.

Thelen, K., 2004, *How Institutions Evolve: The Political Economy of Skills in Germany, Britain, the United Sates, and Japan*, Cambridge University Press.

植上一希，2011，『専門学校の教育とキャリア形成—進学・学び・卒業後』大月書店.

II部

専門学校の入学から卒業まで

3章 入学から卒業までの概要

片山悠樹

　第Ⅰ部では，専門学校卒業生の初期キャリアを仕事の質（離職，労働時間，教育訓練など）と意識（専門性，資格）という観点から検討してきた。第Ⅱ部と第Ⅲ部では，専門学校生を対象に実施したわれわれの調査を用いて，専門学校入学から労働市場への移行と初期キャリアについて議論する。それに先立ち，本章では第Ⅱ部と第Ⅲ部で使用する調査データと結果の概要を紹介したい。

1. 調査の概要

　使用する調査データは，専門学校生を対象に実施したアンケート調査とインタビュー調査である。専門学校は学科の構成などにおいて多義的な性格を有するため，サンプリングがきわめて難しい。そのため，次善の策として，分野と地域を基準に調査対象校を選定した。分野については，社会サービスと消費者サービス（序章，1章を参照）を基準に，保育・介護福祉，理美容，自動車整備を対象とした。また，地域については，都市部Ｘと非都市部Ｙを選定した。都市部Ｘは大学進学率と有効求人倍率が全国平均を大きく上回る，進学および就職機会の豊かな地域である。非都市部Ｙは，有効求人倍率は全国平均並みであるが，大学進学率は全国平均を下回る地域である。

　以上を踏まえ，いくつかの専門学校に調査を依頼した結果，4校が調査協力を引き受けてくれた。対象校の内訳は，都市部Ｘの2校（保育系／自動車整備系）と，非都市部Ｙの2校（保育・福祉系／理美容系）である。対象校からは，中退情報やリカレント学生（一部の対象校）などの内部資料を提供してもらっており，学校名が推測されることを避けなければならないという制約もあって十分な情

報を公開できない。かわりに，対象校の簡単なプロフィールについては示しておきたい。

　保育系の学校 A は，保育士および幼稚園教諭養成の学科を設置しており，学校系列の保育園と幼稚園を保有している。保育・福祉系の学校 B は，介護福祉士，社会福祉士，保育士，幼稚園教諭，柔道整復師や鍼灸師を養成する学科から構成されているが，われわれの調査では介護福祉学科と保育学科を調査の対象とした。理美容系の学校 C は，美容師やヘアメイクアップアーティスト養成の美容学科，理容師養成の理容学科，ネイリストやエステティシャン養成の学科を有する。自動車整備系の学校 D は，国家 1 級自動車整備士養成の学科（4 年制），2 級自動車整備士養成の学科（2 年制），国家自動車車体整備士養成の学科（3 年制）を設置しているが，われわれの調査では 2 年制の学科を対象とした。

　調査は限定された範囲のものであり，専門学校生の移行やキャリア形成を実証的に議論するうえでいくつもの限界がある。ただ，専門学校生のキャリアに関する調査が少ないことを鑑みれば，われわれの調査から導き出される結果には一定の意義があると思われる。

　調査スケジュールは，対象者が専門学校入学時（2017 年度）から実施され，卒業後 7 年目の現在も調査継続中である（2024 年 12 月）。また，専門学校在学中には，教員へのインタビュー調査も実施した。調査の主なスケジュールは**表 3-1**，アンケート調査（在学中に実施）については**表 3-2** に示した通りである。

　インタビュー調査の実施人数は 54 名である（内訳：学校 A＝11 名，学校 B＝

表 3-1　調査の概要とスケジュール

	調査	対象	実施回数	実施時期
在学中	アンケート	学生	4 回	2017 年 4 月〜5 月／2017 年 10 月〜11 月／2018 年 6 月〜9 月／2019 年 1 月〜2 月
	インタビュー	学生	2 回	2017 年 9 月〜11 月／2018 年 9 月〜12 月
	インタビュー	教員	1 回 + α	2018 年 3 月〜4 月（補足として 2019 年 7 月）
卒後	インタビュー	卒業生	4 回（継続中）	2020 年 2 月〜3 月／2020 年 8 月〜9 月／2021 年 10 月〜2022 年 4 月／2022 年 8 月〜11 月

58　II部　専門学校の入学から卒業まで

表3-2　アンケート調査の概要

対象校	分野	地域	第1回 入学時		第2回 1年生・後期		第3回 2年生・前期		第4回 卒業時	
			有効回答数	回収率(%)	有効回答数	回収率(%)	有効回答数	回収率(%)	有効回答数	回収率(%)
学校A	保育	都市X		95.4		82.8		89.7		79.3
学校B	保育・介護福祉	非都市Y		98.2		93.0		86.0		68.4
学校C	理美容	非都市Y		96.3		90.7		92.6		81.5
学校D	自動車整備	都市X		95.3		90.6		93.1		87.8
合計			495	95.7	456	88.2	474	91.7	432	83.6

15名，学校C＝14名，学校D＝14名）。なお，次章以降でインタビューを引用する際は，学校名−対象者ナンバーで表記する（学校Aの対象者1の場合はA-1）。

2.　対象者の概要

　II部とIII部では，学科を3つに分けて（保育・介護福祉，理美容，自動車整備），分析する。その理由は，専門学校は多様な学科で構成されており，学科ごとに特徴を有するためであり，また学科の構成に関して，われわれの調査には一定の偏りが存在するためである（後述）。ここでは，調査対象者の概要を確認しておこう。

　表3-3は，「卒業」（2年で卒業），「中退」，「休学・長欠」，「留年」を示している。これらのカテゴリーは調査ごとに対象校に問い合わせ，作成されたものである。結果を見ると，保育・介護福祉の「卒業」の比率がやや低いが，8割後半から9割の学生が2年間で卒業している。中退率は6〜7％となっている。

　第II部と第III部の各章では，断りがない限り，「卒業」＝414人を対象に分

表3-3　学科×調査対象者の状況

（数値：％）

	卒業	中退	休学・長欠	留年	合計（N）
保育・介護福祉	86.1	7.9	4.3	0.7	100.0（139）
理美容	90.4	7.7	1.9	0.0	100.0（52）
自動車整備	92.7	6.6	0.4	0.3	100.0（304）

析を行う[1]。学科別の人数は保育・介護福祉＝98人，理美容＝43人，自動車整備＝273人で，われわれの調査では理美容の比率が低く，自動車整備の比率が高いといった偏りが見られる（われわれの調査：保育・介護福祉＝23.7％，理美容＝10.4％，自動車整備＝65.9％，学校基本調査：27.9％，48.5％，21.7％）。こうした偏りが存在するため，基本的には学科ごとの分析を行う。

分析対象者（414人）を男女別に見たのが，**表3-4**である。表の数値と「学校基本調査」（2017年入学者）の数値を比較すると，性別に関しては大きな偏りは存在しない（学校基本調査：保育・介護福祉　男性＝27.8％／女性＝72.3％，理美容＝30.1％／69.9％，自動車整備＝96.7％／3.3％）。**表3-5**には，奨学金の利用状況を示しているが，いずれの学科も利用していない者の比率が上回っている。

表3-4　学科×性別　（数値：％）

	男性	女性	合計 (N)
保育・介護福祉	19.4	80.6	100.0　(98)
理美容	37.2	62.8	100.0　(43)
自動車整備	97.1	2.9	100.0 (273)

表3-5　学科×奨学金の利用　（数値：％）

	利用あり	利用なし	合計 (N)
保育・介護福祉	30.6	69.4	100.0　(98)
理美容	48.8	51.2	100.0　(43)
自動車整備	39.9	60.1	100.0 (273)

入学の状況を，出身校と地域から触れておこう。

表3-6は学科別の出身校を示したものであるが，ほとんどの対象者の出身校は高校となっている。ただ，保育・介護福祉では短大・高専や大学の値がやや高い。多くの専門学校生が高卒後に専門学校を進学することを踏まえ，**表3-6**で「高校」と回答した対象者の出身高校を全日制と定時制・通信制に分けて示したのが**表3-7**である。結果を見ると，定時制・通信制の値は保育・介護福祉で高くなっている。

本節の最後に，入学前の居住地を確認しておこう。第1回調査では専門学校入学前の居住地を尋ねており，それをまとめたのが**表3-8**である。保育・介護福祉と理美容は，「県庁所在地」あるいは「県内」で9割近くを占め，ほとんどの学生は県内から入学している。対照的に自動車整備では6割強が「県外」となっている。

60　Ⅱ部　専門学校の入学から卒業まで

表3-6　学科×出身校

（数値：%）

	高校	短大・高専	大学	その他・無回答	合計 (N)
保育・介護福祉	79.6	9.2	8.2	0.0	100.0　(98)
理美容	95.3	0.0	2.3	2.3	100.0　(43)
自動車整備	94.1	1.1	3.3	0.7	100.0　(273)

表3-7　学科×出身高校

（数値：%）

	全日制	定時制・通信制	無回答	合計 (N)
保育・介護福祉	87.2	12.8	0.0	100.0　(78)
理美容	95.1	4.9	0.0	100.0　(41)
自動車整備	92.6	2.7	4.7	100.0　(257)

表3-8　学科×入学前の居住地

（数値：%）

	県庁所在地	県内	県外	合計 (N)
保育・介護福祉	32.7	55.1	12.2	100.0　(98)
理美容	41.9	46.5	11.6	100.0　(43)
自動車整備	9.2	27.1	63.7	100.0　(273)

　「県外」の比率が高い要因のひとつに，学生募集の方法があげられる。学校Dでは，教員は夏休みや春休みにさまざまな地域の高校を訪問しており，その際に学校の母体である自動車メーカーの販売店の人事担当者とペアを組んで卒業後のキャリアもあわせて高校側に説明しているという（2017年7月24日打ち合わせメモ）。資格取得だけでなく，自動車整備士としてのキャリアを提示しながら，広い地域から学生を集めている。なお，卒業後の地域移動については7章で概略を示し，8章では女性に焦点にあてた地域移動とキャリア形成を扱う。

3．学校生活

　学校生活についても確認しておこう。

　まずは調査対象者の高校生活を触れていこう。**表3-9**は，第1回調査で高校生活を尋ねた結果の一部である（「遅刻」＝「遅刻することが多かった」，「授業をさぼる」＝「授業をサボってしまうことがあった」，「勉強の楽しさ」＝「学校の勉

強が楽しかった」)。

「遅刻」と「授業をさぼる」を見ると，理美容の比率が高く，2割から3割となっている。「勉強の楽しさ」でも学科ごとに比率が異なっているが，どの学科も5割に満たない。なお，第1回調査では中学校3年生の5教科の成績を尋ねているが（「上の方」＝5〜「下の方」＝1），5教科の総合得点は，保育・介護福祉で2.69，理美容で2.48，自動車整備で2.74と，どの学科でも平均（3点）をやや下回る結果となっている。

専門学校ではどのような学校生活を送っているのだろうか。高校の学校生活と同じ質問項目である「遅刻」と「授業をさぼる」の結果から見ていこう（**表3-10**）。単純な比較はできないが，高校時代（**表3-9**）と比べると，遅刻の比率が下がっているように見える。「授業をさぼる」でも，数値が下がっている。とくに，理美容では高校時代に3割以上が「授業をさぼる」ことがあったが，専門学校では1割を切っている。

次に，「勉強の楽しさ」を見てみよう。ここでも高校時代と比較すると（**表3-9**），どの学科でも肯定的な回答が増えている（**表3-11**）。とくに保育・介護

表3-9　学科×高校・学校生活
（数値：%「とても」と「やや」あてはまるの合計）

	遅刻	授業をさぼる	勉強の楽しさ	合計（N）
保育・介護福祉	17.4（8.2）	18.3（6.1）	24.7（5.1）	100.0（98）
理美容	25.6（14.0）	30.3（14.0）	34.9（9.3）	100.0（43）
自動車整備	13.6（7.7）	12.5（4.8）	42.5（10.6）	100.0（273）

注：（　）内は「とてもあてはまる」。

表3-10　学科×専門学校・学校生活①
（数値：%「とても」と「やや」あてはまるの合計）

	遅刻		授業をさぼる		合計（N）
	1年生・後期	2年生・前期	1年生・後期	2年生・前期	
保育・介護福祉	8.1（1.0）	19.4（4.1）	13.2（1.0）	16.3（4.1）	100.0（98）
理美容	21.0（4.7）	18.6（2.3）	4.6（2.3）	9.3（0.0）	100.0（43）
自動車整備	4.8（1.5）	7.7（1.5）	2.6（0.0）	4.8（1.1）	100.0（273）

注：（　）内は「とてもあてはまる」。

62 Ⅱ部 専門学校の入学から卒業まで

表3-11 学科×専門学校・学校生活②

（数値：％ 「とても」と「やや」あてはまるの合計）

| | 勉強の楽しさ | | 授業の大変さ | | 合計（N） |
	1年生・後期	2年生・前期	1年生・後期	2年生・前期	
保育・介護福祉	52.0 (10.2)	45.9 (10.2)	59.8 (25.8)	62.3 (28.6)	100.0 (98)
理美容	60.5 (9.3)	61.9 (9.5)	45.2 (19.0)	51.2 (18.6)	100.0 (43)
自動車整備	59.0 (14.7)	50.5 (10.3)	57.9 (19.4)	56.4 (15.8)	100.0 (273)

注：（　）内は「とてもあてはまる」。

福祉と理美容では2割から3割ほど増加している。

　学校の勉強に楽しさを見出すようになったのは，高校までの勉強と比べ，楽になったためであろうか。そこで，「授業の大変さ」（「授業についていくのが大変だと感じる」）の結果を確認しておこう（表3-11）。理美容では値が低くなっているものの，いずれの学科でも半数以上は授業についていくことが大変であると感じている。勉強が楽しいのは楽であるからではなく，授業が大変であったとしても，専門学校での学びに充実感を得ているのではないか。

　つづいて，学校生活の比重に目を向けてみよう。アンケート調査では，学校生活で熱心に取り組んでいる事柄として，「専門技術・知識を学ぶ授業」，「語学の授業」，「語学以外の一般教養を学ぶ授業」，「学校外で行う実習」，「サークル・クラブ活動」，「アルバイト」，「読書」，「友人とのつきあい」を質問したが，ここでは「専門技術・知識」，「一般教養」，「学校外での実習」，「アルバイト」を取り上げよう。

　表3-12から表3-15は，それぞれの項目について，「1年生・後期」，「2年生・前期」，「卒業時」の変化を示したものである。「専門技術・知識」はいずれの学科も一貫して高い値を示している。一方，「一般教養」の値はやや低く，専門学校の特徴が見られる。

　また，対象校では学校外で実習が行われるため，どの学科も「学校外での実習」で高い値を示している。実習は専門学校からの移行を担う重要な要素であると考えられるが，その詳細については4章で扱う。

　最後に，専門学校での学びへの評価を見ておきたい。ここでは「知識・技能

3章 入学から卒業までの概要 63

表3-12 学科×専門技術・知識
（数値：%）

	1年生・後期	2年生・前期	卒業時
保育・介護福祉	95.9 (50.0)	87.8 (39.8)	85.7　(40.8)
理美容	95.7 (58.1)	93.0 (67.4)	100.0 (65.1)
自動車整備	94.5 (57.1)	89.7 (44.0)	82.4　(35.2)

注：「とても熱心」と「やや熱心」の合計。
　（　　）内は「とても熱心」の数値。

表3-13 学科×一般教養
（数値：%）

	1年生・後期	2年生・前期	卒業時
保育・介護福祉	64.3 (18.4)	59.2 (11.2)	67.3 (21.4)
理美容	72.1 (9.3)	55.8 (9.3)	88.4 (46.5)
自動車整備	56.0 (16.8)	50.2 (12.8)	59.4 (15.8)

注：表3-12と同様。

表3-14 学科×学校外での実習
（数値：%）

	1年生・後期	2年生・前期	卒業時
保育・介護福祉	86.8 (49.0)	85.8 (48.0)	81.3 (36.7)
理美容	81.4 (37.2)	79.1 (44.2)	97.7 (55.8)
自動車整備	71.8 (31.9)	70.3 (26.7)	68.8 (24.5)

注：表3-12と同様。

表3-15 学科×アルバイト
（数値：%）

	1年生・後期	2年生・前期	卒業時
保育・介護福祉	40.7 (22.4)	46.9 (24.5)	51.0 (26.5)
理美容	72.1 (46.5)	76.7 (46.5)	97.6 (67.4)
自動車整備	60.1 (26.4)	64.8 (33.3)	60.1 (27.5)

注：表3-12と同様。

の獲得」（「学校での学びを通じて，専門的な知識や技能が身についている」），「態度・マナーの習得」（「学校での学びを通じて，働くうえで必要な態度やマナーが身についている」），「成長実感」（「学校での学びを通じて，成長している実感がある」）から確認する。

　表を見ると（**表3-16～表3-18**），どの学科でも「知識・技能の獲得」，「態度・マナーの習得」，「成長実感」に対する肯定的な回答が8割を超えている。しかも，「1年生・後期」から「卒業」まで大きな変化は見られない。専門学校の学びに対する高い評価は，専門学校の実態を表しているのか，質問紙のワーディングの問題なのか，ここではわからないが，専門学校の学びについては5章と10章で扱う。5章では在学中の能力形成に関して非認知的能力に焦点をあて分析する。10章では卒業後に専門学校の学びをどのように評価するのかを検討する。

表3-16　学科×知識・技能 (数値：%)

	1年生・後期	2年生・前期	卒業時
保育・介護福祉	89.5 (42.9)	96.9 (38.8)	96.9 (51.0)
理美容	100.0 (72.1)	97.7 (62.8)	100.0 (76.7)
自動車整備	98.5 (60.8)	93.7 (53.8)	93.7 (64.1)

注：「とてもそう思う」と「ややそう思う」の合計。
（　　　）内は「とてもそう思う」の数値。

表3-17　学科×態度・マナー (数値：%)

	1年生・後期	2年生・前期	卒業時
保育・介護福祉	82.7 (37.8)	87.7 (30.6)	89.8 (41.8)
理美容	95.3 (44.2)	93.0 (44.2)	97.7 (74.4)
自動車整備	93.4 (53.9)	90.5 (46.9)	88.6 (47.6)

注：表3-16と同様。

表3-18　学科×成長実感 (数値：%)

	1年生・後期	2年生・前期	卒業時
保育・介護福祉	83.7 (30.6)	83.7 (38.8)	89.8 (42.9)
理美容	95.4 (51.2)	90.7 (37.2)	100.0 (69.8)
自動車整備	92.3 (50.9)	88.0 (42.9)	87.9 (39.9)

注：表3-16と同様。

4．小括

　具体的な分析の前に，本章では調査結果の概要を紹介してきた。

　高校と比較すると，調査対象者の多くは専門学校での学びに対して積極的な様子がうかがえた（「勉強の楽しさ」）。2年間で職業に必要な資格を取得しなければならず，また実習もあるため，授業のペースもゆとりのあるものではない（「授業の大変さ」）。それでも，専門学校の学びに対して肯定的に評価している（「知識・技能の獲得」，「態度・マナーの習得」，「成長実感」）。もちろん，自己評価であるため，これらの結果をそのまま受け入れるわけにはいかないが，専門学校での学びが職業移行や能力形成，あるいは卒業後のキャリア形成にどのような影響を及ぼしているのか，次章以降で検討する。

3章　入学から卒業までの概要　65

注

1) 「卒業」のなかに「過年度生」（調査対象学年の上の学年からの留年生）が4人含まれていたため，分析から除外した。

附表①：学校への満足度

附表 3-1　学科×満足度①
（数値：%　「とても」と「やや」あてはまるの合計）

	教員		施設や設備		友人関係	
	1年生・後期	2年生・前期	1年生・後期	2年生・前期	1年生・後期	2年生・前期
保育・介護福祉	66.4(18.4)	70.4(28.6)	73.5(27.6)	74.5(29.6)	82.6(40.8)	82.7(38.8)
理美容	69.8(32.6)	79.1(27.9)	79.1(34.9)	67.5(32.6)	93.0(53.5)	74.4(39.5)
自動車整備	86.8(43.6)	74.3(26.7)	84.2(44.3)	70.0(27.1)	89.4(45.8)	87.6(41.4)

注：（　）内は「とてもあてはまる」の数値。

附表 3-2　学科×満足度②
（数値：%　「とても」と「やや」あてはまるの合計）

	教育内容やカリキュラム		就職支援体制		この学校に入学したこと	
	1年生・後期	2年生・前期	1年生・後期	2年生・前期	1年生・後期	2年生・前期
保育・介護福祉	72.4(15.3)	72.5(24.5)	61.2(16.3)	74.4(17.3)	82.6(36.7)	80.6(34.7)
理美容	90.7(23.3)	74.4(25.6)	83.7(27.9)	69.7(20.9)	83.7(34.9)	83.7(34.9)
自動車整備	86.4(34.8)	72.2(23.1)	85.7(39.9)	75.5(28.6)	76.2(35.2)	65.2(25.6)

注：附表 3-1 と同様。

附表②：進路指導

附表 3-3　学科×進路指導①
（数値：%　「よく」と「ときどき」あるの合計）

	自分の希望に賛成			高望みへの注意		
	1年生・後期	2年生・前期	卒業時	1年生・後期	2年生・前期	卒業時
保育・介護福祉	47.9(25.5)	75.5(46.9)	81.7(49.0)	6.1(1.0)	9.2(4.1)	11.2(4.1)
理美容	83.8(51.2)	97.7(72.1)	95.3(76.7)	11.6(0.0)	23.3(9.3)	50.6(27.9)
自動車整備	79.5(43.6)	75.9(42.9)	77.3(47.3)	20.6(8.8)	30.7(8.4)	27.8(8.8)

注：（　）内は「よくある」の数値。

66   Ⅱ部　専門学校の入学から卒業まで

附表3-4　学科×進路指導②

(数値：%　「よく」と「ときどき」あるの合計)

	働く意味			学科科目の成績		
	1年生・後期	2年生・前期	卒業時	1年生・後期	2年生・前期	卒業時
保育・介護福祉	43.9 (8.2)	48.0 (15.3)	51.0 (14.3)	40.8 (16.3)	32.7 (8.2)	19.4 (4.1)
理美容	74.4 (18.6)	67.5 (25.6)	88.3 (48.8)	25.6 (9.3)	32.5 (11.6)	55.9 (32.6)
自動車整備	71.8 (34.1)	66.3 (24.5)	65.2 (20.9)	53.5 (19.4)	52.0 (16.8)	43.2 (14.7)

注：附表3-3と同様。

附表3-5　学科×進路指導③

(数値：%　「よく」と「ときどき」あるの合計)

	技能・技術の修得			資格		
	1年生・後期	2年生・前期	卒業時	1年生・後期	2年生・前期	卒業時
保育・介護福祉	64.2 (22.4)	43.9 (14.3)	30.6 (7.1)	42.8 (21.4)	42.9 (15.3)	31.6 (7.4)
理美容	65.1 (16.3)	55.8 (20.9)	65.1 (37.2)	55.8 (20.9)	58.1 (39.5)	74.4 (34.9)
自動車整備	67.0 (30.0)	66.6 (27.8)	65.5 (26.7)	67.8 (27.5)	68.8 (33.3)	61.9 (28.9)

注：附表3-3と同様。

※卒業後の進路について，先生からつぎのようなことを言われることは，どのくらいありますか。

「自分の希望に賛成」＝自分の希望進路に賛成してくれる
「高望みへの注意」＝あまり高望みしないように注意される
「働く意味」＝働く意味について先生の考えを話してくれる
「学科科目の成績」＝学科科目の成績がよくないと就職に不利になる
「技能・技術の修得」＝技術・技能をきちんと身につけていないと就職に不利になる
「資格」＝資格を持っていないと就職に不利になる

附表③：卒業後の進路が決まるうえで重要なことがら

附表3-6　学科×進路決定の要素①

(数値：%　「とても」と「やや」重要だの合計)

	遅刻			学校の課題		
	1年生・後期	2年生・前期	卒業時	1年生・後期	2年生・前期	卒業時
保育・介護福祉	99.0 (88.8)	98.0 (81.6)	92.9 (74.5)	98.0 (83.7)	92.8 (70.4)	90.8 (56.1)
理美容	100.0 (90.7)	100.0 (100.0)	97.7 (79.1)	97.6 (67.4)	100.0 (74.4)	100.0 (74.4)
自動車整備	98.9 (94.9)	97.1 (90.5)	96.0 (88.3)	96.7 (81.3)	93.4 (72.2)	90.9 (65.6)

注：( )内は「とても重要だ」の数値。

3 章　入学から卒業までの概要　　67

附表 3-7　学科×進路決定の要素②

（数値：%　「とても」と「やや」重要だの合計）

	資格			学科科目の成績		
	1年生・後期	2年生・前期	卒業時	1年生・後期	2年生・前期	卒業時
保育・介護福祉	66.3(24.5)	56.1(14.3)	49.0(10.2)	83.7(30.6)	70.4(20.4)	60.2(13.3)
理美容	88.4(51.2)	62.8(34.9)	81.4(58.1)	79.1(41.9)	79.1(32.6)	83.1(60.5)
自動車整備	86.8(45.8)	80.9(46.5)	77.0(36.3)	91.6(56.4)	78.7(42.1)	74.0(39.2)

注：附表 3-6 と同様。

附表 3-8　学科×進路決定の要素③

（数値：%　「とても」と「やや」重要だの合計）

	実技科目の成績			社会人として必要なマナー		
	1年生・後期	2年生・前期	卒業時	1年生・後期	2年生・前期	卒業時
保育・介護福祉	90.9(48.0)	79.6(28.6)	73.5(23.5)	99.0(88.8)	99.0(87.8)	98.0(79.6)
理美容	93.0(62.8)	86.1(44.2)	67.6(67.4)	100.0(90.7)	100.0(95.3)	97.6(86.0)
自動車整備	95.2(70.7)	89.4(56.8)	83.5(50.2)	98.9(91.2)	97.8(85.7)	97.4(86.4)

注：附表 3-6 と同様。

附表 3-9　学科×進路決定の要素④

（数値：%　「とても」と「やや」重要だの合計）

	実践的な技術・技能		
	1年生・後期	2年生・前期	卒業時
保育・介護福祉	98.0(73.5)	91.9(59.2)	89.8(45.9)
理美容	95.4(81.4)	93.0(58.1)	95.3(74.4)
自動車整備	96.3(74.0)	93.4(72.9)	93.8(65.2)

注：附表 3-6 と同様。

※卒業後の進路が決まるにあたって，つぎのようなことはどのくらい重要だと思い
　ますか。
「遅刻」＝遅刻がないこと
「学校の課題」＝学校の課題をきちんとやっていること
「資格」＝多くの資格を持っていること
「学科科目の成績」＝学科科目の成績がよいこと
「実技科目の成績」＝実技科目の成績がよいこと
「社会人として必要なマナー」＝社会人として必要なマナーが身についていること
「実践的な技術・技能」＝実践的な技術・技能を持っていること

専門学校からの移行プロセス

都島梨紗・上地香杜・片山悠樹

1. 目的

　本章の目的は，専門学校から職業への移行プロセスを記述することである。

　日本社会における職業移行の特徴のひとつとして，大企業を中心とした企業が新規学卒者を卒業前の特定の時期にリクルートする「新規学卒一括採用」があげられる。卒業とほぼ同時に働きはじめる雇用慣行は，若年労働市場の特徴として注目された。こうした慣行を支えたのが学校と労働市場との「制度的リンケージ」による「間断のない移行」であり，教育社会学では高卒就職を中心に研究が進められてきた。高卒就職を例にあげれば，企業からの求人票が職業安定所を通して高校に配布され，それぞれの高校が学業成績などを基準に生徒を推薦するという学校経由の移行プロセスが解明された（苅谷1991）。

　こうしたプロセスが機能する背景には，教育内容と労働が結びつかないこと（＝「密接な無関係」）を前提に，教育年数（学歴）や成績によって訓練可能性を推定し，就業後に訓練することが「合理的」であるという企業側の論理がある。そして，それが序章で触れた就「社」型キャリアを支えるロジックである。

　一方，専門学校，とくに「資格職」に就くことを目的とした専門学校の場合，上記のようなロジックはあてはまりにくいように思われる。というのも，（実態はともあれ）専門学校（での学習内容）と労働は結びつくことが前提とされているからである。仮にそうであれば，高卒就職などの就「社」型キャリアの移行とは異なる姿が専門学校では見られるのではないか。実際，塚原修一（2005）は，専門学校では大企業中心の雇用慣行をベースとした移行があてはまりにくい可能性を指摘している。

以上の認識から，本章では専門学校からの移行プロセスを描き出す。教育内容と労働の結びつきが想定される専門学校の移行は，就「社」型キャリアの移行と，どれほど異なった特徴を有しているのか。この点について記述してみたい。分析で扱う対象は保育，介護福祉，理美容，自動車整備と限られた分野であるが，関連分野の就職率が高いため（図4-1），専門学校の移行プロセスを描く出すうえで格好の対象といえよう。

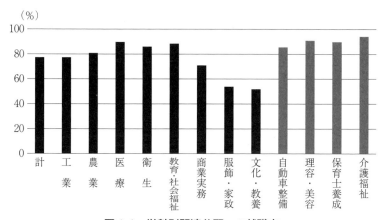

図4-1　学科別関連分野への就職率
出所：文部科学省『学校基本調査』令和2年より作成。

2. 受験回数と応募方法

われわれの調査では卒業前に卒後の進路に関して質問しているが，調査時点での就職決定率は保育・介護福祉で74.5％，理美容で95.3％，自動車整備で80.2％であった。保育・介護福祉の数値が低いのは，学校Aの調査時期がやや早く（学校A：1月，その他：2月），「未定」が25.5％となっているためである。ただし，過去の実績でいえば，学校Aの就職率は100％に近い。また，自動車整備の数値が低いのは「進学・編入」が14.7％を占めるためである。あたり前に見えるかもしれないが，専門学校からの移行でも「間断のない移行」が確認できる。以下では，就職決定者に限定し，分析していこう。

70   II部　専門学校の入学から卒業まで

　まずは，就職決定までの受験回数を見てみよう（**表4-1**）。表を見ると，ほとんどの学生は1回あるいは2回の受験で就職先が決定していることがわかる。高卒就職の先行研究では多くの高校生が1社の受験で内定を得ていることが明らかにされているが，専門学校でも同じような傾向が確認できる。これだけを見ると，専門学校の移行も就「社」型キャリアの移行と判断できる。

　次に，応募方法を見てみよう。第1章で触れたように，『雇用動向調査』の結果によれば，専門学校でも入職経路として学校が大半を占めている。われわれの調査は『雇用動向調査』の項目とは異なるが，専門学校への聞き取りを踏まえながら「実習先に応募」などの項目を設けた。そのため，『雇用動向調査』の結果とは異なるかもしれないが，われわれの調査の結果から検討していこう。

　先行研究でも繰り返し指摘されているが，高卒就職では学校経由が多くを占める。一方，われわれの調査によれば，専門学校では必ずしも多いとは言い切れない。学科別にみると，理美容では「学校・先生からの紹介・推薦」が半数以上を占め，学校経由に近いかたちといえるかもしれない。ところが，保育・

表4-1　受験回数　　　　　　　　　　（数値：%）

	1回	2回	3回以上	無回答	計（N）
保育・介護福祉	92.1	6.6	1.3	0.0	100.0 (76)
理美容	73.2	17.1	9.7	0.0	100.0 (41)
自動車整備	93.2	5.0	0.9	0.9	100.0 (219)

表4-2　応募方法　　　　　　　　　　（数値：%）

	学校・先生からの紹介・推薦	求人広告	自分で調べて応募	実習先に応募	アルバイト・ボランティア先から誘われた	その他	無回答	計（N）
保育・介護福祉	27.6	11.8	17.1	19.7	10.5	13.3	0.0	100.0 (76)
理美容	51.2	2.4	19.5	12.2	0.0	14.7	0.0	100.0 (41)
自動車整備	34.7	22.8	27.9	4.6	0.0	8.2	1.8	100.0 (219)

介護福祉では「学校・先生からの紹介・推薦」が最も多いものの，「実習先に応募」も一定数占めている。また，「アルバイト・ボランティア先から誘われた」の回答が10％程度となっている。一方，自動車整備でも「学校・先生からの紹介・推薦」が最も多いものの，「自分で調べて応募」や「求人広告」も20％から30％を占めている[1]。

受験回数を踏まえると，専門学校でも高卒就職と同じようなプロセスであるかのように見えるが，「実習先に応募」など学校経由以外のパターンが確認できる。専門学校の移行プロセスの特徴は受験回数ではなく，応募までのプロセスを通して見えてくるのではないか。そこで，以下では，保育・介護福祉系と理美容系の学生に焦点をあて，専門学校の移行の特徴を検討してみよう。

3. 保育・介護福祉系の移行プロセス
—応募先の「決め手」はなんだったのか

3.1 補助的な役割を果たす「学校・先生からの紹介・推薦」

本節では，保育・介護福祉系学生の在学時インタビューを用いて応募までのプロセスを整理したい。まず，表4-3 をもとに，応募方法の外観を確認しておきたい。

すでに触れたように，ほとんどの学生にとって就職決定までの受験回数は1〜2回であるが（表4-1），応募までに就職に関する情報をどのように得ているのだろうか。表4-3 は在学時インタビューで聞き取れた応募の決め方を整理したものである[2]。表内の多くの学生は，複数のチャンネルで情報を得ながら応募先を決めていることがわかる。「学校・先生からの紹介・推薦」は7名の語りで登場したが，ほとんどの学生がほかの方法や情報源についても言及している。さまざまな方法・情報源の活用という点でいえば，A-2は相対的に少ない方であるが，学校からの強いサポートや助言があったという様子ではない。A-2は専門学校教員から「ここの保育園あなたに合っているから」と勧められたこともあったと語っていたが，「遠いから無理」と断ったという。この事例

72 Ⅱ部　専門学校の入学から卒業まで

からもわかるように，保育・介護福祉系専門学校における「学校・先生からの紹介・推薦」は，学校側が強く推薦し，紹介するというよりも，情報提供・アドバイスとしての意味合いが強いのかもしれない。

　ちなみに，A-2の応募先を決定するプロセスには，施設見学が大きな位置を占めている。A-2は学校に来た求人票をもとに，3園ほど施設見学をしている。そのうえで，「（園長先生等の）雰囲気がよかった」，「自宅から5分」という自

表4-3　在学時インタビューで語られた応募先の決め方（応募中・応募予定を含む）

ID	学校・先生からの紹介・推薦（学校への求人票を含む）	求人広告（合同就職説明会などを含む）	自分で調べて	実習先	アルバイト・ボランティア先	決め手	その他	補足
A-2	○（求人票）					園長先生の雰囲気，自宅から5分	施設見学をした	
A-3				○（実習先の系列園）		実習園で働きたかった，自宅の近く		
A-5	○（先生からの助言）	○（実習園のブースに行く）		○		実習園であればよく知っているから	施設見学をした	
A-8	○（先生からの助言，求人票）					園の雰囲気，自宅から車で10分	施設見学をした	
A-9			○			園の雰囲気，地元が近い	施設見学をした	
A-10	○（先生からの助言）		○		○	同じ国籍の保育士がいるから	ボランティアに行った	
A-11	○	○	○			園の方針，自宅の近く	施設見学をした	
B-1			○		○	職場の雰囲気	ボランティアに行った	インタビュー当時は応募予定
B-3	○		○		○	職場の雰囲気	アルバイトをして応募	
B-6		○		○	○	園の雰囲気	ボランティアに行った（実習園でもある）	
B-9			○		○	実習園で，雰囲気も良かった。自宅から歩いて2,3分	卒園した施設	
B-10	○（求人票）				○	園の雰囲気	ボランティアに行った	インタビュー当時は試験前

身にとっての「決め手」となり得る条件を語りながら，応募先について説明していた。

A-2のように，「施設見学」や「ボランティア」の経験をもとに，応募先決定を語る学生は複数見られる。「施設見学」や「ボランティア」によって，施設の雰囲気や，理念を把握し，「ここであれば働きたい」と考えるようになるという。A-3は施設見学についての言及はなかったが，実習園の系列園である，ということを踏まえれば「実習」を通して施設の様子を理解する機会があったと考えられる。

「決め手」に目を向けてみると，ほとんどの学生が「施設の雰囲気」や「施設の方針」について言及している。また，「実習園」や「自宅からの近さ」についての言及も多く見られる[3]。

そこで，以下では「決め手」として言及の多かった「自宅からの近さ」と「実習園」についての語りに焦点をあてながら，保育・介護福祉系学生の専門学校から職業への移行プロセスの特徴を見ていく。

3.2　決め手①—「近さ」へのこだわり

3.1で垣間見えた「決め手」として「自宅からの近さ」があげられる。そこでここでは，応募先に関する「通勤距離」について見ていきたい。以下に引用するA-3は，実習先の系列園での就職を決定している。学校にも求人票が来ていたようだが実習の際，「更衣室に求人票貼ってあって」募集していることがわかり，応募を決めたという。以下の語りは，「家の近く」がよい理由について触れている部分である。なお，インタビュー中の調査者の相槌や会話の言い淀みは，データの見やすさの観点からあらかた削除している。

調査者：就職先に関して，どのように決めましたか？

A-3：実習先でー，行った園が良くって，そこだとちょっと車で遠いので。で，その系列園が今年できるって聞いて，家の近くにたまたまできたので，そこを受けました。

調査者：なるほど。やっぱり家の近くが良かったですか？働くのは。

A-3：はい。

調査者：なんでそれは，家の近くが良かったんですか？

A-3：いま学校遠くて，朝早いのとか，帰りが遅くなっちゃうのがちょっと
きついので，家から近いほうがいいかなって思いました。

　語りを踏まえると，実習先の園を就職候補先と考えていたようだったが，家
から遠いため，「家の近く」の系列園に決定したという。A-3は第1回目のイ
ンタビューでは「家から近いほうがいいかなって今すごい思ってるんで。高校
みたいに近いほうが。」と語っており，「家から近い」ことを早期の段階から一
貫して重視してきたことがわかる。

　保育や介護は，日常生活の維持に欠かせないエッセンシャルワーク[4]のう
ちの一つである。エッセンシャルワークには，専門資格が付与され，全国どこ
でも勤務することができる。とくに，保育と介護については近年人材不足が叫
ばれる業界でもある。いわば，どこでも働けるからこそ，どこで働くかという
観点が重要なのだ。その基準のひとつとして「家からの近さ」をあげているこ
とが，語りからわかる。畔蒜（2021）は保育士の就職への意思決定過程を調査
するなかで，実家から通勤している者が多くを占めており，通勤時間も調査対
象者の全員が1時間以内であったと言及している。本章においては，実家かど
うかや，1時間以内かどうかといった，より詳細な「近さ」について確認でき
ていないが，「自宅からの近さ」を求めているという点で類似する傾向である
といえる。

3.3　決め手②—「実習施設」であること

　3.2で家からの距離を重視していたA-3は，結果として実習園の系列園を応
募先として選択している。A-3は実習期間中に「ここで働きたい」と思い，実
習先の更衣室で求人募集のチラシを見かけ，求人募集していることを知ったと
いう。こうした行動を読み解くと，学生にとって実習での体験は，応募先を決

定するうえでかなり重要な役割を果たしていることが推察される。保育・介護
福祉系の学校では，資格取得のために，複数施設での実習を行う。本来は学校
のカリキュラムの一部である実習は，学生の就職に大きな影響を与えていると
いうことが A-3 の事例からもうかがえるだろう。ここでは，「実習施設」に関
する語りをもとに，応募先選択の決め手について検討する。

　介護福祉系学生の B-2 自身は，10 か所以上福祉施設のボランティアに参加
しており，そのうちの 2 施設の中から応募先を決定する予定であるとインタ
ビューで語っていた。B-2 は実習施設への就職ではないものの，同級生が下記
のように実習施設に就職していると語る。

　B-2：いまの同じクラスの子も，実際に実習に行った所に就職希望してるっ
　　　　ていう人とかも多いんですよー。で毎年，そのようなかたちになってるら
　　　　しくて，実際僕も行った所の一つに，もう卒業生ばかりがいるっていう所
　　　　も実際にはあるんで，ああやっぱそういうかたちなんかなあっていう。

　B-2 の語りによれば，「実習に行ったところに就職希望」する学生は「多い」
ようである。またそれは，B-2 の学年に限ったことではなく「毎年」であると
いう。実際に，B-2 が実習で行った福祉施設においても，「卒業生ばかり」と
いう状況だったという。B-2 のインタビューの別の箇所では，実習先に就職希
望をする学生の背景が語られていた。その部分を以下に引用する。

　B-2：あと実際にあるのが，実習を学生中に，まあ長期実習のほうやるんで
　　　　すけど，それを実際にやって，ああ良かったなと思ってそのままなんか，
　　　　卒業後に就職っていうのもあるんですよー。
　調査者：良かったなっていうのは，誰が良かったなって思うってことですか？
　　　　実習先の，施設の人が良かったからっていうこと？
　B-2：いや，もう，本人がもう，ああこの施設とは，合うなあとかっていう
　　　　感じで，ああ就職して働いてみたいなとかって思って，そのまま，その，

長期実習を行った場所が，就職先になるっていうのも結構あるみたいっすね。

B-2の語りでは，長期実習のときに実習先を学生が「よかった」と思うことで，就職先になるのだという。インタビューでは調査者が「施設の人が良かったから」ととらえているのか，と確認をしているが，B-2は学生のほうが，「よかった」ととらえた場合に，就職先の候補になると説明する。同様に，実習先を気に入って就職先として選ぶという語りは保育系学生からも得られている。

B-6：(就職先を選んだ) 理由……は，えっと一年の夏休みに1日だけボランティアとして行って，でその時雰囲気？が気に入って，それもあって，第2段階の保育園実習？にも行かしていただいて，そこで，まあ……親身になっていろんなこと教えてくださったりとか，子どもたちの様子であったり，先生方の子どもに対する関わり方を見て，ここの園でもし働かせていただけるのであれば，将来自分も保育士として，成長できるんじゃないかなと思って，志望はしました。

学生の語りからは，夏休みに参加したボランティア先の保育園の「雰囲気」を気に入ったために，実習先として選んだことが語られている。学生は最終的に，その園を就職先として選んだという。具体的に「気に入った」ポイントとして，「子どもたちの様子」や「先生方の子どもに対する関わり方」であると語る。
　園では求人が出されていなかったようだったが，就職したい旨を伝えたところ，「履歴書を送るように」と言われ，「求人票を見てからじゃなくて，自分から履歴書を送った」そうだ。また，この学生に応募先として重視したポイントをたずねた箇所は下記である。

B-6：給料は，んー，私の中ではあんまり？まあ，安すぎるのもあれですけどー，まあ，1番は，働きやすさ，その園の雰囲気であったり，先生同士

の関わりであったり，っていうのを1番重視して，給料，も大事ではあったんですけど，まあ2番目とか3番目くらいであんまり重視は，してないです。

　B-6は就職の条件として「働きやすさ」をあげており，給料についてあまり重視しなかったと語っている。また，「働きやすさ」として「園の雰囲気」と「先生同士の関わり」を一番重視し，選択したと述べる。ひとつ前に引用した語りでは，B-6は「親身になっていろんなこと教えてくださった」と語り，「先生方の子どもに対する関わり方」も自分の「成長」につながると考えたという。B-6の語りを踏まえると，実習での経験として，子どもや同僚保育士の様子が，応募先を決定するうえでの検討材料になっていることがわかる。

　一方で，A-6は実習先での出来事をきっかけに，保育士としての就職を志望しないとインタビューで語る。

　A-6：なんか，私の行った園が悪いかもしんないけど，厳しい人ばっかりで，なんかもっと優しく，ほんわかした感じかなって思ったから，たぶん，そのうち子どもにもきつく当たっちゃう先生になりそうで，嫌だなあって思って。

　A-6は「私の行った園が悪いかも」と一言添えながら，「厳しい人ばっかり」だったと述べる。引用箇所に続くインタビューにおいて，具体的には，子どもへの言い方が「厳しい」ということだったが，このような同僚の姿を見て自分自身も「そのうち子どもにきつく当たっちゃう先生になりそうで，嫌だなぁ」と感じている。

　「先生方の子どもに対する関わり方」を見て，自分も成長できそうだ，と語るB-6とは正反対の経験をしたことがうかがえよう。A-6は，子ども自体は好きだと語り，応募先として「子どもに関わる仕事」が良いと考えているという。具体的には子どもの写真スタジオを検討しており，「やっぱ，行事とかに

呼ばれたら，写真も撮れるし，関われないわけじゃないから，それでもいいかなって」と語る。

3.4　実習施設と養成校の結びつきかた

　ここまでは，保育・介護福祉系学生にとって応募先を決定するうえで「実習」での経験が大きなウェイトを占めていることについて触れてきた。一方で，実習先はどのように学生の実習を位置づけているのだろうか。そこで，以下には保育系専門学校において実習指導を担っている専門学校教員[5]に行ったインタビューを引用したい。

　　T先生：やっぱり園もいま，ご存じのように保育の業界ってすごく人手不足
　　　なので（中略）やはり園としても採用試験をして，そのときにパッと来た
　　　子を20分ほどの面接で見極めて採用するよりも，2週間実習に来てある
　　　程度の，その子の人となりだったり実力もわかったうえで採用したいって
　　　いう気持ちがあるので，（中略）やっぱり実習から就職につながりやすいん
　　　だと思います。
　　調査者：何か指導されるときに，そういったことも見据えて，より失礼がな
　　　いようにっていうような形で，学生に指導されたりっていうのもあったり
　　　しますか。就職先に将来なるかもしれないよっていうような，働き掛けと
　　　いいますか。
　　T先生：そうですね，それは学生には言ってます。自分のっていうこともそ
　　　うですけれども，もしかしたら自分とは縁のない園かもしれないけれども，
　　　いままでの卒業生だったりとか，これからの後輩と縁ができる園かもしれ
　　　ないので，ちゃんとそういうつもりで実習には行ってねって，自分良けれ
　　　ばすべていいじゃないよっていうのは言ってますけど。

　T先生の語りによれば，学生には，就職先になりうるかもしれないということや，卒業生や後輩が就職するかもしれないから，というロジックを持ち出し

ながら実習への取り組み方を指導している、という旨が語られている。なお、実習先が就職先になる、ということは学生だけでなく、実習先であり採用側である保育施設にもメリットがあることも教員の語りからは読み取れる。なお、保育施設の新卒採用について調査を行った甲斐（2020）は、社会福祉法人経営の保育施設は、新卒人材を採用する戦略として、実習を活用していることを明らかにしている。以上を踏まえると、実習は、学生にとっても、採用側の保育施設としてもマッチングの機能を担っているといえる。

　ところで、U先生へのインタビューでは、保育士としての資質・能力が望ましい水準に達していない学生も中にはいると語られているが、そのような学生についても救済策として実習園があるという。

　U先生：「担任は、持たせないけど、補助をさせるのであれば、仕事は、あるので」っていうことで、「構いません」と、やっぱり、就職するときにも、一応、ご説明するようにはしているんです。本人のことをわかっていただかないと、また、本人も苦しい思いをするので。（中略）でもほとんど、一回で合格して、帰ってきますので、就職試験のほうは。

　通常であれば、「大変さ」を抱える学生についての就職は難航する可能性も十分に考えられるだろう。しかし、U先生の語りによれば、「ほとんど、一回で合格して、帰ってきます」とのことである。その背景には学校と就職先となる実習施設の密なやり取りも関与しているように推察される。甲斐は「実習生の受け入れは、各法人にとって業務上負担となるが、学生の実習態度をみることで、良い人材の採用に繋げたいという意図がある」（甲斐 2020：72）と述べるが、U先生の語りを踏まえれば実習園が学生の「救済」としてのセーフティネットのような役割を果たす場合もあり得るといえるだろう。

　また、U先生は学生を就職先に送り出すにあたって、下記のような言葉をかけているという。

U先生：（中略）ただ1か所行って，そこが合わなかったからといって，保育を諦める必要はないよっていうことも，今年の卒業生には。私もずっと現場だったので，言わせてもらって。やっぱり，合う合わない，自分の保育とか，性格とか，持ってる考え方に，合う場所もあれば，全く合わない場所っていうのも，実際あるので（中略）方針も違えば，保育方法も違うので。

　U先生の語りで注目すべきは，「1か所行って，そこが合わなかったからといって，保育を諦める必要はない」という部分である。これについて，U先生は，「私もずっと現場だった」と自身の実務経験を参照しつつ，「合う合わない」があると述べる。本節の冒頭で，就職先の応募前段階に施設見学やボランティアをする学生が学校A・B問わずほとんどの学生が行っていたことに触れた。こうした学生の就職行動は，保育・介護福祉系業界の施設方針がかなり多様化している実態が背景になっているためだと考えられる。

　なお，9章では卒業生の追跡調査を取り上げているが，実際に「保育や介護の理念が合わない」という理由で，他施設へと転職する卒業生も複数いる。保育・介護福祉業界は施設により理念や方針・対象者へのかかわりが大きく異なるという業界内での「共通認識」があるために，職場と合わない理由を外在化しやすいという特性が，教員の語りからわかる。その結果，他施設への転職を気軽にしやすい環境であると考えられる。

4. 理美容系の移行プロセス

　次に理美容専門学校生の移行プロセスを見ていこう。本調査を実施した理美容系専門学校Cは，理美容師を目指す理美容系と，メイク，ネイル，美容部員などを目指すメイク系に分かれている。以下では，理美容系とメイク系ではそれぞれ移行プロセスが異なるため，その違いに注目して整理を行う。

4.1 理美容師系の移行プロセス

(1) 理美容業界の職場状況

　理美容系の就職先は主に理美容室であり，学生それぞれが取得する資格に応じた職場へ入職することとなる。全国の理容室数は微減傾向であるが，美容室数は微増しており，理美容室としては全体的に増加傾向にある（厚生労働省2023）。こうした背景には，小規模・個人経営の店と，法人経営の中規模・大規模経営の二層化が進んでいることが指摘されている（厚生労働省2019）。また，数は増加しているが，「小規模・零細企業の倒産も相次いでいる」（荒尾2020：3）とされ，近年では比較的大きな組織体での経営でないと生き残りが厳しいことが示唆されている（東京商工リサーチ2021）。理美容師数は全体としては増加おり，とくに美容師は20年間で1.4倍（383,214名→561,475名）になっており増加の一途である。

　このような理美容室・理美容師数の増加傾向は，理美容業界に厳しい競争をもたらすといえる（荒尾2020）。加えて，理美容業界全体としては，グローバルな展開も模索されており，海外での就業や，インバウンドと美容を合わせた「美インバウンド」といわれる訪日外国人を対象とした美容業も注目されている（リクルート2015）。そのため理美容業界としては，国内市場だけでなく，海外も視野に入れた市場競争が生じている。

(2) 職場を決めるプロセス—「売り手市場」

　このような激しい市場競争がなされている理美容業界において，理美容師として就職することを志す学生たちは，どのように職を得ていくのだろうか。まず，教員へのインタビュー調査から，就職に関する働きかけとして，就職関連の授業について話があった。

　S先生：就職の授業のなかで，こういうふうにいまも変わってきてるよっていう。で，例えば，美容学科のなかでいま就職のやつを私〔が〕しよん〔＝している〕のは，将来自分が，まずどういう店を持ちたいか，それとも店

長になりたいのか，オーナーになりたいのか，特別なひとつだけの技術だけを追求する技術者になりたいのか，まず決めなさいっていうかたちをして。じゃあそういう，そのあとに，就職〔を〕考えようよっていう。

　ここでは，理美容系のキャリア展開を想定した指導がなされていることがわかる。学校では，理美容師としてどういうキャリアを展望するのか，学生自身が考えたうえで就職活動を行うように指導がなされ，自身のキャリア展望をもとにして，どういう店（理美容室）に就職するのかを考えるというステップがふまれている。

　加えて，具体的に就職活動に対する働きかけでは，求人票だけを見て決めるのではなく，必ず「サロン見学」をすることが勧められていた。

　調査者：これはあれですかね。学生さん，これ（求人票）見て。
　S先生：はい。
　調査者：自分で受験をするわけですか。
　S先生：そうですね。まず，流れとしましては，（中略）最初にあの，これ（求人票）だけ見るのはなし。あくまで文書なので。お店に行きなさいって言って春休みに行かすんですね。（中略）で，春休みにそのお店を見せてそれからオーナーとお話をして，いろんな質問をして帰ってきてそれからまた相談ってかたち。

　学校側としては，このサロン見学を重要視し，実際にサロンを見ることを通して，オーナーの人柄や，サロンの雰囲気などを見てから，実際に求人に応募するかを決めるよう指導していた。サロン見学を重視するのは，就職しても離職しないように理美容室と学生のマッチングの面から重要視されているようである。実際に，学校側ではサロン見学以外でも，理美容室の経営者や理美容師による講話を授業に取り入れるなど，理美容師の仕事ぶりを学ぶ機会が多く作られていた。ほかにも，就職ガイダンスと称して，都市部で開催される就職イ

ベントにバスをチャーターして学生を参加させている。このような背景には，理美容師の需要と供給のマッチングの問題があると学校側は認識していた。

> S先生：大阪のほうですと，求人はまあ，4人出した時に，実際に入ってくる人が1人ぐらいしかいない求人なんですね。まあ，Y（学校Cの所在地）もそうなんですけど，そのために，大阪近辺ではなくて，こっちのほうに求人がくるんですね。
>
> 調査者：（理美容師が）足りないっていうことですか？
>
> S先生：足りないんですよ。（中略）ですから，いま，あちらですと，その足りないというのでどんどん，こう，給料も上がりますし，いま初任給が，高いところで21万円なんですね。で，今日もテレビでしてましたけど，なかには奨学金の支援をしますよというところもあります。
>
> 調査者：ああ，サロンのほうがですか。
>
> S先生：はい。で，寮完備ですし，土日も申告を事前にしておけば，土日休むことも可能。で，週休2日。寮完備っていう保険もちゃんと揃ってあるっていうところがやっぱあるんですよ。（中略）いま，Y近辺の初任給が15万から，16万，7万ぐらいまで，だと，思うんですね。（中略）まず給料とか，保険とかいうのを見るところは，（学生は）意外としっかりして，見てますので。

　このように，理美容系では都市部での需要が高まっており，地方都市にある学校Cにも都市部から積極的に求人が来ている。都市部の求人は，学校周辺の理美容室よりも高給であり，奨学金の支援，住居の提供，休日の確保といったように福利厚生も整えられている。学生はこうした条件を確認したうえで，先に示したようにサロン見学を行い，求人に応募することとなる。学校側によれば，「理容学科なんかだとあれですよ，ほとんどもう〔サロン見学に〕行ったら，『ああ，いいよ』みたいになっちゃったんです。」（教員インタビュー）として，サロン見学時に内定をもらうような状況もあるという。そのため，理美容系で

84　II部　専門学校の入学から卒業まで

は学生側の売り手市場の状況で，学生が希望するサロンとのマッチングによっ
て就職が決まっていた。

(3) サロンで学ぶ

　このように，理美容師系では「売り手市場」であるため，学生側にとって有
利であるようにも思える。一方で，先に述べたように理美容業界は市場競争が
激しく，それは理美容師個人にも影響を与える。就職したサロンに将来性はあ
るのか，自分のやりたいことができるのか等，学生らはさまざまなことを見極
めて，サロン選びを行うことになる。就職活動において教員はサロン見学の重
要性を説いていたが，学生側からはどのようにとらえられているのだろうか。
ここでは，就職活動で行われるサロン見学に加えて，現地実習として学校のカ
リキュラムで実施されているサロン実習での経験をもとに，学生らが実際の現
場経験を通して何を得て，就職活動に向かっていくのかを整理する。

　美容師志望のC-3にサロンでの経験について聞いたところ，次のように答
えてくれた。

　調査者：サロン実習の経験ってなんか違うこととかってありました？やっぱ
　　　現場は違うなあとか。
　C-3：なんかやっぱ仕事やし，ずっと立ちっぱやし，休憩もあのお昼休みし
　　　かないっていう状況で，やっぱ，その普段やったら，あのいままで学校し
　　　てきた中で，やっぱ授業と授業との間の，休みとかがあって，どっか座っ
　　　とったりとかできたけどずっと立ちっぱやし，やることが情報がいっぱい
　　　入ってきて，お客様ごとに，話しすることも違うし，なんか，そこをなん
　　　かいろいろ拾っていくっていうのが，楽しいけど，やっぱあの気力と体力
　　　がどんどんそがれていって，なんか……やっぱどって疲れがきます。

　ここでは専門学校での授業とサロン実習との比較が示されている。学校生活
では休み時間があるが，実際に働いてみるとそれがない。加えて，「やること」

も「情報」もたくさんあり，それらを順番に処理していかなければならず，「気力と体力」両面での「どっ」とした疲労を感じている様子である。実店舗にでることで，複数の業務をこなしながら顧客とコミュニケーションをとる美容業界の職業的リアリティを理解していく過程としてとらえることができる。また，サロン実習を契機に仕事に対する意識の変化について語っている。

C-3：なんか，意識が変わってきたけん，サロンで絶対身に付くとか役立つことは，積極的にやろうっていう考えになっとるけん。やけんシャンプーとかは，全然一年生の時と，違う感じで，もうなんか，すごい技術力もあがって，やっぱ褒められるしみたいな。国家試験の授業とかも，なんか一年生のときはどうしたらいいんやろう全然できんってなっとったけど，二年生になってから，なんか所々褒められるところもできてみたいな感じですごい嬉しかったです。

調査者：その変わるきっかけ，とかっていうのあったですか？

C-3：（中略）自分もなんかサロン実習とかいろいろしてきてからやっぱ意識が変わった感じかな。サロン実習は一番でかくって，なんか，やっぱ，自分が仕事しとるっていう感じがするけん。こうなるんやなって考えたら，もっとやっときたい。ここを身に付けとったらもっとできるやろうなっていうのを，わかってきて，でやりたいなーと思った。

このように学生は実店舗での実習を通して，「サロンで絶対身に付くとか役立つことは，積極的にやろう」という考えに至り，「国家試験の授業」といった座学に対しても真剣に向き合うようになった様子を語っている。職業世界の理解を深めるためには，実習で美容業界の「華やかな美容師像を一度壊してつくりあげていく」必要性（竹井2016：28）が指摘されているが，学生のインタビューからは，いまの自分になにができるのか，またできないのかということを理解し，自分のやりたいことを実現させるための道のりを具現化させる作業が行われているといえる。その過程には，立ち仕事などによる身体的な疲労や，

日常的な業務をこなす能力に対する理解はもちろん，自身の技術面についての不足といった力量把握といった側面も考えられる。

　このように，サロン実習を経て，彼・彼女らは自らの力量を把握しながら職業世界を理解し，理美容師となることを決めていくのである。サロン実習が職業的リアリティを培う場となり，自身に足りない技術や必要なスキルを理解していく。学生側の「売り手市場」ではあるが，学生個人からみると，自身のキャリアのスタート地点として適切なサロンかどうかを見極める経験としてサロン実習やサロン見学が位置づけられ，そこでの経験を踏まえて，職業へ移行している。

4.2　メイク系の移行プロセス

(1) メイク系の職場状況

　次に，メイク系の学生に対して具体的な就職指導の様子を見ていこう。メイク系では，デパートや化粧品会社といったいわゆる企業への就職となるため，理美容系とは異なる就職活動が行われる。メイク系の就職活動について，教員は以下のように語っている。

　調査者：メイクとエステはやっぱり会社がメインなるんですか？
　S先生：会社ですね。例えば，ＴＢＣですとか，たかの友梨とかですね。ああいう大きい会社で株式会社って，でっかいとこありますよね。ああいうところけっこう多いんですよ，エステの場合なんかはとくにですね。あと，こちらですと，高島屋とか，三越とかいう，こう大きな会社のなかの所に入るので，結局，理容美容の所は，ちょっと毛色が違いますよね。(中略)メイク自体はですね，どっちかといえば，ちょっとこれも特殊なんですけど，企業採用，要するに資生堂とか。(中略)そういう所に就職する。これ企業の採用なんです。高島屋の資生堂の職員，っていうデパート採用と企業採用で。

4章　専門学校からの移行プロセス　87

　教員へのインタビューでは，全国展開されているエステ・化粧品関連企業や，大手デパートの販売員になることがメイク系の就職先として語られている。教員からは，「どちらにしても大きな企業が多いので，やはりあの理美容の（就職活動）と違って，いかにもこう面接があったりとか」というように，理美容系とは異なる就職活動の様子が語られている。とくに，メイク系は「特殊」な実態として，企業採用とデパート採用の2つの形態が存在している。これは，A社の化粧品をBデパートで販売する場合に，企業採用はA社に採用されて販売員となるケース，デパート採用はBデパートに採用されて販売員となるケースというように，同じ化粧品を販売する場合でも雇用主が異なるという違いである。企業採用，デパート採用のどちらも企業規模が大きく，就職選抜の度合いも高い。とくにメイク関係の企業やデパートは，学校C近辺には10店舗程度あり，メイク系の就職が理美容系よりも難しい様子がうかがえる。ほかにメイク系の就職先となるのは，ドラッグストアでの化粧品販売員である。ドラッグストアへの就職は例年の実績としてあげられている。ドラッグストアへの就職は，企業やデパートに比べると，難易度は下がり，学生の現実的な就職先として位置づいている[6]。

(2) 学校経由の移行

　メイク系を志望している学生は，中高生の時にデパートで美容部員にメイクをしてもらった経験等から自身の職業希望を形成しており，自身の経験を踏まえて，華やかなメイクの業界にあこがれを持っていた。しかし，「あこがれの職業」につくのは，簡単な道ではないことが教員のインタビューでは語られた。とくに，販売員（美容部員）としてデパート等に勤める場合である。S先生によると，メイク系の就職には「順番」（教員インタビュー）があるとして，企業採用＞デパート採用＞ドラッグストア採用の順に学生からの人気があり，かつ難易度も高いという。

　調査者：先生たちが薦めるときに，基準ってあるんですか？この子はやっぱ

りちょっとデパートだけど，この子は薬局かなっとかいって。

S先生：最終的には，本人の希望に沿うようにはしています。やはり誘導するのは本意ではないので。(中略) ちょっと難しいっていうところがある場合もやはり，そこは受けさすのは基本ですね。で，例えば，それを受けさすんだったら，何が足らないかなという指導はある程度するんですけど，ただ，やはりー，なかなか難しい子もやっぱなかには現実にいますわね。

　ここでは，学校側は就職試験を受けたい学生には「本人の希望」に沿って出願させ，指導していくというスタンスが示される一方で，現実的には合格することが「なかなか難しい」学生もいる状況がうかがえる。実際に学生にインタビューしていると，デパート採用ではうまくいかず，ドラッグストアでの就職活動に変更した者もいた。

　ただし，このように学校側から見て就職が厳しいとされるメイク系であっても，第4回のアンケート調査では，就職が決まっている学生は8割を超えていることから，結果的には多くの学生が就職先を決めて卒業している。その背景には，就職の応募方法で最も多かった「学校，先生からの推薦・紹介」の存在がみられた。

S先生：〔企業から〕求人5人あります。そのなか〔で〕2人をおたくから取る可能性がありますよみたいな，かたちのもんだと思うんです。それが実績としてずっーとつながっておれば，今年も5人採用なんですけど，2人おたくからと，取れたらいいなみたいな一感じだと思いますので，それがいまさっき言った……。

調査者：そうです，そうです。推薦……っていうかたち。(中略) それ学生さん，そういう実態はご存じですか？

S先生：知ってます。

　インタビュー内容を踏まえると，明確な制度としての学校推薦での入社といっ

たものがあるわけではないようであった。しかし，長年の実績によって企業側から求人情報が学校側に寄せられ，それを活用する形で例年就職していく学生が存在しており，学生たちには「推薦」として認知されていた。難しいとされる企業採用やデパート採用以外でも，ドラッグストアや地元の化粧品会社などの企業側と学校との過去の実績をもとにして，就職していけるという実情があった。

5. 考察

　本章では保育・介護福祉系と理美容系の学生に焦点をあて，専門学校の移行プロセスを素描してきた。以下，知見をまとめておこう。

　まずは，保育・介護福祉系の学生である。専門学校の学生たちは1～2回の受験で就職先を決めているが，応募するまでにいくつかのチャンネルから情報を得ている。インタビューでは，多くの学生たちが「学校・先生からの紹介・推薦」をあげると同時に，「求人広告」や「ボランティア」といったチャンネルから応募先の情報を得ている様子がうかがえた。なかでも顕著であったのは，実習での経験を通じて，施設の雰囲気や理念を把握し，応募先を決めるというものである。保育・介護福祉系学生の場合は，現場に自ら赴くこと＝直接的な経験が，移行の重要な「決め手」となっている。

　なぜ，直接的な経験が移行の「決め手」となるのか。応募先を考える際に，何人かの学生たちは実習先へのこだわりを示していた。彼／彼女たちは資格取得のために，在学中に施設実習を数回経験するのだが，繰り返しの経験を通して，園や施設の雰囲気が「合う」と感じた場合，応募先としてリストアップされる。一方で，実習を通して「合わない」と感じた場合は，保育士を志望しないという学生もいた。

　直線的な経験は学生だけの話ではない。実習の受入側においても，学生の実習先がそのまま就職先になる可能性が認識されており，実習は養成する機会だけでなく，「人となり」や「実力」を判断する機会となっている。実習先での経験＝直接的な経験を通じた移行は，採用側（実習先）の判断にも影響を及ぼ

している。

実習先以外にも，保育・介護福祉系学生では通勤距離＝「自宅の近く」への
こだわりも確認された。こうした背後には，保育や介護・福祉職は，資格さえ
あれば，どこででも働くことが可能であるという認識があるのかもしれない。
だからといって，学生たちは「どこでもいい」という意識を持っているわけで
はなく，どの園／施設で働くかにこだわり，選択しているのである。

次に，美容系の学生であるが，理美容系とメイク系で違いが確認された。理
美容系業界は売り手市場であったが，そのような状況下でも専門学校では，現
役理美容師の講話や就職ガイダンスへなど，就職先＝サロンの働き方の実態を
知る機会を学生たちに提供していた。そうした背景には，理美容としての多様
なキャリアパス（高い技術力をもった技術者／将来的に独立など）を学校側が想定
しており，それを念頭に就職を決めることを勧めていた。実際に，学生たちも
サロン見学や実習での経験＝直接的な経験を踏まえ，自身の力量を判断し，応
募先を選択している様子がうかがえた。

一方，メイク系では，販売員として就職する学生が一定数存在しており，学
校側も過去の就職実績をもとに，就職ルートを確保していた。その数は多くな
いものの，メイク系の移行は「実績関係」を彷彿とさせるものであるといえよ
う。企業採用，デパート採用，ドラッグストアという序列のなかで，学生たち
の希望を優先しながらも，その実現が難しい状況が語られた。ただし，「実績
関係」のような移行は，専門学校では「特殊」なものと認識されている。

以上のように，保育・介護福祉系と理美容系の学生を事例に，専門学校の移
行プロセスを検討してきた。メイク系では「実績関係」に類似した移行が見ら
れたが，そのほかでは実習先での経験＝直接的な経験を介した移行が確認され
た。このように，専門学校の移行の特徴として直接的な経験を介した移行があ
げられるが，ここではそうした特徴を教育内容と労働の結びつきから解釈して
おきたい。

保育や幼児教育では法人ごとに子どもの関わり方（保育観）や子どもに対す
る見方（子ども観）が多様であり，そのなかで実践が行われている。そのため，

自身に「合う」保育園や幼稚園を選択するためには，直接的な経験が重要となる。しかし，直接経験だけでは，「合う－合わない」の判断材料としては乏しい。その判断を妥当なものとするためには，教育内容と労働のつながりという認識枠組みが必要となる。

調査時には学生たちが自身の保育観に照らし合わせながら実習先での経験の「合う－合わない」を語る場面に何度か出くわしたが[7]，判断基準となっている自身の保育観は教育によって形成されることが多い。学生の経験や教員の語りで登場する「合う－合わない」は，感覚にもとづいた言説のように見えるが，教育と職種（保育士・幼稚園教諭）の関連のうえに成立し流通する言説であると考えられる。本章で素描してきた直接的な経験という専門学校の移行プロセスは，教育内容と労働の関連が前提となり，機能しているのではないか。

本章では関連分野への就職率が高い分野を取り上げているため（図4-1），直接的な経験を介した移行という知見の一般化には慎重でなければならない。例えば，直接的な経験を介した移行でいえば，インターンシップも該当するかもしれない。紙幅の都合で，これ以上議論は展開できないが[8]，インターンシップは企業での就業（職場）経験をベースにしたものであり，職種をベースとしたものではない。インターンシップでも，経験は重視されるものの，その判断の際に教育内容と労働のつながりは前提である必要はない。その意味で，専門学校での直接的な経験を介した移行とは，性格が異なるものであると考えられる。一方で，「資格職」においては，直接的な経験を介した移行は専門学校だけではなく，就「職」型キャリアに広く見られる特徴かもしれない。

以上のように，本書では直接的な経験を介した移行という専門学校の移行プロセスを描き出したが，専門学校以外にもどれだけ広がっているのか，今後検証する必要がある。

注
1) 学校Dでは「自分で調べて応募」と「求人広告」の回答が多くなっているが，内実は学校のキャリア支援によるものであると考えられる。学校Dでは，1年

生の時に企業説明会と企業訪問を実施し，その後求人票を確認のうえ，就職試験に臨む。そのため，実態としては学校経由であっても，回答者（学生）は「自分で調べて応募」と「求人広告」と回答した可能性がある。なお，M先生は，就職のプロセスについて次のように述べている。

　　夏に企業説明会します。1年生の。夏に会社訪問とか全社行けっていいます。だから販売店さんとしては，仕事はこうだよとか。じゃあ工場見ようかっていうのをそこである程度の職業観が植えつけられるじゃないですか。ほんで11月に校内企業説明会があります。で，12月の冬休みにじゃあ好きな会社を企業訪問しなさい。もう1月，2月に就職試験というふうだから。(2019年7月20日)

2) **表4-3**は在学時に行ったインタビューのうち，応募先に関する語りに触れている者のみ取り上げている。そのため，在学時に実施した全員のデータを反映しているわけではない。

3) 「自宅からの近さ」と「実習先」という「決め手」に関しては，畔蒜 (2021) による調査の結果とも一致するところである。畔蒜が考察において地理的条件に重きを置いているのに対し，本稿では，進路や就職に関する学生の意識に重きを置いている。

4) 新型コロナウィルス感染症の流行時に，エッセンシャルワークという言葉が一般化した。ILO によれば，生活に不可欠なサービスに従事する労働者であるキーワーカー（Key Worker）が従事する職種を指す（ILO 2023, JILPT ウェブページ 2023）。日本ではエッセンシャルワークとして緊急事態宣言時に事業の継続が求められる事業者としてあげられた職種をさすことが多い。本章でも検討している保育や介護，理美容などの職種も日本の文脈ではエッセンシャルワークとして捉えられている（厚生労働省 2020）。

5) ここで引用するのは，学校Bのデータである。学校Aについては，養成校主導で研修，実習，就職に関する打ち合わせなどが行われているとの説明が，学校A教員から語られている。実習園なども参加する会議では，就職については学生の就職に不利益がないように申し合わせなども行うとのことである。「他のところがどうしてる，いまどうっていうのは，あの各委員長先生，各理事長先生はとても気にされているところで」という語りは学校A教員によるものである。学校や地域によって，実習園と養成校の関係やニーズは異なることがうかがえるが，重要な点は，学校A・Bいずれの学生にとっても「実習での経験」が就職に大きな影響を及ぼすという点は変わらない，ということである。

6) 教員によると，メイク系でも理美容室への就職が増えてきているという。それは，「トータルビューティーサロン」と呼ばれる，理美容室内でメイク，エステ，ネイル等を扱っているサロンへの就職のことであり，メイクなどの施術者としての就職である。このトータルビューティーサロンへの就職は，上記に示したメイク系の販売員とは異なり，理美容師の就職と同様に，求人票をもとに，サロン見学を経て，個別のサロンに就職するという流れとなる。

7) 例えば，A-5 は 3 つの実習先のうち，ひとつの園に就職した。その選択の決め手となったのは先生同士の関り（保育の後の話し合いなど）であるという。

8) インターンシップの制度的導入と経緯については，吉本圭一（2021）が参考になる。

引用・参考文献

荒尾千春，2020，『美容師の人的資源管理：専門職と経営者のジレンマ』晃洋書房.

畦蒜和希，2021，「就職への意思決定過程からみた新卒保育士の労働力供給—千葉市における保育所の事例」『地理学評論』94-2：82-100.

ILO, 2023, World Employment and Social Outlook2023, https://www.ilo.org/publications/flagship-reports/world-employment-and-social-outlook-2023-value-essential-work（最終閲覧 2025 年 1 月 27 日）.

JILPT, 2023,「エッセンシャルワークの重要性—ILO 世界の雇用及び社会の見通し 2023 別冊」, https://www.jil.go.jp/foreign/jihou/2023/08/ilo_01.html（最終閲覧 2025 年 1 月 27 日）.

甲斐智大，2020，「東京都における保育所の経営主体からみた保育労働市場の特性—新卒保育士の採用を中心に」『地理学評論』93-2：61-84.

苅谷剛彦，1991，『学校・職業・選抜の社会学—高卒就職の日本的メカニズム』東京大学出版会.

厚生労働省，2019，「美容業の振興指針」.

厚生労働省，2020，「緊急事態宣言時に事業の継続が求められる事業で働く方々等の感染予防，健康管理の強化について」https://www.mhlw.go.jp/content/11302000/000622716.pdf（最終閲覧 2025 年 1 月 27 日）.

厚生労働省，2023，「令和 5 年度衛生行政報告例の概況」https://www.mhlw.go.jp/toukei/saikin/hw/eisei_houkoku/23/（最終閲覧 2025 年 1 月 28 日）.

リクルート，2015，「2016 年のトレンド予測」, https://oldrelease.recruit-holdings.co.jp/news_data/release/pdf/20151215_02.pdf（最終閲覧 2023 年 7 月 7 日）.

東京商工リサーチ，2021，「長引くコロナ禍で苦境の美容室，9 月の倒産は 4 倍に【2020 年度上半期】」https://www.tsr-net.co.jp/news/analysis/20211008_05.html（最終閲覧 2023 年 3 月 1 日）.

塚原修一，2005，「専門学校の新たな展開と役割」『日本労働研究雑誌』47(9)：70-80.

吉本圭一，2021，「日本的インターンシップから職業統合的学習へ—研究視座の総合と体系化に向けて」『インターンシップ研究年報』24：1-18.

職業教育と非認知的能力
―説明能力に注目して

片山悠樹

1. はじめに

　本章の目的は，自動車整備士系専門学校を事例に，職業教育を通じた非認知的能力の教育可能性を議論することである。具体的には，「説明能力」[1]に注目し，職業教育のなかで「説明能力」がどのように位置づけられ，教育されているのかを試論的に考察する。

　教育研究において，能力は重要な関心領域である。1960年代には，経済発展に資する教育計画論（マンパワー政策）に対する批判が教育研究のなかで展開されたが，焦点のひとつが能力であった。1990年代に入ると，能力議論は再び活況を迎える。その特徴は，能力を多元的に分離してとらえようとすることである[2]。例えば，「キャリア発達に関わる諸能力」（人間関係形成能力，情報活用能力など）や「社会人基礎力」（前に踏み出す力，チームで働く力など）など，さまざまにネーミングされた非認知的能力に注目が集まり，政策を通じて育成の重要性が主張された。

　こうした議論に対する反応は，大きくふたつに分けることができよう。ひとつは，諸能力の内実を仔細にリサーチし，教育実践に落とし込む＝「飼い慣らす」ことを目指すアプローチである。松下佳代（2010）や白井俊（2020）がその代表である。もうひとつは，分離された能力に対して疑問を呈するものである。本田由紀（2005）は，「能力の多元化」は手続き的公正を蔑ろにする危険性を有すると主張している。また，中村高康（2018）は，コミュニケーションや柔軟性といった能力は必要ではあるものの，決して新しい能力ではないと指摘している。能力議論の言説構成を俎上に載せ，能力を理解することに対して慎重さ

を求めている。

　本章では，上記の2つのうち，前者の立場から議論を展開してみたい。このように書くと，松下などの主張に同調しているように見えるが，ここでの目的は能力の多元化や非認知的能力の新しさを主張することではなく，能力概念の背景を踏まえながら，位置づけられ方や特定の条件下での教育可能性を議論することである。具体的には，「キー・コンピテンシー」を事例に，1970年代に登場したコンピテンシーとの違いを「職務」という視点から確認する。そのうえで，「説明能力」を題材に，非認知的能力はどういった文脈で必要とされるようになったのか，そして職業教育を通じて教育可能であるのかを検討する。

2. 「職務コンピテンシー」と「教育コンピテンシー」

2.1　非認知的能力の再登場と職務の脱文脈化

　うえで述べたように，1990年以降，能力議論が活発になっているが，そのきっかけのひとつは「キー・コンピテンシー」である。「伝統的」とされる認知的能力だけでなく，能力概念の範囲を拡大させ（非認知的能力），さまざまな領域で活用できる能力が模索された（Rychen and Saglanik 2003＝2006）。

　「キー・コンピテンシー」では非認知的能力の重要性が強調されたものの，その主張は決して新しいものではない。ひとつの例として職業適性をあげてみよう。

　20世紀初頭のアメリカでは職業適性への関心が高まったのだが，その背景には早期離職や生活の困窮で犯罪に走る若者への支援という課題（職業適性の把握）があった。当初，職業適性は知能から把握されたが，しだいにパーソナリティや態度も含まれるようになる。その経緯について，ドナルド・スーパーは，1960年代に次のように指摘している。

　　検査技術の向上により，ますます多くの重要な心理的特性を測定することが可能となった。1918年には，知能が職業適性に関する唯一の心理的特性であり，効果的に測定できた。1928年には，手作業的，機械的，芸術的，音

楽的，空間的適性および職業興味が加えられたが，これらの測定は斬新であり，ほとんど理解されなかった。1938年までには，これらの適性や興味を測る器具を用いてかなりの情報が収集され，また器具そのものも洗練・改良され，測定可能リストに態度や事務的適性が加えられた。1948年までには，現行の各種心理検査にさらなる改良が加えられた。10年以上たったいまでは，その有効性について多くのことが知られるようになり，性格検査は臨床的妥当性を有していると判断できるところまで発展している。(Super 1962：7-8)

　職業適性や職業適性検査の詳細については割愛するが，ここで確認したいのは1960年代以前に能力（適性）の非認知的側面をとらえようとした動きがあったことである。第二次世界大戦時に心理学者のあいだで，パーソナリティや態度の概念化（尺度化）と測定への関心が高まり，測定の道具が発明されるなかで，そうした動きが生じたのである（Rose 1991＝2016，Danziger 1997＝2005）。

　こうした経緯を踏まえると，非認知的能力は概念的には新しいものではなく，「再登場」といえる。もちろん，再登場それ自体が問題なのではなく，なぜ再び非認知的能力に注目が集まったのか（「新しい」と形容されるのか）という問題こそ重要である[3]。

　もうひとつの問題がある。それは「キー・コンピテンシー」では何が見落とされたのかである。そもそもコンピテンシーは，1970年代のアメリカで政府機関の人材登用で用いられたことが始まりであり（小方2001），概念的ルーツは心理学者デイビッド・マクレランド（McClelland 1973）にある（松下2010，細尾2017，白井2020）。そして，マクレランドの議論を応用したライル・スペンサーとシグネ・スペンサー（Spencer & Spencer 1993＝2011）によって広まった。

　マクレランドは，知能検査によって大学進学の有無を予測する際，社会経済的背景の影響が混在していると批判する一方，コミュニケーション能力や忍耐性などの非認知的側面の重要性を主張し（McClelland 1973），現在のコンピテンシーの流れを作り出した（McClelland 1993＝2011）。その構想を具体化したのがスペンサーらであるが，彼らはコンピテンシーを「ある職務または状況に対し，

基準に照らして効果的，あるいは卓越した業績の原因として関わっている個人の根源的特性」(Spencer and Spencer 1993＝2011：11) と定義し，長期間にわたり一貫性を持つ行動や思考の方法であるとした。ここではコンピテンシーの構成要素については触れないが，おさえておくべきは，コンピテンシーは特定の職務のなかで業績を生み出す要因ということである。コンピテンシーは，職務と密接に関連している概念なのである。スペンサーらの著作を見ても，職務という言葉がくり返し登場しており，コンピテンシーを語るうえで職務は不可欠であることがわかる。本章では，マクレランドやスペンサーらのコンピテンシーを「職務コンピテンシー」と呼んでおこう。

　一方，ひとつの領域に限定されない領域横断のコンピテンシーの模索する「キー・コンピテンシー」では，職務を前提とした議論にはなっていない (Rychen and Saglanik 2003＝2006)。能力の効果や役割の普遍化を目指す際，「キー・コンピテンシー」では職務という文脈は外される[4]。そのため，教育領域のコンピテンシーを「教育コンピテンシー」としておこう。

　知識であれ，能力であれ，オリジナルな文脈から教育領域へ移動するとき，その性質は変化する。バジル・バーンスティンは「教育化」という概念で議論しているが (Bernstein 1996＝2000)，それを参考にすれば「職務コンピテンシー」と「教育コンピテンシー」では，能力を表現する用語に類似性がありつつも，その性質は異なる。コンピテンシーを構成する資源でいえば，「職務コンピテンシー」では職務の成果や経済変動への対応など比較的短いスパンに焦点があてられる一方，「教育コンピテンシー」は民主的な社会の達成といった長期的な展望を資源に構築される。時間という観点では，「職務コンピテンシー」は現在に焦点があり，「教育コンピテンシー」の場合は未来にある。

　「職務コンピテンシー」が教育領域へ移動すると（＝教育化），その性質は変化するが，本章で注目したいのが職務の脱文脈化である。「職務コンピテンシー」は職務と関連した概念であったが，教育領域に移動する際に職務が外された「教育コンピテンシー」という概念へと変化する。

2.2 分析課題

「キー・コンピテンシー」を改めて振り返ると，非認知的能力の再登場と職務の脱文脈化が指摘できる。こうしたこともあってか，「教育コンピテンシー」（「キー・コンピテンシー」あるいは「新しい」能力）の有効性が主張されても，必ずしもその主張通りには受け入れられないことがある。「教育コンピテンシー」の源流である「職務コンピテンシー」は，職務という文脈のなかで具体化されるからである。翻していえば，職務がなければ，○○能力が重要であると示しても，「どんなコンテクストでも大なり小なり求められる陳腐な，ある意味で最初から分かり切った能力にすぎない」（中村 2018：46）という反応が返ってくる。

以上のように，教育実践でコンピテンシーを「飼いならす」のであれば，多元化や新しさをレトリカルに強調するのではなく，非認知的能力の再登場と職務の脱文脈化を踏まえ，議論を積み重ねていくべきではないか。そのため，本章では次の分析方略を立てる。

ひとつは，能力の位置づけられ方である。概念的に新しくないにもかかわらず，非認知的能力の「新しさ」という議論が，なぜ流通するのか。おそらくは教育実践で非認知的能力の必要性が認識されるからであろう。それでは，そうした認識を作りだす社会的状況の変化はどのようなものであろうか。

もうひとつは，非認知的能力の教育可能性である。認知的能力と比較すると，非認知的能力は多義的であるため，評価基準は潜在的・分散的になり，習得の選択・手順といったルールは学習者からは「見えにく」くなる。「職務コンピテンシー」は特定の文脈のなかでの能力であるため，非認知的能力においても文脈を踏まえた議論が必要である。つまり，職務を想定できる教育実践のなかで，非認知的能力がいかに教育されているのかを議論することが重要である。

以上の認識から，非認知的能力の教育可能性を議論するが，非認知的能力はさまざまな要素から構成されているため，一括して分析するのは困難であり，拡散された議論に陥る可能性がある。そこで本章では，非認知的能力のなかでも重要な要素である「コミュニケーション能力」を事例として取り上げる。「コミュニケーション能力」は，「キー・コンピテンシー」の議論でも「コミュニケー

ション・コンピテンシー」として高い頻度で登場し，マクレランドやスペンサーらのコンピテンシーでも「対人関係理解」として扱われている。そのため，非認知的能力の典型例として「コミュニケーション能力」に注目するが，分析対象の文脈を踏まえ，本章では「説明能力」とする。具体的には，自動車整備士系専門学校における説明能力の育成について，次の2点を検討する。

課題1：自動車整備士系専門学校で，なぜ説明能力が重視されるようになったのか
課題2：専門学校で説明能力は教育可能か

　自動車整備士系専門学校を取り上げる理由は，特定の職種の養成を目的としており，職務＝文脈を踏まえた非認知的能力の教育可能性を検討するうえで，相応しい事例と考えるためである。調査概要で示したように，自動車整備士を養成する学校Dは，国家1級自動車整備士養成の学科（4年制）や2級自動車整備士養成の学科（2年制）などの学科を有しているが，分析では2年制の学科を扱う。この学科の卒業生のほとんどが整備士となり，われわれの調査でも9割以上が整備士として就職していた。

3. 分析結果

3.1 消費者のニーズの変化

　それでは，課題1「自動車整備士系専門学校で，なぜ説明能力が重視されるようになったのか」について見ていこう。

　学校Dでは，「*的確＋丁寧＝つながり*」という「3T」（斜体の頭文字のT）という教育理念を掲げており，その理念はどの教室にも掲示されている[5]。この理念の意味は，「*的確*」な整備技術と消費者への「*丁寧*」な対応によって，消費者との間に信頼感のある「*つながり*」が生まれるということであり，学生にも浸透している。「3T」について学生は次のように言う。

○○（的確）と△△（丁寧）があるから□□（お客さんとのつながり）がある。○○（的確）な作業をして，△△（丁寧）な対応をして，それでやっぱお客さんに□□されるっていうのがあるらしいです[6]。(D-2)

整備も○○（的確）にしてなくて，例えばボルト1本外し忘れてたりとか，お客様が見えるとこで言うと，例えば室内に工具置きっぱなしとか，自分の工具とかっていうのがあるとやっぱ，ほんとに○○（的確）にしたのかなって思うじゃないですか。……中略……△△（丁寧）は僕もお客さんに対して「この作業をしましたよ」とかっていう説明だったりとか。(D-3)

ボルトの点検や工具の整理などの些細なことであっても，消費者の目線からは「的確」な整備の判断材料となりうること，作業内容の「丁寧」な説明が必要であること，そしてそれらが消費者との「つながり」の土台となること，つまり「3T」の理念が意識されている。

「3T」という理念は，学校Dの設立当初からあったわけではない。専門学校の教育は市場の動向に敏感に反応するが，学校Dも整備士業界での課題に対応するなかで，「3T」という理念を作り上げていく。その経緯について，N先生は次のように回答する。

僕が○○（販売店名）に研修に行ったときが，2000年なので，その数年前ぐらいですね。学校のなかで，車の勉強だけじゃなくて，接客応対の授業を，いまはキャリア教育というかたちで，担任がやってるんですけど，カリキュラムとして強化をした世代があるんです。

整備士による接客対応というニーズの高まりのなか，接客対応をカリキュラムに位置づけようとする動きが2000年前後にはじまったという。なぜこうしたニーズが生じたのだろうか。ここでは，その背景を消費者の変化という視点から紹介しておこう。

自動車業界では，電動化，自動化やコネクティッドなどの急速な技術革新が進み，「100年に一度の変革期」を迎えている。より快適で，環境にやさしい，安全な自動車が求められ，その性能は日々更新されている。そうしたなか，消費者の認識も変化し，整備にも影響を及ぼす。N先生は次のように言う。

　　昭和60年代に入ると，エンジンも電子制御化されていったので，そういうところのトラブルはだんだん減っていったと思います。ただお客様の要求度も上がったので。例えばいまの一番のトラブルっていうと，音ですね。異音とかは，静かな車が当たり前みたいなところがあって。ですから車が発展していった分だけ，どんどんお客様の要求度も高くなっていったので，内容的には難しい。(N先生)

　かつての消費者は走行中の音に対して強い違和感を抱かなかったが，静粛性能が高い自動車の流通とともに，機能上支障のない音まで「異常」と認識されるようになり，それが整備の要求につながる。しかも，その要求はときに車種の限界を超えることもあるという（＝「カローラにクラウンの性能を求められる」）。
　消費者の要求の上昇に対応するため，学校Dの卒業生の多くが就職する自動車販売店では，整備士による整備説明を行っている。

　　昔はお客さんの前にあんまり出ることなかったんですけど，整備士は。いまはつなぎを着た人が説明するほうがお客さんにも納得してもらえるということで，結構整備士が整備説明というのを……。(K先生)

　整備内容の説明が同じであっても，消費者からの納得を得るため，整備士が説明することが重要であるという。たとえ性能上問題ない場合でも，消費者が「異常」だと認識していれば，整備の要求となり，消費者への十分な説明が不可欠となる（「口で直す」）。仮に説明が不十分であれば，トラブルの原因となることもあり，それを回避するために説明能力が重視されるのである。

以上のように，整備士業界において，説明能力が不可欠となりつつある。こうした変化に対応するため，学校Dでは「３Ｔ」という理念を掲げて教育を行っている。「３Ｔ」の「丁寧」な対応が消費者への説明であり，２年間という限られた期間のなかで，学生がその重要性を意識できるよう，教師は働きかけを行っている。

　最初（入学当初）からそういう（＝消費者への説明）の，言い続けてるので。とくに１年生だと，それ言われてもたぶんそれを飲み込む余裕がないんですね。もうとにかく車のことを覚えるのが精いっぱいなので，１年生の間は仕組みを覚えるとか，構造を覚えるっていうところに，やっぱりどうしても重きをおかれてくんですけど，２年生になると，とくにその点検車検をやる教科があるんですね。検査教科っていう。そこはやっぱりそういうところを意識づけさせますし……。（Ｎ先生）

　Ｎ先生によれば，自動車の仕組みや構造を習得することに「精いっぱい」な１年生のときには説明能力の重要性は気づかれないが，専門学校で学ぶなかで徐々に意識化されるという。それでは，説明能力を学生は身につけているのだろうか。

3.2　説明の相手と自信

　課題２「専門学校で説明能力は教育可能か」を検討していこう。

　コミュニケーション能力に対してはさまざまな批判がある。コミュニケーション能力は，状況やコミュニケーションの相手といった文脈に左右され，個人化できないという批判が代表的なものであろう（貴戸2011）。以下では，うえで見た消費者への説明能力を踏まえ，説明の相手と，説明内容に対する自信という観点から検討していこう。

　われわれの調査では在学中に同一の対象者に２回インタビューを実施したが（１年次と２年次），回答内容の変化のひとつが，説明の相手である。具体的に見

5章　職業教育と非認知的能力　103

ていこう。

1年次に，働くことに対する不安を尋ねたところ，D-1は以下のように答えた。

調査者：整備士として働くうえでなんかいまの段階で不安なことって何かありますか？

D-1：……不安なこと。

調査者：うーん，心配なこと。

D-1：あー心配。……中略……もう不安だらけっす。

調査者：あ，そう。例えば，どういうことが不安ですかね。

D-1：なんか人間関係とかもそうですし，ちゃんとやっていけるコミュニケーションというか，そういうの。

調査者：それは，だれとの人間関係ですか？

D-1：周りってか，先輩とか。

調査者：同僚の社員のことですか？

D-1：はい。（そう）です。

D-1は1年次に働く際の不安要素としてコミュニケーションをあげるが，その相手は仕事の同僚である。まだ働いていない学生にとっては同僚との関係性は不安要素となりやすく，同僚とのコミュニケーションが気がかりなのであろう。

ところが，2年生になると，語り方に変化が生じる。2年次に同様の趣旨の質問をしたところ，D-1から下記の回答が返ってきた。

D-1：授業でトラブルシュート（を）やるんですけど，現場でもやるんで。なんかその考え方っていうのをいまのうちに身につけとくことは大事なのかなあとは思ったりします。

調査者：トラブルシュート……，ユーザーとか……。

D-1：ああー，そうです。

調査者：お客だと思うんですけど，そういったことに対して「これはこの現

場でも，大事だからいるよ」ってことを授業で言われたりもしますか？

D-1：まあ，そうっすね。普通に，働いて年数が経てば必ずやらないといけないんで。

調査者：なるほど。そういうときに，例えば「お客様とのコミュニケーション大事だよ」って（教員から）言われますか？

D-1：それはないと思うんですけど，その後（整備後）の説明のときに，例えば「今回は，この部品が悪かったので，部品交換させていただきました」とか，そういった言葉づかいとかは，大事かなと思うですよねー。

調査者：なるほど。やっぱじゃあ，直すだけじゃないんですね。

D-1：そうですね。直してどこが悪かったからっていうのをちゃんと説明してあげないと，「ちょっと，お金高いのに，なんでこんなに（お金）かかったの？」って言われたときに，例えば普通に（説明が）なかったら，その後聞かれたりするんで。そのときに説明してあげたら，「ここが部品が悪かったから，こんなに高かったかのかなあ」っていうの，多分，納得してもらえてー，ある意味，3T の精神の多分最後の○○（つながり）につながっていくかなあと思います。

　働く不安からトラブルシュートの授業へと話題が進むなか，コミュニケーション能力が重要であると認識していた調査者が「『お客様とのコミュニケーション大事だよ』って言われたりもしますか？」と質問すると，D-1 はいったん否定するが，すぐ後に消費者に対する言葉づかいの重要性を指摘している。そして，整備だけではないという調査者の質問に対して，「直してどこが悪かったからっていうのをちゃんと説明してあげない」と説明の重要性を述べている。

　1 年次には同僚とのコミュニケーションの重要性を漠然と述べていた D-1 であるが，2 年次になると消費者への説明の重要性を具体的に語るようになる。D-1 のいう説明は，消費者との会話ではなく，整備内容や費用を消費者に納得してもらえるかたちで表現することを指す。しかも，そうした説明は消費者とのつながりを形成するという。本章で「コミュニケーション能力」ではなく，「説

明能力」としたのは，学生のこうした語りにもとづく。

　語り方の変化はD-1だけではない。2年次になると，消費者への説明に対する言及が目立つようになる。D-2についても同様に見ていこう。働くことへの不安を尋ねると，1年次にD-2は地元就職への心配を口にしていたが，その流れのなかで次のような話がつづく。

調査者：なんかこんな職場がいいぞ，みたいな。希望とかあるのかな？

D-2：やりがいですかね。

調査者：やりがい？

D-2：はい。

調査者：どういう感じ？

D-2：そのー職場の雰囲気もあるんですけど。やっぱ周りの人が明るければ，仕事にやりがいとかも出てくるじゃないですか？だからですかね。やっぱなんか，給料とかよりもやりがい。まあその給料っていうのもやっぱ考えちゃうんですけど。ほどほどで，やっぱやりがいっていうのも。

調査者：何かやりがいがある職場。それってわかるかな？就職する前にやりがいのある職場って。

D-2：あんまわかんないですよね。

　D-2は就職機会に対する心配とともに，働くうえでやりがいが重要であるという。そして，やりがいは「周りの人が明るければ，仕事にやりがいとかも出てくるじゃないですか？」と職場環境と連動したものであると認識している。ただし，職場環境の話になると，「あんまわかんないですよね。」と認識の曖昧さが表れる。1年次であるため，「やりがい」という曖昧な言葉で不安を表現することはやむを得ないことである。

　ところが，2年次になると，D-2の語り方は変化する。働くことの不安を尋ねた際，D-2は「僕，営業職（に）就きたくて」と答え，その理由として「エンジニアって，やっぱ体力が必要じゃないですか？年取ると，きついらしくて。」

と，整備士（D-2は「エンジニア」と表現）は体力仕事であり，長く続けられないことをあげている。そして，キャリア展望について次のやりとりへとつづく。

調査者：いまの希望でいいんですけど，何年ぐらいエンジニア（整備士）をして営業行きたいなっていうふうに思いますか？

D-2：エンジニアリーダーっていう工場の，一番できる人っていうのがエンジニアリーダーなんですけど，それになってからですね。やっぱそんだけ車知らないと，お客さんにもやっぱ説得力あるじゃないですか。大体5，6年でなれるっていうんですけど，それぐらいでなりたいですね。

調査者：エンジニアリーダーは5，6年？

D-2：っていうんですけどね。やっぱ相当できる人じゃないと5，6年っていう早さはないです。

調査者：とりあえずそれを目標にですかね。いま「お客様に説明できないじゃないですか」っていう言葉があったんですけど，やっぱそれはかなり意識されてますか？

D-2：そうですね。やっぱ車ってやっぱ安い物じゃないんで。やっぱ安全性とか，安全装置とかいっぱい付いてきているなかで，人を検出するのもやっぱどういう機能があって，どういうので感知してやってるよっていうふうに，ちゃんと車が人を感知して止まってくれるよだけじゃなくて，「こういうのがあるから，これはいいですよ」っていうふうに，説明できたらいいなあって。

調査者：そういうのって，いつ頃意識されたりするようになりました？

D-2：あれですかね。車関係の，仕事就きたいと思ったときに，思いました。

調査者：それは，この学校入る前から意識できてましたか？

D-2：入る前はあまり意識してなかったですね。夏休みの説明会とか行って，やっぱ店舗のなか（を）見学しているときに，営業で入ってくる子と，エンジニアをやる子じゃあやっぱ「全然違う」っていわれて。そういう説明の力とかそういうのが関係するのかなあって思って。

調査者：学校のなかでそういう話は，先生方はされないんですか？

D-2：結構しますよ。

調査者：どういうかたちで？

D-2：例えば，そういう授業中に，どういうふうにお客さんに，接客したら
いいとか，例えば，オイル交換とかしない方がいたら，「こういう状態に
なるからオイル交換しましょうね」っていうふうに説明をしてあげるんっ
すけど，仕方っていうのを教えてくれます。

　整備士から営業へのキャリア展望を描くD-2は，エンジニアリーダーにな
ることをとりあえずの目標に設定しているが，その理由として「やっぱそんだ
け車知らないと，お客さんにもやっぱ説得力あるじゃないですか」という。エ
ンジニアリーダーの実態はともかく，D-2とってエンジニアリーダーは自動車
を熟知し，消費者に対する説得力を持つ存在と位置づけられている。2年次に
キャリアを考える際，D-2の念頭にあるのは消費者であり，1年次の「やりが
い」という自己完結した語りとは大きく異なっているように見える。そのため，
調査者が消費者への説明に話題を進めると，安全装置の機能の説明だけではな
く，メカニズムを消費者に説明したいという気持ちがあると述べている。消費
者への説明は，専門学校のなかで意識化されていったという。

　D-1とD-2の事例にあるように，1年次には働くことへの語りは曖昧であり，
また「やりがい」といったように自己完結的でもあった。ところが，2年次に
なると，消費者への説明を中心に必要な能力やキャリア展望が語られるように
なる。そうした変化の背景には，「3T」の意識化があるのだろう。それを象
徴するのが，2年次のD-3の語りである。

調査者：この学校に入るまで，整備士っていうのは何が重要だと思ってまし
た？

D-3：どんだけ整備ができるか，技術があるかっていうのは重要だと思って
ました。

調査者：いまはどうですか？

D-3：まあ，技術はあったに越したことはないとは思ってるんですけど，でもそれよりも，どんだけお客様のことを聞けるか，お客様にどんだけ自分がやった作業を説明できるかというのは，やっぱお客様対応のほうが重要かなっていうのは思いますね。

　整備技術以上に，消費者のニーズや整備への説明に対する重要性が述べられている。

　それでは，説明する内容に対しては，どのような変化が見られるのか。D-1やD-2の語りにもある整備内容に対する説明を，学生たちはどこまでできると認識しているのか。そこで，アンケート調査から説明能力に対する自信について検討してみよう。

　分析サンプルは，第2回から第4回まですべて回答した253人（男性）である。能力に関する項目を設定するにあたり，学校Dの教員に協力を得た。調査の都合上，多くの項目を調査することができなかったため，自動車の構造理解，整備に対する説明能力，整備作業能力の3つを基本に，6つの項目を作成した[7]。本章では整備に対する説明能力に該当する「点検結果，故障原因，不具合（異常）現象を順序立てて説明する」（点検結果・故障の説明），「エンジンの構造をきちんと説明する」（エンジンの説明），「電装の作動や構造をきちんと説明する」（電装の説明）の3つの項目を使用する（「とても自信がある」～「まったく自信がない」の4件法）。回答は本人の主観にもとづくものであり，項目も限られているため，分析には一定の制約がある。それでも，説明能力の自信に対する専門学校の教育の影響力をある程度検証することが可能であろう。

　まずは，説明に対する自信の変化を確認してみよう。**図5-1**は3つの項目の変化を示したものである。結果を見ると，全体的な傾向に大きな変化は見られない。

　そこで次に，個人内の変化を確認してみよう。例えば，電装の説明の「1年生・後期」と「卒業時」のクロス表を見ると（**表5-1**），2回とも「自信あり」（「と

5章　職業教育と非認知的能力　　109

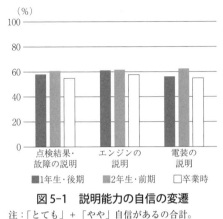

図 5-1　説明能力の自信の変遷
注：「とても」＋「やや」自信があるの合計。

表 5-1　電装の説明のクロス表
(数値：人数)

1年生・後期 ＼ 卒業時	とても自信あり	やや自信あり	あまり自信なし	まったく自信なし	計
とても自信あり	3	4	0	2	9
やや自信あり	11	52	32	7	102
あまり自信なし	3	27	50	12	92
まったく自信なし	4	10	21	15	50
計	21	93	103	36	253

表 5-2　説明能力・自信の類型
(数値：％（　）は人数)

	自信あり一貫	自信なし一貫	自信アップ	自信ダウン
点検結果・故障の説明	38.3（97）	25.3（64）	16.6（42）	19.8（50）
エンジンの説明	41.9（106）	22.9（58）	15.8（40）	19.4（49）
電装の説明	38.7（98）	27.7（70）	16.2（41）	17.4（44）

注：「自信あり一貫」＝「1年生・後期」と「卒業時」で「自信あり」と回答。
　　「自信なし一貫」＝「1年生・後期」と「卒業時」で「自信なし」と回答。
　　「自信アップ」＝「1年生・後期」で「自信なし」と回答し，「卒業時」で「自信あり」と回答。
　　「自信ダウン」＝「1年生・後期」で「自信あり」と回答し，「卒業時」で「自信なし」と回答。

ても」＋「やや」自信あり）と「自信なし」（「あまり」＋「まったく」自信なし）の人数が多い一方，「自信あり」から「自信なし」への変化，あるいはその逆の変化も一定数存在していることがわかる。3つの項目の変化をまとめたものが，**表5-2**である。いずれの項目でも在学中に3割から4割の学生で説明に対する自信に変化が生じている。

　それでは，自信の変化はどういった要因で起きているのか。ここでは，教育効果に注目するため，暫定的ではあるが，成績（学科／実技）との関連を見ておこう（**図5-2**〜**図5-4**）。なお，「1年生・後期」から「卒業時」の変化の要因をとらえるため，成績については第3回調査の回答を使用している。

図を見ると,「点検結果・故障の説明」と「エンジンの説明」では,「自信あり一貫」と「自信アップ」の学科成績と実技成績が有意に高い。また,「電装の説明」では,「自信あり一貫」の学科成績と実技成績が有意に高い。自信と成績には一定の関係があるように見えるが,他の要因をコントロールしてもこうした傾向は確認できるだろうか。

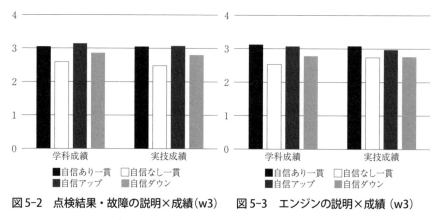

図 5-2　点検結果・故障の説明×成績（w3）　　図 5-3　エンジンの説明×成績（w3）

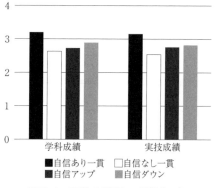

図 5-4　電装の説明×成績（w3）

そこで,多項ロジスティック回帰分析を行った（基準カテゴリー：自信なし一貫）。投入した変数は,出身高校,高校時代・授業,学校外の実習・参加（第3回調査）,サークル・クラブ活動・参加（第3回調査）,アルバイト経験（第3回調査）と学校の成績（学科／実習）である。変数と記述統計量は表5-3,分析結果は

表5-4の通り。

表5-3　変数と記述統計

		最小値	最大値	平均値	標準偏差
出身高校	出身高校：工業科／それ以外	0	1	0.316	0.466
高校時代・授業	高校の時の学校の勉強が楽しい （とてもあてはまる～まったくあてはまらない）	1	4	2.292	0.922
学校外の実習・参加	企業など学校外で行う実習への取り組み （とても熱心～まったく熱心ではない）	1	4	2.850	0.972
サークル・クラブ活動・参加	サークル・クラブ活動 （とても熱心～まったく熱心ではない）	1	4	1.984	1.109
アルバイト経験	アルバイト （とても熱心～まったく熱心ではない）	1	4	2.759	1.131
成績・学科科目	上の方～下の方	1	5	2.913	1.120
成績・実技科目	上の方～下の方	1	5	2.862	1.091

「点検結果・故障の説明」の結果を見ると，「自信アップ」では出身高校が5％水準で有意となっている。工業高校出身でない学生は専門学校入学後，点検結果や故障の説明に対する自信を持つようになる。そして，学科成績と実技の成績はともに，「自信一貫」と「自信アップ」に有意な影響を及ぼしている。サークル・クラブ活動やアルバイトといった活動の影響は有意ではない。「エンジンの説明」も，「点検結果・故障の説明」とほぼ類似した結果を示している。一方で，「電装の説明」の結果を見ると，「自信一貫」では学科と実技の成績が5％水準で有意となっている。ただし，「自信アップ」では成績の影響は確認できない。なお，「自信ダウン」については，すべての変数で5％水準の有意水準に達していなかった（結果省略）。

　ここでは「点検結果・故障の説明」，「エンジンの説明」と「電装の説明」の3つの項目から説明に対する自信について分析を行ったが，「点検結果・故障の説明」と「エンジンの説明」については成績が影響していることが確認され

112　Ⅱ部　専門学校の入学から卒業まで

表5-4　説明能力の規定要因分析（多項ロジスティック回帰分析）

	点検結果・故障の説明				エンジンの説明				電装の説明			
	model 1		model 2		model 1		model 2		model 1		model 2	
	自信あり	自信アップ	自信あり	自信アップ	自信あり	自信アップ	自信あり	自信アップ	自信あり	自信アップ	自信あり	自信アップ
切片	-2.225**	-2.342*	-2.484**	-2.403*	-2.763***	-2.060*	-2.874***	-1.984*	-3.306***	-2.738**	-3.404***	-2.940**
出身高校	-0.229	-1.037*	-0.268	-1.044*	-0.502	-1.035*	-0.507	-1.011*	0.107	-0.332	0.096	-0.358
高校時代・授業	0.264	-0.173	0.284	-0.142	0.487	0.185	0.513**	0.208	0.317+	0.001	0.341+	0.008
学校外の実習・参加	0.129	0.289	0.103	0.275	0.186	-0.016	0.170	-0.018	0.352	0.331	0.338+	0.315
サークル・クラブ活動・参加	0.088	0.237	0.092	0.229	0.233	0.070	0.229	0.057	0.025	0.169	0.024	0.172
アルバイト経験	0.210	-0.060	0.197	-0.079	0.035	0.032	0.016	0.012	0.245	0.321+	0.229	0.320+
成績・座学	0.350*	0.504*	—	—	0.479**	0.504*	—	—	0.408**	0.054	—	—
成績・実技	—	—	0.475**	0.557**	—	—	0.545**	0.503*	—	—	0.463**	0.143
AIC	638.583		642.195		627.214		627.636		629.292		632.294	
-2LL	596.583		600.195		585.214		585.636		587.292		590.294	
Mcfadden R²	0.041		0.046		0.050		0.052		0.053		0.055	

た。「電装の説明」については，「自信アップ」で成績の影響は小さく，その影響力は限定的だといえよう。

4. 非認知的能力は教育可能なのか？

　本章では，自動車整備士系専門学校を事例に，説明能力の教育可能性について検討してきた。取り上げた学校の教育期間は2年と限定されたものであった

が，説明能力に対する一定の変化が確認できた。知見をまとめておこう。

ひとつ目は，説明能力に対する認識である。自動車の性能向上とともに整備に対する消費者のニーズが高まるなか，学校Dでは消費者への説明の重要性が認識され，教育理念やカリキュラムが作成されていた。自動車性能の進化が自動車整備士として求められる能力に影響を及ぼしている。

2つ目は，説明相手の意識化である。2年次になると，学生は消費者に対する説明を重視するようになる。こうした変化の背後には，学校Dの教育方針が関係している可能性がある。学校Dでは消費者への説明の重要性が繰り返し強調されていたように，教育実践を通して学生は説明能力の重要性を意識するようになる。

3つ目は，説明能力に対する自信である。在学中に一定の割合の学生は説明能力に対する自信を獲得する一方，失う学生もいた。そうした自信に影響を及ぼしているのが学校の成績であった。もっとも説明に対する自信は全体的には上昇しているわけではないが，成績の影響が確認できたことを踏まえれば，教育実践が説明への自信にある程度影響を及ぼしていると示唆される。

本章で取り上げた専門学校では，教育実践やカリキュラムは特定の職務を前提に設計されている。説明能力は文脈が欠如すれば多様に変化し曖昧になるが，職務に紐づくことで「相手」（消費者）と「内容」（整備内容）が限定される。そのため，学生は説明能力を意識化し，習得しやすくなるのではないか。

以上を踏まえると，職業教育を通じた非認知的能力の教育可能性はどのように考えられるのか。

コミュニケーション能力をはじめとする非認知的能力の育成の必要性が主張されているが，その中身は曖昧である。なぜ，曖昧となるのか。本章では職務の脱文脈化を指摘したが（「職務コンピテンシー」→「教育コンピテンシー」），能力は文脈を外しては語れないはずである。ところが，非認知的能力の議論では文脈が見えにくい。非認知的能力が曖昧なのは，能力自体の問題なのではなく，文脈の問題である。

かりにそうであれば，非認知的能力を教育可能なかたちにするためには，一

定の文脈が必要である。本章では，その文脈として職務に注目し，職業教育を事例に検証してきた。本章の知見を見る限り，一見曖昧なコミュニケーション能力でさえ，職業教育のなかでは習得しやすいかたちとなる。その意味で，文脈を特定しやすい職業教育は，非認知的能力の育成において有効であると思われる[8]。

注

1) 一般的には「コミュニケーション能力」と表現されるが，後述するように，分析対象の文脈を踏まえ「説明能力」とする。
2) こうした動きは，1950年代の職業適性検査でも確認できる（片山2023）。
3) 「キー・コンピテンシー」などの議論では，グローバル化，リスク社会や「VU-CA」といった社会認識からコンピテンシーの重要性が主張されているが，本章では抽象度の高い〈誇大ターム〉を避け，具体的な状況に関連づけながら議論する。
4) OECD が発表した「Education 2030 プロジェクト」(2018)でもコンピテンシーは言及されているが，職務を外したかたちで概念化されている。
5) 実際に掲げられているのは，3「T」ではない。学校の特定化を避けるため，筆者が学校Dの理念をできるだけ損なわないかたちで別の文字に置き換えた。
6) インタビューのなかでは，学校Dの理念の言葉をそのまま使用されているため，伏字にした。
7) 自動車の構造理解については「自動車の機能と基本的な構造をきちんと理解する」，整備作業能力については「ドラムブレーキの分解・組立を素早く行う」と「ドラムブレーキの分解・組立作業中に部品を落さない」という項目を作成した。
8) ただし，職業教育だけに限ったことではない。職務以外の文脈に紐づけた実践は，さまざまな教科で可能である。例えば，家庭科では家庭生活との連続性という文脈のなかで批判的思考力や問題解決能力を涵養することが目指されている（小林2019）。衣食住・家族・保育・介護といった家庭生活を社会生活や公的領域に結びつけることを通して，家庭科独自の能力が形成される。

引用・参考文献

Bernstein, Basil, 1996＝2000, 久冨善之・長谷川裕・山崎鎮親・小玉重夫・小澤浩明訳『〈教育〉の社会学理論―象徴統制，〈教育〉の言説，アイデンティティ』法政大学出版局.
Danziger, Kurt, 1997＝2005, 河野哲也監訳『心を名づけること―心理学の社会的構成（上）・（下）』勁草書房.

本田由紀，2005，『多元化する「能力」と日本社会—ハイパー・メリトクラシー化のなかで』NTT出版．

細尾萌子，2017，『フランスでは学力をどう評価してきたか—教養とコンピテンシーのあいだ』ミネルヴァ書房．

片山悠樹，2023，「検査の批判と『集団主義』的実践の広がり」『成熟社会における学校教育を経由した階層形成メカニズムの比較歴史社会学的解明・研究成果報告書』：58-71．

貴戸理恵，2011，『「コミュニケーション能力がない」と悩むまえに—生きづらさを考える』岩波書店．

小林陽子，2019，「家庭科教育と新しい能力」『〈教育と社会〉研究』29：25-34．

松下佳代，2010，「〈新しい能力〉概念と教育—その背景と系譜」松下佳代編『〈新しい能力〉は教育を変えるか—学力・リテラシー・コンピテンシー』ミネルヴァ書房：1-42．

McClelland, David C., 1973, "Testing for Competence Rather Than for 'Intelligence'", *American Psychologist*, Vol.28: 1-14.

McClelland, David C., 1993＝2011，「序に代えて」Spencer, Lyle M. and Spencer, Signe M., 1993＝2011，梅津祐良・成田攻・横山哲夫訳『コンピテンシー・マネジメントの展開』生産性出版：3-10．

中村高康，2018，『暴走する能力主義—教育と現代社会の病理』ちくま新書．

OECD, 2018, Education 2030: The Future of Education and Skills. Position Paper. https://www.oecd.org/content/dam/oecd/en/publications/reports/2018/06/the-future-of-education-and-skills_5424dd26/54ac7020-en.pdf，（最終閲覧2024年11月28日）

小方直幸，2001，「コンピテンシーは大学教育を変えるか」『高等教育研究』4：71-90．

Rose, Nikolas., 1991＝2016，堀内進之介・神代健彦訳『魂を統治する—私的な自己の形成』以文社．

Rychen, Dominique S. and Saglanik, Laura H. (eds.), 2003＝2006，立田慶裕監訳『キー・コンピテンシー—国際標準の学力をめざして』明石書店．

白井俊，2020，『OECD Education2030プロジェクトが描く教育の未来—エージェンシー，資質・能力とカリキュラム』ミネルヴァ書房．

Spencer, Lyle M. and Spencer, Signe M., 1993＝2011，梅津祐良・成田攻・横山哲夫訳『コンピテンシー・マネジメントの展開』生産性出版．

Super, Donald E., 1962, *Appraising Vocational Fitness, revised edition*, Harper & Brothers.

6章 専門学校女子学生の性別役割意識の変化

尾川満宏

1. 本章の問い
―なぜ専門学校在学中に性別役割意識が高まるのか

　本章では，専門学校学生のキャリア観を構成する諸意識のうち性別役割意識の様相と変化を検討する。とくに，在学中に性別役割意識を高めた女子学生に着目し，その規定要因を探索的に検証することで，専門学校教育をめぐる論点を提示したい。

　本調査で実施した質問紙調査では，性別役割意識として「男性は仕事をして家族を養い，女性は家庭と家族の面倒をみるべきだ」という社会意識を問う項目を設けた。その結果，専門学校在学中に性別役割意識を高める学生が一定程度存在することが明らかになった（図6-1・図6-2）。学科の平均値の推移を示した「「そう思う」の割合推移」では，変化のない学科も見受けられる。しかし，パネル調査の利点を活かして集計した「個人内変化」によれば，どの学科にも「男性は仕事をして家族を養い，女性は家庭と家族の面倒をみるべきだ」と「思うようになった」女子学生が一定数存在している[1]。本章では，この意識変化に学校内外のどのような要素が影響しているかを検討する。

　今日，性別役割分業を支持する人々は，とくに若い世代において減少傾向にあるといわれている。10-20歳代の若者を対象に内閣府が行った「我が国と諸外国の若者の意識に関する調査（平成30年度）」では，「男は外で働き，女は家庭を守るべきだ」という性別役割観に「賛成」する者の割合が14%，「反対」が48.5%であった。こうした役割観の支持者はいまや少数派であるといえよう。

　しかし，性別役割意識が一貫して低下し，近い将来に消失すると言い切るこ

6章 専門学校女子学生の性別役割意識の変化　117

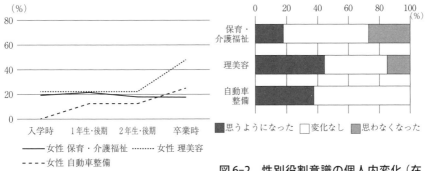

図 6-1　性別役割意識の全体変化(在学中)
注：「そう思う」の割合推移は，4件法で尋ねた回答のうち「とてもそう思う」「ややそう思う」の合計の割合の推移を示している。

図 6-2　性別役割意識の個人内変化(在学中)
注：個人内変化は同一回答者の「入学時」調査と「卒業時」調査の回答を比較し，肯定化していれば「思うようになった」，一致していれば「変化なし」，否定化していれば「思わなくなった」に分類した。

とは難しい。内閣府「女性の活躍推進に関する世論調査」では，平成4年から21年にかけて性別役割意識は一貫して低下してきたものの，24年に上昇し，27年もほぼ横ばいで推移している。このように性別役割分業への支持が一定水準を維持する背景には，いかなる現実があるのだろう。

性別役割意識の規定要因は多様に想定されるが，上述のように，本調査では専門学校在学中に性別役割意識を高める女子学生の存在が明らかになった。彼女たちの経験から，性別役割意識が残存する背景の一端を垣間見ることができるかもしれない。職業重視の専門学校の世界で，なにゆえ彼女たちは従来的なジェンダー規範に適応していくのだろうか。

何が彼女たちの性別役割意識を高めるのか。性別役割意識については膨大な研究蓄積がある。それらは性別役割分業意識を説明変数とする分析と，被説明変数とする分析に大別される。本章の問いには後者，つまり性別役割意識の規定要因についての研究が参考になる。

西野 (2015) によれば，性別役割意識の規定要因として提示されてきた仮説は3つに大別されるという。「1つは社会化(埋め込み)仮説で，意識が幼少期に形成される側面を重視する。分析における規定要因としては，生育地，親の

職業，教育，コーホートなどがあげられる。2 つめは加齢仮説で，個人の成長に従って意識が変容する側面，すなわち年齢による変化に焦点をあてる。(略) 第 3 は，可塑性を前提とする仮説で，個人が置かれた状況による意識の変化をとらえようとする。分析では，夫婦の共働きの現状や時代（調査時点）の効果をとりあげる」（西野 2015：140）。

　この 3 つの仮説を参考に，本章の問いと視点を次のように焦点化しよう。1 つ目の社会化仮説では「幼少期」の家族内社会化が想定されてきたが，多くの教育社会学研究が示すように，種々の意識や能力，態度の社会化は学校内でも生起する。であるならば，専門学校女子学生の性別役割意識が在学中に変化することについて，専門学校で提供されるカリキュラムや学習経験の影響を検討する必要があろう。これに対して，2 つ目の加齢効果を専門学校在籍中の意識変化に見出すことには無理がある。3 つ目の仮説についても，専門学校在学という状況には変化がないため検証が難しい。しかし，進路選択への直面など学年上昇にともなう状況の変化を考慮すれば，部分的に検証可能だろう。実際，**図 6-1** からは，性別役割意識の変化が「2 年生・後期」から「卒業時」の間，つまり進路決定期により大きく生じていると推測できる。したがって，進路選択や将来展望に関する学生個人の意識と行動が性別役割意識に影響すると考えられる。

　以上より本章では，専門学校のカリキュラムや学習経験の影響と，進路選択や将来展望に関する意識と行動の影響の 2 側面から，在学中の性別役割意識向上を検証したい。しかしそのためには，専門学校在学者の社会化環境，あるいは性別役割意識と関連しうる他の意識や価値観を想定しなければならない。社会意識の形成には多くの要素が関わっていることはいうまでもない。しかし，専門学校の学生生活はその大部分が授業で占められ[2]，またそこでの教育は卒業後の職業生活を強く意識づけるものである。ゆえに，学生たちの社会意識に大きく影響を及ぼす要因として，専門学校内での学習や生活，進路選択の経験などを想定できる。ここから，専門学校での職業教育カリキュラムへの適応／不適応や，進路選択・職業選択の経験，それらに加えて個人に形成される諸意

識が，性別役割意識を規定するのではないか，という分析指針が得られる。

　ただし，このように考えると，従来の社会化仮説の限界が露わになる。というのも，これまでの研究はマクロな視点から教育年数の効果などを検証してきたものの，学校でのいかなる学習経験や生活経験が性別役割意識に影響するかというミクロな過程を十分に検討していないからである[3]。ゆえに，本章の問いが扱うべき社会化環境は何か，性別役割意識に影響を及ぼす変数は何かを探索的に検討しながら，専門学校女子学生の性別役割意識を高める規定要因を検証していきたい。

2. 分析の視点と方法

　本章の分析は，「男性は仕事をして家族を養い，女性は家庭と家族の面倒をみるべきだ」という項目への回答から，「思うようになった」層（**図6-1**，個人内変化を参照）に着目して分析を進める。「変化なし」と「思わなくなった」層を合計して，性別役割意識の「向上」グループと「不変＋低下」グループとの間の差異を検証しながら，在学中の性別役割意識「向上」の規定要因を明らかにする。

　第1の分析視点は，専門学校のカリキュラムや学習経験による影響を検討する視点である。どの学校・学科で学ぶことが性別役割意識に影響するのか，学校内での成績変化や資格取得，学習状況，進路相談が性別役割意識に影響する側面を検討する。

　第2は，進路選択・決定時期により明確化されていくと思われる将来展望に関する意識や，具体的な進路選択行動（誰に進路相談をしたか）の影響を検証する視点である。後に見るように，女子学生のワークキャリア観やライフキャリア観，職業生活不安，地元就職希望などが在学中に変化している（詳細は第7章を参照）。こうした意識変化や，学校外での進路相談経験が，女子学生の性別役割意識とどのように関連し，意識変化を規定しているのかを検討する。

　以上2つの視点から，探索的に，専門学校在学中の性別役割意識の変化を明

120　Ⅱ部　専門学校の入学から卒業まで

らかにする。具体的には，まず変数間の関連をクロス表で検証し，統計的に有意な関連が認められる変数を中心に，各変数を統制して性別分業意識の規定要因を探る多変量解析を行う。それらの分析の後，補足的に，専門学校卒業後に行った追跡インタビューの結果も紹介したい。卒業後の就労状況・生活状況にともなう意識の変化までを追うことで，今後求められる研究課題を提案したい。

　議論を進める前提として，専門学校在学中の性別役割意識の変化に統計的に有意な男女差は確認されなかった。以下では女子学生に限定して分析を進めるが，適宜男子学生データを参照して議論する。なお，女子学生の性別役割意識の変化の状況を**表6-1**に整理した。以下では「思うようになった」(向上) 群と「変化なし＋思わなくなった」(不変＋低下) 群の2群に分けて分析を行う。

表6-1　性別役割意識の変化 (入学時⇒卒業時，女子学生のみ，以下同様)

		度数	％	有効％
有効	思うようになった	29	25.4	25.7
	変化なし	59	51.8	52.2
	思わなくなった	25	21.9	22.1
	合計	113	99.1	100.0
欠損値	回答無し	1	0.9	
合計		114	100.0	

3. 性別役割意識と諸変数の関連

3.1　学校所在地と学科

　まずは学生の在籍している学校・学科による違いを見ておこう。まず，学校所在地 (都市部の専門学校か，非都市部の専門学校か) で比較したところ，カイ二乗検定の結果，統計的に有意な差は観察されなかった。しかし，学科では有意な差が観察された (**表6-2**)。**図6-1**で示したように，「理美容」「自動車整備」の学科で性別役割意識を向上させた割合が大きい。

表6-2　学科と性別役割意識の変化の関係
（数値：%）

		不変＋低下	向上	合計 (N)	
学科	保育・介護福祉	82.1	17.9	100.0 (78)	*
	理美容	55.6	44.4	100.0 (27)	
	自動車整備	62.5	37.5	100.0 (8)	
	合計	74.3	25.7	100.0 (113)	

***$p<0.001$, **$p<0.01$, *$p<0.05$, † $p<0.1$。以下同様。

3.2　専門学校での学習経験

次に，専門学校での学習経験について。学習成績（学科成績・実技成績の自己評価）の変化や資格保有状況と性別役割意識の変化を分析したが，有意な関連は見られなかった。

表6-3では，学習や活動への熱心さと性別役割意識の変化の関連を示した。「専門技術・知識を学ぶ授業」に「熱心」な学生も性別役割分業意識を向上させる傾向があるが，大多数の学生が熱心であり統計的な有意差は観察されない（p=0.115）[4]。むしろ「語学以外の一般教養を学ぶ授業」に熱心だった学生が，性別役割分業意識を高める傾向が有意となっている。学科により異なるが，調査対象校の教養科目には「ITスキル」「関連法規・制度」「運営管理」などが含まれる。多くの場合，職業的な知識や技術そのものではないが職業上理解しておくことが望ましい，やや抽象度の高い内容と，職業上の必要に限定されない教養的内容から構成されている。こうした点から考えると，具体的な職業知

表6-3　専門学校での学習経験と性別役割意識の変化
（数値：%）

		不変＋低下	向上	合計 (N)	
専門技術・知識を学ぶ授業	熱心ではない	92.3	7.7	100.0 (13)	
	熱心だった	72.0	28	100.0 (100)	
	合計	74.3	25.7	100.0 (113)	
語学以外の一般教養を学ぶ授業	熱心ではない	87.2	12.8	100.0 (39)	*
	熱心だった	67.6	32.4	100.0 (74)	
	合計	74.3	25.7	100.0 (113)	

122 Ⅱ部 専門学校の入学から卒業まで

識・技術の水準を超えた，より抽象的で教養的な知識を得，法律や社会・職場の現状などに関する一般的な理解を深めることによって，結果的に既存の社会像と社会規範に適応し従来的な性別役割意識を高めるのかもしれない。ここでは教養科目それ自体の意義を否定したいのではない。職務の文脈を超えた抽象的・脱文脈的な知識が，それを熱心に学ぶ専門学校女子学生によって意図しない方向に学ばれる可能性を指摘したいのである。

　なお，専門学校での学習に関する項目として，**表6-3** に示したもののほか「語学の授業」「企業など学校外で行う実習」「サークル・クラブ活動」「アルバイト」「読書（漫画・雑誌以外）」「友人との付き合い」などを設けたが，いずれも性別役割意識の変化とは関連していなかった（表は割愛）。

3.3　進路相談の相手

　次に，進路相談を行った相手（卒業時調査）と性別役割意識の変化について確認する（**表6-4**）。

　まず，専門学校内での進路相談相手としての「専門学校の先生」「専門学校の友人・知人」では，いずれも統計的に有意な差が観察されなかった。そのため明言はできないが，「専門学校の先生」（p=0.176）に相談した者は，性別役割意識を高めにくい傾向にありそうである。専門学校の先生は，職業教育カリキュラムのエージェントとして仕事重視の進路指導を行っていと推察される。

　学校外の進路相談相手についてはどうだろうか。「父親」に相談した女子学生は性別役割意識を高めにくい傾向にある。20 年前のある高校生調査によれば，父親と娘の性別役割意識は真逆か無関係になってきたという（元治・片瀬 2008）。本調査によれば，相談相手としての今日の父親は，むしろ伝統的な性別役割観にこだわらないよう娘に助言するのかもしれない。他方，上記の高校生調査では父親より母親の影響力の強さが示されていた（元治・片瀬 2008）。しかし本調査では，「母親」からの有意な影響は観察されなかった。最近の先行研究でも，母親と娘の間での単純な家庭内社会化の仮説は必ずしも支持されないとの結果

6章　専門学校女子学生の性別役割意識の変化　　123

表6-4　進路相談の相手と性別役割意識の変化の関係

（数値：%）

		不変＋低下	向上	合計（N）	
	相談しなかった	68.5	31.5	100.0 (54)	
専門学校の先生	相談した	79.7	20.3	100.0 (59)	
	合計	74.3	25.7	100.0 (113)	
	相談しなかった	75.0	25.0	100.0 (72)	
専門学校の友人・知人	相談した	73.2	26.8	100.0 (41)	
	合計	74.3	25.7	100.0 (113)	
	相談しなかった	69.2	30.8	100.0 (78)	†
父親	相談した	85.7	14.3	100.0 (35)	
	合計	74.3	25.7	100.0 (113)	
	相談しなかった	70.6	29.4	100.0 (34)	
母親	相談した	75.9	24.1	100.0 (79)	
	合計	74.3	25.7	100.0 (113)	
	相談しなかった	76.1	23.9	100.0 (109)	*
小学校の友人・知人	相談した	25.0	75.0	100.0 (4)	
	合計	74.3	25.7	100.0 (113)	
	相談しなかった	76.7	23.3	100.0 (103)	†
中学校の友人・知人	相談した	50.0	50.0	100.0 (10)	
	合計	74.3	25.7	100.0 (113)	

が報告されている（林川 2015）。

　では，性別役割意識の向上と関連している進路相談相手は誰だろうか。相談者は少数だが，それは「小学校の友人・知人」「中学校の友人・知人」など地元の友人だった[5]。「恋人・配偶者」「専門学校の友人・知人」など，専門学校生活を中心とする人間関係のなかで進路相談をしても，性別役割意識の変化には影響がない（表は割愛）。後に見る「地元就職希望」も勘案すると，地元や地元の人間関係のなかで生きようとする女子学生が性別役割意識を高めやすいのだろう。

　近年の女子大学生は，「友人との交友」や「異性恋人との交際」に比重を置く場合に「仕事志向」より「家庭志向」になりやすいという指摘があるが（谷田川 2010），本調査では，この場合の「友人」は現在の学校生活を構成する友

人ではなく地元の友人であった。推論を拡大すれば，自身の専門学校での学習や生活の外側の世界（大学進学者や高卒就職者なども含まれうる地元の人間関係）に触れながら進路選択を行うことで，性別役割分業に適応しやすくなるといえるかもしれない。

3.4　職業生活に関する不安

　職業生活に関する不安として，「学校で学んだことを活かせる仕事に就けるか」「きちんと仕事ができるか」「生活するのに十分な収入を得られるか」「職場の人たちとうまくやっていけるか」の4項目を設けた。最初の項目は片山（2016）において学習内容と職務に関する「主観的レリバンス」の指標として用いられているため，ここでは「レリバントな就職不安」と呼ぼう。2つ目以降は，それぞれ「職業能力不安」「収入不安」「人間関係不安」と呼ぶ。「入学時」調査と「卒業時」調査の回答の変化から，各項目について回答者を「不安増大」層と「不変＋不安緩和」層に分類し，性別役割意識の変化との関連を分析した（**表6-5**）。

　分析の結果，「レリバントな就職不安」と「職業能力不安」が増大した者は性別役割意識も高めていることが明らかになかった。東京都の25-64歳女性を

表6-5　職業生活不安と性別役割意識の変化の関係

（数値：%）

		不変＋低下	向上	合計（N）	
レリバントな就職不安	不変＋不安緩和	78.6	21.4	100.0 (84)	†
（入学時⇒卒業時）	不安増大	62.1	37.9	100.0 (29)	
	合計	74.3	25.7	100.0 (113)	
職業能力不安	不変＋不安緩和	78.8	21.3	100.0 (80)	†
（入学時⇒卒業時）	不安増大	63.6	36.4	100.0 (33)	
	合計	74.3	25.7	100.0 (113)	
収入不安	不変＋不安緩和	76.0	24.0	100.0 (96)	
（入学時⇒卒業時）	不安増大	64.7	35.3	100.0 (17)	
	合計	74.3	25.7	100.0 (113)	
人間関係不安	不変＋不安緩和	74.2	25.8	100.0 (89)	
（入学時⇒卒業時）	不安増大	75.0	25.0	100.0 (24)	
	合計	74.3	25.7	100.0 (113)	

調査対象とした西村 (2001) によれば，就業し経済力を持つ女性は性別分業に
否定的な態度を形成する傾向にあり，女性の「家計参入度」が大きな規定力を
持つという。しかし，本調査で性別役割意識の変化と関連するのは収入面では
なく能力面への不安であった。職業能力が強調される専門学校に固有の力学な
のか，仕事でうまくやっていけないなら家庭役割に徹したほうがよい，といっ
た女子学生の意識構造が推察される。

　なお，表は割愛したが，男子学生データで同様の分析を行うと，職業能力不
安は性別役割意識の変化と関連しておらず，その代わり，興味深いことに「収
入不安」の増大が性別役割意識を抑制していた ($p<0.1$)。収入不安の大きい男
子は，将来のパートナー女性に家庭役割のみならず家計貢献をも求めるのだろ
う。本章冒頭で性別役割意識の変化の傾向に男女差はないと述べたが，変化と
関連する不安の種類は男女で異なっているのである。

3.5　ワークキャリア観

　職業生活に関する展望として，「長期勤続志向」（「同じ会社・職場で働き続け
たい」への回答），「転職スキルアップ志向」（「転職をしながら経験を積むことで，
スキルを向上させたい」への回答），「独立志向」（「将来は独立したい」への回答），
「大学進学志向」（「大学・大学院に進学したい」への回答）という4つのワークキャ
リア観について尋ねた。前項の集計方法と同様，各項目について回答者を「向
上」層と「不変＋低下」層に分類し性別役割意識の変化との関連を確認した（**表
6-6**）。

　「長期勤続志向」「転職スキルアップ志向」「独立志向」の変化は，性別役割
意識と関連していない。彼女たちの意識には，「理想」やイメージとしての性
別役割意識と，卒業後当面は就労せねばならないという甘受すべき「現実」が
共存しているのかもしれない（佐藤 2012）。

　ただし，大学進学志向を高めた女子学生において性別役割意識が高まってい
る。大学進学志向は全体的にきわめて低いが，「理美容」で上昇しており[6]，
表6-2で見た学科との疑似相関も疑われる。そのため各変数を統制した分析が

126　II部　専門学校の入学から卒業まで

表6-6　ワークキャリア観の変化と性別役割意識の変化の関係

		不変＋低下	向上	合計 (N)	
長期勤続志向	不変＋低下	74.4	25.6	100.0 (90)	
（入学時⇒卒業時）	向上	73.9	26.1	100.0 (23)	
	合計	74.3	25.7	100.0 (113)	
転職スキルアップ志向	不変＋低下	75.9	24.1	100.0 (83)	
（入学時⇒卒業時）	向上	70.0	30.0	100.0 (30)	
	合計	74.3	25.7	100.0 (113)	
独立志向	不変＋低下	74.2	25.8	100.0 (97)	
（入学時⇒卒業時）	向上	73.3	26.7	100.0 (15)	
	合計	74.1	25.9	100.0 (112)	
大学進学志向	不変＋低下	82.8	17.2	100.0 (87)	***
（入学時⇒卒業時）	向上	46.2	53.8	100.0 (26)	
	合計	74.3	25.7	100.0 (113)	

必要である。ただし，この関連は，教養科目への熱心さ（表6-3）や，次項でみるライフキャリア観の「同調志向」（表6-7）と合わせて考えると解釈しやすくなる。つまり，職業重視のワークキャリア形成ではなく，教養的知識の獲得や学歴取得によるより「一般的」「標準的」なライフコースを展望する者が，性別役割意識を高めているという解釈である。

　なお，男子データでは「長期勤続志向」（p<0.01），「独立志向」（p<0.1），「大学進学志向」（p<0.001）を高めた者が性別役割意識も高めている（表は割愛）。就労をめぐる見通しのよさとパートナー女性への家庭役割期待が親和的であることや，大学進学（学歴取得）を通じて男性的な扶養役割をより確実に果たそうと考えていることが推察される。

3.6　ライフキャリア観

　ライフキャリア観については，「家族プライベート重視」（「仕事よりも，家庭やプライベートを大切にしたい」への回答），「やりたいこと重視」（「生活が多少貧しくなったとしても，自分の好きなことをしたい」への回答），「同調志向」（「人と違うことをするよりもみんなと同じことをしたい」への回答）の3つについて検討

6章　専門学校女子学生の性別役割意識の変化　　127

した。変数の処理方法はワークキャリア観の分析と同様である。

　これらの意識のなかでは唯一，「同調志向」を高める学生が性別役割意識も高める傾向が見られた（表6-7）。働き方に限らず広く生き方に関する意識として解釈するならば，個性的な生き方よりも社会的に「標準」とみなされるライフコース，例えば乾（2010）のいう「戦後日本型青年期」を経験することを理想視するようになった女子学生において，性別役割意識も強まると解釈できるだろう。そのように考えると，前項で見た「大学進学希望」の意味も見えてくるだろう。すなわち，他の多くの人々や「地元」の友人がそうしているように，学歴取得による安定的なライフコースが自身にとっても理想となることで，女性として家庭役割を負うことに適応していくのではないだろうか。

表6-7　ライフキャリア観の変化と性別役割意識の変化の関係
（数値：%）

		不変＋低下	向上	合計 (N)	
家族プライベート重視	不変＋低下	79.1	20.9	100.0 (67)	
（入学時⇒卒業時）	向上	67.4	32.6	100.0 (46)	
	合計	74.3	25.7	100.0 (113)	
やりたいこと重視	不変＋低下	77.6	22.4	100.0 (76)	
（入学時⇒卒業時）	向上	67.6	32.4	100.0 (37)	
	合計	74.3	25.7	100.0 (113)	
同調志向	不変＋低下	80.5	19.5	100.0 (87)	**
（入学時⇒卒業時）	向上	53.8	46.2	100.0 (26)	
	合計	74.3	25.7	100.0 (113)	

3.7　地元就職希望

　最後に，地元就職希望の変化との関係を確認すると，地元就職希望を高めた学生において性別役割意識も高まる傾向が見られた（表6-8）。職種によっては，職業的な能力向上のために地元を離れ県外・都市へ移動することが必要な場合もある（本書第9章を参照）。そうではなく，馴染みの土地での生活を志向するようになることで，自身の職業よりも家庭役割を重視する考え方にシフトしているのかもしれない。また，表6-6でみたような，地元の友人への進路相談の

128　II部　専門学校の入学から卒業まで

有無もあわせて解釈すれば，地元志向と性別役割意識の向上の間に関連がある
という主張は補強されるであろう。

表6-8　地元就職希望と性別役割意識の変化

（数値：％）

		不変＋低下	向上	合計（N）	
地元就職希望	不変＋低下	81.3	18.8	100.0 (80)	**
（入学時⇒卒業時）	向上	57.6	42.4	100.0 (33)	
	合計	74.3	25.7	100.0 (113)	

4. 在学中の性別役割意識向上の規定要因

　以上の分析では，在学中の性別役割分業意識の変化と，それに影響を与える
と推測された各変数との関連を検討してきた。しかし，そこでは各変数間の関
係が統制されていない。したがって以下では，多変量解析によって各変数を統
制しながら，性別役割意識向上の規定要因を探る。そのために，性別役割意識
の「向上」群（=1）と「不変＋低下」群（=0）の2値を従属変数とするロジス
ティック回帰分析を行う。使用する変数は表6-9のとおりである[7]。

表6-9　使用する変数の記述統計量（N=113）

	平均値	標準偏差
従属変数		
性別役割意識向上ダミー：向上＝1	0.257	0.439
独立変数		
学科3分類（保育・介護福祉＝基準）	1.377	0.615
専門技術・知識を学ぶ授業ダミー：熱心だった＝1	0.890	0.319
語学以外の一般教養を学ぶ授業ダミー：熱心だった＝1	0.660	0.477
進路相談・専門学校の先生ダミー：相談した＝1	0.526	0.502
進路相談・父親ダミー：相談した＝1	0.316	0.467
進路相談・中学校の友人・知人ダミー：相談した＝1	0.088	0.284
レリバントな就職不安ダミー：不安増大＝1	0.254	0.437
職業能力不安ダミー：不安増大＝1	0.290	0.456
大学進学志向ダミー：向上＝1	0.230	0.423
同調志向ダミー：向上＝1	0.228	0.421
地元就職希望ダミー：向上＝1	0.292	0.450

6章　専門学校女子学生の性別役割意識の変化　　129

表6-10　性別役割意識向上の規定要因分析（ロジスティック回帰分析）

		モデル1			モデル2		
		B	Exp (B)		B	Exp (B)	
専門学校内	学科3分類			*			*
	学科3分類　理美容	1.273	3.571	*	0.887	2.429	
	学科3分類　自動車整備	1.085	2.959		2.785	16.201	*
	専門技術・知識を学ぶ授業ダミー	0.460	1.584		0.935	2.547	
	語学以外の一般教養を学ぶ授業ダミー	1.092	2.982	†	1.480	4.391	†
	進路相談・専門学校の先生	-0.823	0.439	†	-0.862	0.422	
専門学校外	進路相談・父親				-1.366	0.255	†
意識変化	進路相談・中学校の友人・知人				2.309	10.061	*
	レリバントな就職不安ダミー				0.323	1.381	
	職業能力不安ダミー				1.343	3.83	*
	大学進学志向ダミー				1.888	6.606	**
	同調志向ダミー				1.485	4.414	*
	地元就職希望ダミー				1.244	3.469	†
	定数	-2.332	0.097	*	-4.975	0.007	***
	-2 対数尤度	113.236[a]			80.165[a]		
	Cox-Snell R2 乗	0.128			0.349		
	Nagelkerke R2 乗	0.188			0.514		

　結果を見てみよう（**表6-10**）。専門学校のカリキュラムや学習の効果を検討したモデル1をみると，理美容の学科効果に加えて「語学以外の一般教養を学ぶ授業」の効果が観察された。2変数間では有意な関連が見られなかった「専門技術・知識を学ぶ授業」（**表6-3**）も投入したが，やはり専門科目ではなく教養科目を熱心に学ぶ学生ほど性別役割意識を高めている。また，同じく2変数間では有意な関連は見られなかった「専門学校の先生」への進路相談の有無（**表6-4**）を投入したところ，負の効果がみられた。専門学校の先生に相談した場合，家庭重視になりにくいということだ。

　モデル2では，専門学校外の進路相談相手や学生個人の意識変化を投入した。その結果，理美容の学科効果は消失した[8]。また，進路相談の相手として「専門学校の先生」の負の効果が消えて「父親」に置き換わる。他方，「中学校の

友人・知人」に相談した場合に正の効果が生じている。つまり，性別役割意識は，父親に進路相談した場合に高まりにくく，地元の友人に相談した場合に高まりやすい，ということが示唆された。

学生個人の意識変化では，職業能力不安，大学進学志向，同調志向，そして地元就職希望の向上が性別役割意識を高めている。大学進学志向が独自の効果を示し理美容の学科効果が消失している。大学進学志向と一般教養の授業，ライフキャリア観としての同調志向も独自の効果を示していることをあわせて考えると，やはり専門学校女子学生のキャリア展望は，職業的なスキルや資格による職業重視の意識のみで説明されるわけではない。学歴志向をはじめとする，日本社会で「標準」とみなされてきた「戦後日本型青年期」（乾 2010）的なキャリア観を専門学校在学中に高める女子学生がおり，彼女たちは性別役割意識も高めやすい側面が浮かび上がってきた。

しかも，こうした考え方は職業能力不安の増大と同居している。前述したように，男子学生と違い，能力面で不安を抱える女子学生は家庭役割を引き受けることでそれを中和しようとしているのかもしれない。この点は専門学校教育のあり方を考えるうえで重要な点であり，次節で考察する。

5. まとめと考察

以上の分析結果をまとめると，第一に，専門学校在学中の女子学生の性別役割意識は，学科，教養科目への熱心さ，進路相談相手（父親，小中学校の友人・知人），レリバントな就職不安，職業能力不安，大学進学志向，同調志向，地元就職希望と関連していた。

第二に，変数間の影響を統制して性別役割意識の向上の規定要因を検証すると，教養科目への熱心さ，地元友人への進路相談，職業能力不安，大学進学志向，同調志向，地元就職希望の高まりが，固有の効果を示していた。

これらの結果を専門学校教育の機能という点から考察しよう。職業教育を旨とする専門学校は，一般に，男女問わず職業重視の意識を強化するものと考え

られる。実際、専門卒女性の職業参画の程度は他学歴女性に比して高い（真鍋2016）。しかし、本章の分析の結果、専門学校はもっぱら学生の職業重視の意識を強化するだけではない。一見、対極的に思われるような、家庭重視の性別役割意識に適応的な女子学生を生んでいる側面もある。彼女たちは在学中に、特定職業の文脈を超えた教養的知識を熱心に学び、または大学進学志向を高めることで、より「一般的」「標準的」な社会意識やジェンダー規範を学んでいるのかもしれない。あるいは「人と違うことをするよりもみんなと同じことをしたい」という同調志向の高まりも性別役割意識を高めている。ここでの「みんな」とは、誰か。専門学校の仲間かもしれないし「一般的」「標準的」な女性像かもしれない。それらに加えて本章が推察する他の有力候補は、地元の友人・知人である。地元での就職機会や専門学校外の友人・知人の生き方・働き方に関する言説が、専門学校で支配的な職業重視の意識を相対化させるのかもしれない。これらの論理は仮説の域を出ないが、いずれにせよ女子学生の経験や意識からみれば、専門学校の機能は職業的社会化に一元化されておらず（植上2011）、学校内外の多様な機会・資源・経験との組み合わせのもとジェンダー社会化の場にもなっている。

　しかし、専門学校教育にとってより重要だと思われるのは、女子学生の職業能力不安の増大である。男子学生とは異なり、女子学生の場合には、仕事の世界でうまくやっていく自信を失うと、家庭役割に適応しようとする中和戦略が働く可能性が示唆された。

　職業能力不安を「能力アイデンティティ」（片山2016）が低下した状態であると拡大解釈すると、こうした不安は「能力」そのものの基盤を掘り崩し、「職業能力の低い女性が家庭役割を負う」という性別役割分業の正当化論理を成立させてしまう。これは看過できない問題である。なぜなら、男子学生はこうした中和戦略を持たず、男性と家庭役割とを接合する論理が存在しないため、女性＝家庭役割が固定化してしまう恐れがあるからである（逆にいえば、職業能力不安を抱える男子学生には逃げ場がない）。こうした正当化論理を抑えるには、女子学生の職業能力の自信を向上させるカリキュラムや指導が必要かもしれない。

しかし，職業重視のカリキュラムや指導の強化は，逆に適応上のハードルを上げ，職業能力不安に苛まれる層の増大を帰結する可能性もある。

　以上の考察から，職業重視の専門学校教育がその特質ゆえに抱え込む複雑な社会化機能が示唆されよう。すなわち，職業重視の教育と水路づけは，職業適応に不安を抱える女子学生にとって，かえって家庭重視の性別役割意識を引き受ける契機となってしまう「潜在的逆機能」（マートン1961）をも果たしうる。これは，本章冒頭で紹介したように，ジェンダー規範が根強く，女性が家庭役割を担うことがいまなお「一般的」「標準的」であるかのような現代日本社会において，職業教育がはらむジレンマといえよう。この問題は，正規雇用／非正規雇用や職場定着などメンバーシップを前提とする議論では見落とされてきた。本章の分析は探索的な試みであり，より精緻なサンプリングや分析手法の適用が求められるが，専門学校における就「職」規範の力学に迫る足掛かりを得る暫定的な知見としては一定の意義があろう。

補．卒業後追跡インタビュー調査にみる性別役割意識

　以上の分析は，専門学校在学中の質問紙調査への回答の変化にもとづいている。在学中調査では質問紙調査と並行してインタビュー調査も行ったが，職業的な学習や進路に関する聞き取りが主であり，性別役割意識に関する語りはあまり収集できなかった。しかし，専門学校卒業後に行った追跡インタビュー調査では，自身や友人たちが結婚・出産を経験しはじめ，性別役割意識に関する語りを聞く機会が増えた。調査協力者らが結婚・出産の「ブームがきている」と語った卒業後4年目のインタビュー調査から，彼女らの状況や意識を紹介したい。

　A-5：やっぱ大変なのは，子どもが何かあったときにすぐに出れないとか。
　　　パートとかでやってるけど，うちもパートさんいまいて，子どもも2人ず
　　　ついるんですけど，やっぱ何かあったときにうちも人手不足なんで，足ら
　　　なくなったときにすごい申し訳なさそうにしてるのが，これが自分になっ

たらすごい申し訳ないなって思ったりするなとは思いますけど。そういうときにだから頼るところがあったりとか，そういうときに旦那さんがそういうのも対応できるところになったらいいなと思います。

(卒業後4年目，保育士，2022年8月21日)

A-9：(仕事は) 続けてたい。でもいまのところを続けるっていうよりかは，ちがうところのパートをやるとか，正規はもうやらないでパートさんで働く。

調査者：子ども出来たらパートかなって感じ？

A-9：そうですね。やっぱ子どもを0歳までは見たい。1歳になるまでは見てて，1歳からは別に入れてもいいけど，昼で帰るとか，2時までとかで短めに預ける。その間に働くみたいなくらいがいいかなと。長く預けられるまでは子どもがやっぱかわいそうだなって。自分が見ててかわいそうだなって思うんで，そういうのを自分の子にはさせたくないなと思って。

調査者：見てるが故だね，それは。

(卒業後4年目，保育士，2022年8月21日)

C-2：でも (仕事と家庭の) 両立難しいかなと思って。小っちゃい間は (子育てに) 専念して，余裕ができたらまた働きたいかなみたいな感じで，全然どうなるかわかんないんですけど。

調査者：それは例えばだけど妊娠してみたいなときはいったんちょっと辞めて，またパートで，みたいなイメージですか，[Cさん：イメージですね。]やっぱり今のいわゆるフルタイムで働くっていうのはちょっと難しそうかなって感じ？

C-2：難しいと思います。

(卒業後4年目，美容師，2022年9月6日)

調査者：自分のお店，半分自営というか，感じであれば子育てもしやすいのかね。雇われよりは。

C-1：そうなんです。そこまで持っていきたいんです。私バリバリ仕事したいから，お母ちゃんに預けれるんで，○○（地元地名，以下同様）帰ると。

調査者：お母ちゃんは割と時間に融通がききそうな。

C-1：お母ちゃんは家におるタイプのお母ちゃんなんで。

調査者：そういう借りられる手が近くにあるとだいぶ仕事との両立も，［Eさん：そうなんです。］でもそういうの決め切っているわけではないってことね。子ども，子育ては○○に帰ってからとか。何歳までは子ども作らないとか。そういうの明確に決めてるわけではない。

C-1：わかんないです。ほしいから子どもが。わからんけど。でもこっちで早い段階に赤ちゃんができた場合は，極力休みたくないからお母ちゃんに来てもらうしかないんで，それはお母ちゃんに言ってます。「もし早い段階で子どもができた場合は助けてほしい」っていうのを言ったら，「私のご飯と寝床があるんやったらいいよ」っていうので，彼と同棲始まるときにお母ちゃんが来ても泊まれる部屋がある，ちょっと大きめタイプ借りたりとか。今後を見据えて，そういう家は一応借りました。

（卒業後4年目，美容師，2022年8月4日）

C-6：福利厚生の件でも，違う会社に勤めてすぐ子どもできましたとか，おれんやん，おりづらいやん。戻れんし，そんな。その辺考えて，いろいろ考え過ぎて，考えることが多過ぎるんやね，ちょっと。ちょっとマリッジブルーやったもんね，［調査者：そうなの？］考え過ぎて，お互い。

調査者：じゃあ仕事を移ってすぐ妊娠とかになったらすぐ辞めないかんとか。その「戻れんじゃん」っていうのは，なかなか休みとってまた復帰っていうのは難しいと思う？

C-6：できたにしても行きづらいなって。「ごめん‼」ってなっとるけん，多分。

（卒業後4年目，ネイリスト，2022年11月11日）

卒業後4年目の追跡インタビュー調査で語られたのは，在学中の質問紙調査

で見られたような職業能力不安ではなく，職業経験にもとづく役割意識やワークライフバランスのとり方であった。保育士たちは，人手不足の園の現状や日々多くの子どもたちを「見てるが故」の視点から，自身の子育て役割や家庭役割を語った。美容業界で働く女性たちは子育て環境をどう整えるか，実家母親に協力を仰いだり，産休・育休や福利厚生を重視して転職を考えたりしていた。

　彼女たちのなかには在学中に性別役割意識を高めた者も，そうでない者もいる。しかし，どの協力者たちも，結婚や子育てが現実問題になるにつれ自身の女性としての生き方・働き方を改めて考える必要に迫られていた。その過程で，在学中とは異なる意識が形成されるだろう（長尾 2008）。

　では，そのような意識の変化は，彼女たちにとってどのような意味を持つのだろうか。数土（2016）は，女性の学歴取得や労働参加と性別役割意識との間には2つの因果関係があるという。それは，一方で高学歴化や就労が性別役割意識に囚われなくなる人びとを生むが，他方でワークライフバランスを無視した労働環境は性別役割意識を肯定する人びとをも生む，というものである。本章が最後に強調したいのは，こうした異なる考え方や因果が別々の人物に割り当てられるのではなく，同一人物のライフコース上で別時期に経験される可能性と，その意味である。ここから，西野（2015）が整理した仮説の3つ目（可塑性への着目）を，個人の時間軸において検証する必要性を提起したい。「学校から職業へ，大人への移行」の真っ只中において，性別役割分業をめぐる意識や行動の変化は彼女たちにとって適応可能な順調な物語なのだろうか。それとも予期せぬ困難の物語なのだろうか。そうした意識変化の実態とリアリティを今後検討しなければならない。

注

1) 表6-1の注に示した方法を図示すると，表6-11のようになる。この方法は吉川（2001）を参考にした。

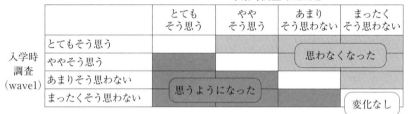

表6-11 個人内変化のとらえかた

2) 調査対象校の学校B，Cの学校案内には学科ごとに「モデル時間割」が示してあり，週5日朝から夕方まで授業がびっしりと詰まっているモデルが多い。
3) ジェンダー・トラックを明らかにした中西（1993）は，学校の風土や伝統など学校内部の環境と性別役割意識の関連を扱っているが，教育達成に対する説明変数（独立変数）と見なしている。
4) ただし，同項目のp値は比較的小さいので，統計的検定の結果を無視すれば，何事にも熱心に取り組む学生が性別役割分業意識を高めやすい，という解釈も可能であろう。
5) 「高校の友人・知人」の項目では統計的に有意でないが（p=0.179），「小学校の友人・知人」「中学校の友人・知人」と同様の傾向が見られた。
6) 女子学生の大学進学志向の変化を表6-12に示した。もともと大学進学志向は全学科で低く，「不変」に分類された回答者の多くは「まったくそう思わない」や「あまりそう思わない」と回答している。

表6-12 女子学生の大学進学志向の学科別変化

（入学時⇒卒業時　数値：%）

	大学進学志向			
	向上	不変	低下	合計（N）
保育・介護福祉	16.7	69.2	14.1	100.0 (78) *
理美容	44.4	51.9	3.7	100.0 (27)
自動車整備	12.5	87.5	0	100.0 (8)
合計	23	66.4	10.6	100.0 (113)

7) 「小学校の友人・知人」を説明変数から除外した。該当者がごく少数で分析上の問題が大きいことと，「中学校の友人・知人」と同様の意味を持つと判断し

たためである。

8) 自動車整備の学科効果が発現しているが，サンプル数が少ないため結果は不安定なものと判断し，ここでは強調していない。

引用・参考文献

林川友貴，2015，「女子中学生の家庭優先志向の形成メカニズムの検討―母親と娘の意識の相互依存性を考慮した二者関係データの分析から―」『家族社会学研究』27(2)：127-138.

乾彰夫，2010，『〈学校から仕事へ〉の変容と若者たち個人化・アイデンティティ・コミュニティ―』青木書店.

片山悠樹，2016，『「ものづくり」と職業教育―工業高校と仕事のつながり方―』岩波書店.

吉川徹，2001，『学歴社会のローカル・トラック―地方からの大学進学―』世界思想社.

真鍋倫子，2016，「女性のキャリアに対する専門学校卒業の効果―就業構造基本調査の分析より―」『教育学論集』58：55-75.

マートン，R. K., 森東吾ほか訳，1961，『社会理論と社会構造』みすず書房.

元治恵子・片瀬一男，2008，「性別役割意識は変わったか―性差・世代差・世代間伝達―」海野道郎・片瀬一男編『〈失われた時代〉の高校生の意識』有斐閣：119-41.

長尾由希子，2008，『若年男女における性別役割分業意識の変化とその特徴―高校生のパネル調査から―』（東京大学社会科学研究所パネル調査プロジェクトディスカッションペーパーシリーズ No. 12）東京大学社会科学研究所.

内閣府，2014，『女性の活躍推進に関する世論調査』https://survey.gov-online.go.jp/h26/h26-joseikatsuyaku/index.html（最終閲覧 2023 年 8 月 29 日）

内閣府，2018，「我が国と諸外国の若者の意識に関する調査（平成 30 年度）」https://www8.cao.go.jp/youth/kenkyu/ishiki/h30/pdf-index.html（最終閲覧 2023 年 8 月 29 日）

中西祐子，1993，「ジェンダー・トラック―性役割観に基づく進路分化メカニズムに関する考察―」『教育社会学研究』53：131-154.

西村純子，2001，「性別分業意識の多元性とその規定要因」『年報社会学論集』14：139-150.

西野理子，2015，「性別役割分業意識の規定要因の推移」『東洋大学社会学部紀要』53(1)：139-147.

佐藤和順，2012，「教師・保育者を志す学生のワーク・ライフ・バランス意識」『保育学研究』50(1)：41-52.

数土直紀，2016，「複合する社会メカニズムの解明―性別役割意識の変化を例に―」『理論と社会』31(1)：2-19.

植上一希，2011，『専門学校の教育とキャリア形成—進学・学び・卒業後—』大月書店．

谷田川ルミ，2010，「若年女性の家庭志向は強まっているのか？—女子学生のライフコース展望における10年間の変化—」『年報社会学論集』23：200-211．

Ⅲ部

専門学校の女性とキャリア

専門学校女子学生の進路選択とキャリア展望

尾川満宏

1. はじめに

　本章は，専門学校女子学生のキャリア形成を描いていく第三部の導入として，専門学校在学中に実施したパネル調査から，女子学生の職業選択や就職，キャリア展望の様相を明らかにする。

　専門学校卒業者のキャリア研究，なかでも専門卒女性に焦点をあてた分析は，彼女たちのキャリア形成の特徴を示してきた。真鍋（2011）は2007年の『就業構造基本調査』を用いて専門卒者の就業状況を分析し，40歳代以降の女性の「有業率」が他学歴に比して高いことから，女性にとって専門卒は，初期キャリアよりもむしろ中高年期のキャリアに有利に機能していることを示唆した。この傾向は2012年同調査の結果でも観察されるとともに，他学歴に比して中高年期の「正規雇用率」が高いこと，「専門・技術」的職業に就く割合が高いことから，専門卒女性が「専門性」をもって職業キャリアを形成していることが推察された（真鍋2016）。また，「転職」「離職」の観点から専門卒者の特徴を分析した岩脇（2017, 2022a）は，専門卒女性は他学歴女性に比べて「一社勤続」志向が低く「転職・独立」志向が高いことから，転職により肯定的である傾向を指摘している。

　しかしながら，上記のような卒業後キャリアやキャリア展望を，専門学校在学中の学生がいかに見通しているのか，専門学校在学中にキャリア展望をどのように形成・変化させているのかは先行研究で明らかになっていない。例えば真鍋（2022）は「ファッション，調理系専門学校」の学生の進路展望をジェンダー視点から分析しているが，ワンショット調査のため在学中の意識変容はと

らえていない。対して，本研究で実施したパネル調査からは，在学中の学生の意識を多時点で把握することでその変化を明らかにすることができる。

　そこで本章では，専門学校女子学生の進路選択とキャリア展望の実態とその変化の諸相を概観する。「入学時」調査から「卒業時」調査のパネルデータを用いた分析により，彼女たちが学卒後のキャリアをどのように見通しているのか，在学期間を通して見通しがどう変化するのか，その一端を明らかにできるだろう。

2. 使用するデータと本章の視点

　本章で分析するデータは，専門学校在学中に実施した質問紙調査の「入学時」「1年生・後期」「2年生・前期」「卒業時」の4時点での調査から得られた回答である。その際，在学中インタビュー調査や教員インタビュー調査の回答も補足的に用いる。本章の目的は女子学生の進路選択とキャリア展望の実態を多面的に，多時点で概観することにあるが，とくに進路希望（職業希望）や進路決定の実態については男子学生のデータもあわせて検討し，女子学生の特質を抽出する。そのうえで，女子学生のより詳細なキャリア展望，すなわち「ワークキャリア観」「職業生活に関する不安」「ライフキャリア観」「社会意識」について，在学中の変化を概観していく。

　なお，本章では「保育・介護福祉」「理美容」「自動車整備」の3つの学科を比較しながら検討を進めるが，「自動車整備」の対象者が極端に少ない。厳密な学科比較分析は統計上困難であり，あくまで学科ごとの傾向の把握にとどまらざるをえない。しかし，項目によっては業種や職種の特徴を反映していると考えられる結果も見受けられたため，以下では仮説的な解釈・考察も含めて紹介していく。

3. 男女学生の職業選択に関する意識

3.1 職業希望の形成時期

　まず，調査協力者らの職業希望の有無や形成時期について確認しよう。「入学時」調査では，女子学生の91.4%，男子学生の73.9%が何らかの職業希望を有していた。特定の職業に焦点化した資格取得や実習などが重視される専門学校において，多くの入学者が明確な職業希望を有していることは想像に難くないが，女子学生のほうが職業希望を明確に有している傾向にある。

　では，かれらはどの時点で職業希望を形成したのだろうか。職業希望の形成時期は専攻分野によって，また性別によって大きく異なることが明らかになった（**表7-1**）。すなわち女子学生において，職業希望の形成は「保育・介護福祉」，「理美容」，「自動車整備」の順に早い傾向にある。「保育・介護福祉」では，男子学生より女子学生のほうが早期に職業希望を形成しており，「理美容」でも小学校で職業希望を形成した者は女子学生に多い。これらの分野は，とくに女子において幼少期より職業としての選択肢となりやすいことが推察される。「幼稚園の頃に先生が，優しかった記憶があって，高校2年生ぐらいの時に，保育

表7-1　職業希望の形成時期

(数値：%)

		保育・介護福祉	理美容	自動車整備
男性	小学校	7.10	7.70	8.90
	中学校	14.3	30.8	18.8
	高校	42.9	53.8	46.6
	高校卒業後	35.7	7.70	25.7
	合計 (N)	100.0 (14)	100.0 (13)	100.0 (191)
女性	小学校	42.4	13.0	0.0
	中学校	13.6	17.4	42.9
	高校	22.0	56.5	57.1
	高校卒業後	22.0	13.0	0.0
	合計 (N)	100.0 (59)	100.0 (23)	100.0 (7)

注：「小学校」は「小学校低学年以前」と「小学校高学年」の合計。

の仕事をしようかなぁーと思って」(B-6) のように，自身の幼少期の経験がもとになっていたり，「母が介護の仕事をしていて，おじいちゃんやおばあちゃんとかの世話もちっちゃい時からしていて自分もそういう仕事がしたい」(B-4) などがインタビューで語られた。

「自動車整備」では，小学校から職業希望を形成する男子学生が少数ながらいる一方で，そうした女子学生は今回の調査校では見られなかった。サンプルが少ないため結果は一般化できないが，こうした職種が女性にとって職業の選択肢として認知される時期は相対的に遅いのだろう[1]。

3.2　職業観：どのような仕事を希望するか

次に，専門学校学生が卒業後の仕事を考えるうえで重視していることは何か，それらは在学中に変化するのかについて，「入学時」から「2年生・前期」の回答結果の推移から検討する。

「卒業直後の希望進路」として「1　正社員・正職員として就職」「2　1以外で就職（契約社員，派遣社員，フリーターなど）」と回答した者を対象に，「どのような仕事を希望しますか」と尋ねた。提示した項目は「収入が安定している仕事」「資格が生かせる仕事」「学校の知識が生かせる仕事」「世の中に役立つ仕事」「社会的に尊敬される仕事」「家族やプライベートと両立できる仕事」「地元で働ける仕事」「残業が少ない仕事」の8項目であり，それぞれについて「1.とてもそう思う　2.ややそう思う　3.あまりそう思わない　4.全くそう思わない」の4件法で回答を得た。集計では，「1.とてもそう思う」と「2.ややそう思う」に回答した者の合計を「そう思う」として，その割合を求め，調査時点ごとの各学科の割合推移（「入学時」から「2年生・前期」の3時点）を確認した。その結果，学科や性別に関わらず仕事に求めるものは学生間で共通している部分もあるが，異なる部分もあることが明らかになった。

表は割愛しているが，「収入が安定している仕事」「資格が生かせる仕事」「学校の知識が生かせる仕事」「世の中に役立つ仕事」を希望する学生は，学科を問わず大多数であり，全体的に見てその意識は在学中一貫して強固であった。

「理美容」の男子学生のみ，1年生の間は「収入が安定している仕事」を希望する割合が低いが（「入学時」73.3%，「1年生・後期」64.3%），「2年生・前期」には92.9%に急上昇して他学科，女性と同程度になっていた。この点を除いて，上記4項目はどの調査時点でも「そう思う」の割合が80～100%の水準で推移していた。

対して，「社会的に尊敬される仕事」「家族やプライベートと両立できる仕事」「残業が少ない仕事」は，学科や性別によって大きく意識が異なっていた（図7-1）。女子学生に着目すると，「社会的に尊敬される仕事」「家族やプライベートと両立できる仕事」の2項目において入学時には学科間で異なっているが，学年上昇にともなって似たような意識に収斂している。学科によって多少の上り下がりはあるものの，専門学校での学びを通じて自身の職業に対する社会的評価やプライベートとの両立への関心は似通ってくるということだろう。ただ，「理美容」において両立志向がやや低下しており，きわめて強い職業志向を持つようになったり，両立を諦めたりする者もいるようだ。また，性別にみると，

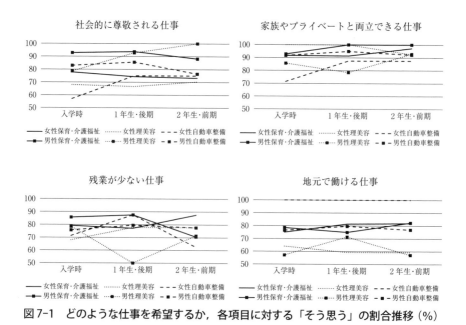

図7-1　どのような仕事を希望するか，各項目に対する「そう思う」の割合推移（%）

「社会的に尊敬される仕事」希望する女子学生は，どの学科でも男子学生に比べて少数派である。男子学生のほうが仕事の社会的評価をより気にする，ということだろう。

「残業が少ない仕事」の項目では，「入学時」にはどの学科・性別も似たような意識を有していたようだが，「1年生・後期」には「理美容」男子が残業を甘受するかのような数値を示した。「2年生・前期」に意識の違いは再び縮小したものの，「自動車整備」の女子において急激に低下している。仕事の実相に触れる機会が増えるにつれ，ワーク・ライフ・バランスの実現可能性を低く見積もる者が増えるのかもしれない。

最後に，「地元で働ける仕事」への回答傾向には，性別より学科の特徴が大きく表れた。「自動車整備」や「保育・介護福祉」の学生に比べ，「理美容」学生の地元希望は強くない。この結果は，各学科を通じて参入可能な業種や職種の特徴を表しており，どの分野を専攻するかが就職地域の希望と強く関連していると解釈できる。

3.3　就職地域の希望と実際

上述の就職地域の希望について，実際の就職地域も含めて分析を深めよう。「将来の働き方やライフスタイルについて，あなたはどのように考えていますか。」という設問のなかに設けた「地元で働きたい」という項目への回答から，かれらの希望を確認すると，在学中の地元就職希望が学科ごとに大きく異なることがわかる（**図7-2**）。**図7-1**と似た項目であるため同じ傾向が看取されるが，男女とも「自動車整備」「保育・介護福祉」に比べて「理美容」の地元志向が低い。

このような就職地域の希望は，どの程度実現しているのだろうか。**表7-2**は，専門学校入学前の居住地と卒業後の就職地域の関係を，学科別・性別に整理したものである。この表から厳密な「地元就職」の実態がわかるわけではないが，就職地域の傾向を見てとることができる。「保育・介護福祉」は男女とも圧倒的に県内に残留している。県外に就職するのはわずかに過ぎない。入学者のほ

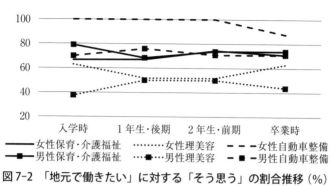

図7-2 「地元で働きたい」に対する「そう思う」の割合推移 (%)

表7-2 学科別・男女別の就職地域

(就職決定者,数値:%)

			女子 1)	女子 2)	女子 3)	女子 合計(N)	男子 1)	男子 2)	男子 3)	男子 合計(N)
専門学校入学前の居住地域	保育・介護福祉	1) X県・Y県の県庁所在地	93.3	0.0	6.7	100.0 (15)	75.0	12.5	12.5	100.0 (8)
		2) 1)以外のX県内・Y県内	36.1	63.9	0.0	100.0 (36)	37.5	62.5	0.0	100.0 (8)
		3) X県外・Y県外	0.0	50.0	50.0	100.0 (4)	100.0	0.0	0.0	100.0 (1)
		合計	49.1	45.5	5.5	100.0 (55)	58.8	35.3	5.9	100.0 (17)
	理美容	1) X県・Y県の県庁所在地	70.0	0.0	30.0	100.0 (10)	62.5	0.0	37.5	100.0 (8)
		2) 1)以外のX県内・Y県内	66.7	0.0	33.3	100.0 (12)	25.0	25.0	50.0	100.0 (8)
		3) X県外・Y県外	50.0	0.0	50.0	100.0 (2)	—	—	—	—
		合計	66.7	0.0	33.3	100.0 (24)	43.8	12.5	43.8	100.0 (16)
	自動車整備	1) X県・Y県の県庁所在地	—	—	—	—	57.9	36.8	5.3	100.0 (19)
		2) 1)以外のX県内・Y県内	0.0	100.0	0.0	100.0 (2)	7.0	91.2	1.8	100.0 (57)
		3) X県外・Y県外	0.0	0.0	100.0	100.0 (6)	1.5	11.9	86.7	100.0 (135)
		合計	0.0	25.0	75.0	100.0 (8)	8.1	35.5	56.4	100.0 (211)

とんどが県内出身者であることも特徴的である。県庁所在地で就職する者が約半数(女子49.1%, 男子58.8%)であるが, 県庁所在地以外の県内各地にも分散し

て就職していることが特徴的である。各地の子育てインフラの担い手として就職していく様子がわかる。

他方,「理美容」でも県内進学者が大多数を占めるが,男女とも多くが県庁所在地や県外で就職している。とくに県内就職した女子学生は,全員が県庁所在地で就職している。県内各地から専門学校に進学してきた者は地元に帰らず,そのまま学校が所在する県庁所在地で就職するか,県外で就職しているのである。「保育・介護福祉」と異なり,消費文化の中心地から初期キャリアをスタートさせることがこの業界の特徴であろう。調査校の教員によれば,この専門学校では学科でバスをチャーターし,大阪で開催される就職ガイダンスに学生を参加させている。その後,大阪周辺のサロンなどが求人活動として頻繁に学校に訪問してくるため,校内での就職ガイダンスというかたちで「実際には美容師さんにはこういうことが大事だ」「こういうことを学んで学校を卒業するほうがいい」などの講話を実施しているという。「それが,大阪の方が非常に多いというので,それでそちらのほうに惹かれていく」と教員は考えている(学校C教員,2018年4月インタビュー)。

「自動車整備」の学生には男女とも県外出身者が多い。表は割愛しているが「自動車整備」で行った「卒業時」調査の質問紙には「就職先は地元」かどうかを尋ねた項目があり,該当者は女子100.0%,男子77.3%であった。ある女子学生は「この学校も基本的に,なんか地元に就職っていう,感じなんですけど,まあ地元が好きなんで」(D-1)と語りつつ,実は専門学校入学前から出身地域の地元ディーラーへ就職が約束されていたと教えてくれた。このような「企業推薦」による進学‐就職システムが,本調査の対象学科ではまま見受けられた。

女子学生:うちの場合は,あの企業推薦っていうんですけど,〔調査者:企業推薦?〕高校生のときに,企業の人に,あのー,ここの学校に推薦してもらって,□□(=企業名)に就職する代わりに「あっ,じゃあ紹介しますよー」みたいな感じで。

調査者:ん?ということは,高校のときに□□に行くことが決まってたって

こと？
女子学生：はい。もう。

(D-1，2年次インタビュー)

　以上，男女学生のデータから，職業希望の形成や職業観の変化，地元就職希望の実態と進路決定の状況を概観してきた。学科の特徴も看取されたと同時に，女子学生の特徴も見受けられた。そこで，以降の分析では女子学生に焦点化して，より詳細に在学中のキャリア意識を見ていこう。なお，以降の分析ではパネル調査の利点を活かし，「入学時」調査と「卒業時」調査の間の個人内変化（各項目について「思うようになった」「変化なし」「思わなくなった」）についても確認する。

4. 女子学生の在学中のキャリア意識

4.1　ワークキャリア観

　まず，女子学生たちのワークキャリア観について見てみよう。理想とする働き方について，本調査では「長期勤続志向」（「同じ会社・職場で働き続けたい」という項目），「転職スキルアップ志向」（「転職をしながら経験を積むことで，スキルを向上させたい」という項目），「独立志向」（「将来は独立したい」という項目）という3つのキャリア観を設定し，学科別に分析した（図7-3〜5）。左側の「「そう思う」の割合推移」は，図7-1と同様の処理を「入学時」〜「卒業時」にかけて行った。右側の「個人内変化」は，同一回答者の「入学時」調査と「卒業時」調査の回答を比較し，肯定化していれば「思うようになった」，一致していれば「変化なし」，否定化していれば「思わなくなった」とした。以降の集計方法も同様である。

　まず，「長期勤続志向」について。図7-3の「「そう思う」の割合推移」で確認できるように，学科によって多少の違いがあるが，多くの学生は長期勤続を志向している。学年上昇による変化は小さい。また，同図「個人内変化」から

わかるように，在学中は「変化なし」が最も多い。

　次に，「転職スキルアップ志向」について。**図7-4**の「「そう思う」の割合推移」をみると，どの調査時期においても「保育・介護福祉」「自動車整備」に比べて「理美容」の肯定的回答が目立つ[2]。しかし，同図「個人内変化」をみると，「理美容」では「思うようになった」と「思わなくなった」が多い。在学期間を通して意識は収斂していくのではなく，転職を好む者と避ける者に分化している。

　「独立志向」についても，「保育・介護福祉」「自動車整備」に比べて「理美容」の「そう思う」割合が高い（**図7-5**）。自分の店を開くことや親の店を継ぐことなどが想定されているのだろう。とはいえ，「個人内変化」によれば「思わなくなった」が「思うようになった」を凌ぎ，3割を超えている。必ずしも皆が独立志向を高めているわけではない。後述する「収入不安」と重ねて解釈すれば，自店舗を経営するより安定した会社で「雇われ美容師」として働くことを希望する者の存在が推察される。

　図7-3から**図7-5**で興味深いのは，「理美容」の特徴が顕著に表れていることと，「理美容」の長期勤続志向，転職スキルアップ志向，独立志向のいずれもが相対的に高い値を示していることである。長期勤続による内部労働市場での能力開発や昇進と，外部労働市場における転職を通じたキャリアアップは，反対の，あるいは排他的（トレードオフ）な関係と理解されるかもしれない。先行研究でも調査回答者のキャリア観は「一社勤続型」と「転職・独立型」に分割して分析され，専門学校卒の女性の69.8%が前者，26.7%が後者であるとされている（岩脇2022b）。ところが，本調査の「理美容」女子の回答によれば，一方のキャリア観が高く，他方のキャリア観が低いという，排他的な関係にあるわけではないことが読みとれる。これはどのように解釈できるだろうか。

　例えば，キャリアの初期には「転職スキルアップ志向」であるが，一定の職業経験や年齢を重ねたのちには特定の会社や店舗への定着を望み「長期勤続志向」となる，つまり段階性を想定すれば，これらのキャリア観は必ずしも排他的でないかもしれない。しかもこれらのワークキャリア観の両立は，「保育・

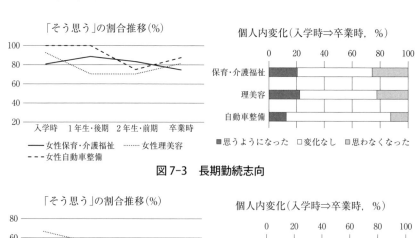

図7-3　長期勤続志向

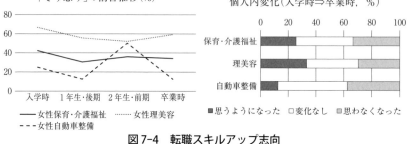

図7-4　転職スキルアップ志向

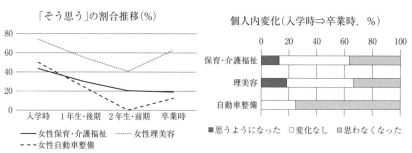

図7-5　独立志向

介護福祉」「自動車整備」では明確でない。これらのことは，キャリア観を択一回答で排他的にとらえない質問紙設計と，専門学校を一枚岩でとらえず学科別に分析したことで見えてきた重要な知見だろう[3]。

　ところで，専門学校を含めた短期高等教育機関を卒業した女性の早期転職希望が男性よりも高いことの背景には，結婚・出産といった家族形成フェーズで

の働き方への予期があると指摘されている (岩脇 2017)。しかし，本研究が質問紙調査と並行して実施した在学中インタビューでは「結婚のことはまだ考えていない」「将来的には結婚したいが具体的にはまだわからない」などの曖昧な語りが多かった。先行研究が調査対象としてきた専門学校卒業者とは異なり，在学者の多くは結婚・子育てなどのライフイベントに直面していないため，ワークキャリアに関する在学中からのジェンダー社会化を大きく見積もることには慎重さが必要かもしれない。

とはいえ，学科カリキュラムが接続する業種や職種の働き方イメージを，結婚や子育てとともに展望する女子学生もいた。保育系学科のある女子学生は「ほんとは最初パティシエになるっていうので。けど，やっぱもう結婚したら厳しいじゃないですか？子どもができちゃったらもう。当分できなくなるから，保育士やったら，小規模やったら自分のところに預ければ，いい」(A-9, 2年次)と語り，結婚後も保育士を続けることに意欲的であった。また，美容系学科に在籍するある女子学生は，就職予定のサロンに「5年ぐらい…おったら，自分で(店を)開けたい」と独立志向を語ったが，それは「結婚して，お家住んで，その一室？マンションなり一軒家なり，住んどる所の一室をサロンみたいな感じに，自宅サロンみたいな感じにしたい」(C-7,2年次)というように，ライフイベントの影響を見越してワークキャリアを展望していた。

4.2　職業生活に関する不安

次に，職業生活に関する不安について，質問項目が設けられた「1年生・後期」調査から「卒業時」調査にかけての回答の変化を概観する。

まず，図7-6から図7-9にかけて全体的にいえることは，どの学科の女子学生も職業生活に関する不安は小さくない，ということである。とくに，「保育・介護福祉」や「自動車整備」に比べて「理美容」の学生が，さまざまな不安を抱えやすいようである。他方，個人内変化をみると，どの学科でも不安を増大させている者が一定数存在し，とくに「自動車整備」でそのような女子学生が多い。

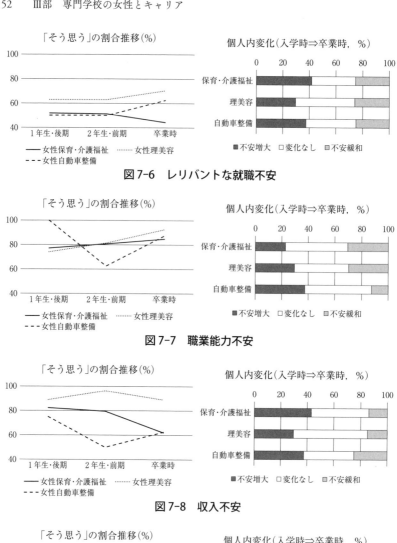

図7-6 レリバントな就職不安

図7-7 職業能力不安

図7-8 収入不安

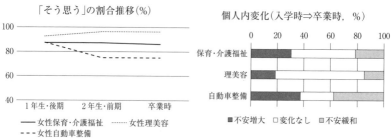

図7-9 人間関係不安

具体的な項目を見ていこう。第6章でも取り上げた「レリバントな就職不安」（「学校で学んだことを活かせる仕事に就けるか」）は，「保育・介護福祉」「自動車整備」に比べ「理美容」がやや高い。学科全体をみると安定推移しているように見えるが，個人内変化をみるとすべての学科で不安増大，不変，不安緩和が拮抗しており，学科内でも一様ではない。

「職業能力不安」（「きちんと仕事ができるか」）は，全体的にどの学科でも在学中にやや増大している。「自動車整備」の女子学生は，入学時の大きな不安を在学中に緩和する側面もあるが，卒業時には再度大きな不安として意識するようである。

「収入不安」（「生活するのに十分な収入が得られるか」）についても「理美容」の学生の不安が大きい。個人内変化をみると他学科でも不安を増大させた者は多いが，各調査時点での「理美容」の平均値は相対的にも絶対的にも高い。この業界で意識されやすい競争や流行といった流動性，不安定性などのイメージが，彼女たちの経済的な不安の緩和を許さないのかもしれない。

「人間関係不安」（「職場の人たちとうまくやっていけるか」）は，どの学科でも大きな不安要素であるが，これも「理美容」において不安を抱いている女子学生が相対的に多いようだ。

4.3 ライフキャリア観

では，上でみた職業や仕事に関することがら以外の将来の生活について，女子学生たちはどのように考えているのだろうか。第6章で述べたように，本調査では「家族プライベート重視」（「仕事よりも，家庭やプライベートを大切にしたい」への回答），「やりたいこと重視」（「生活が多少貧しくなったとしても，自分の好きなことをしたい」への回答），「同調志向」（「人と違うことをするよりもみんなと同じことをしたい」への回答）の3つのライフキャリア観について尋ねた。結論からいえば，これらの意識からは学科の違いよりも女子学生の共通性が浮かび上がってきた。

「家族プライベート重視」の意識は，どの学科でも在学中に増加する（図

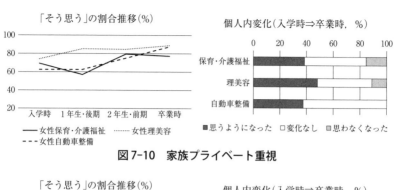

図7-10　家族プライベート重視

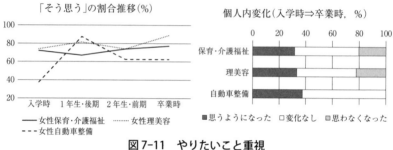

図7-11　やりたいこと重視

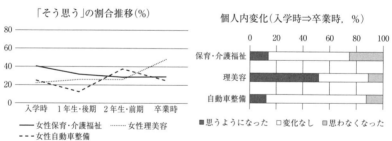

図7-12　同調志向

7-10)。「個人内変化」をみると「思うようになった」割合がどの学科でも大きい。彼女たちは専門学校で職業的知識・スキルを学習しながら，職業をすべてに優先させたいわけではない。

「やりたいこと重視」では，「自動車整備」の入学時調査を除き，どの学科の女子学生もやや高い水準で安定推移している（図7-11）。同図「個人内変化」ではすべての学科で「変化なし」が多数派で，生活水準の向上より自身の興味・

関心のあることに熱中したいという意識が高いことがわかる。ただし，この項目は必ずしも職業生活に限定した質問ではないため，職業的な自己実現を重視しているかどうかは明言できない点に留意が必要である。それでも，先行研究で示されてきた現代若者の自己実現志向（溝上 2004 など）が本調査でも確認されたといえるだろう。

「同調志向」は上記 2 つに比べると全体的にやや低い水準で推移している（図7-12）。「個人内変化」をみると，とくに「理美容」で「思うようになった」の割合が大きい（51.9％）。美容業界は各店舗や個人が競争や流行の最先端でしのぎを削り，個性を発揮して生き残っていくようなイメージが流布しているかもしれない。しかし「理美容」の女子学生たちは，在学期間中にそうしたイメージとは異なる働き方をも展望するようになっている可能性がある。あるいは，働き方に限らず広く生き方に関する意識として解釈するなら，個性的な生き方よりも社会的に「標準的」「一般的」とみなされるライフコース，例えば児美川（2013）のいう「ストレーター」のような，入学，卒業，就職，継続就労のプロセスを間断なく経験することや，乾（2010）のいう「戦後日本型青年期」を経験すること——在学中は家庭と学校に守られ，卒業後は，企業社会に包摂された男性会社員に扶養される——を理想視するようになるのかもしれない。とくに女性の場合，それは性別役割分業に適応していくこととも関連しているだろう（第 6 章を参照）。

4.4　社会意識

最後に社会意識に関して，本調査では「大卒有利意識」（「大卒の方が就職に有利だと思う」）と，「自己責任意識」（「自分の希望する仕事に就けなかったとしたら，自分の努力が足りなかったからだと思う」），「性別役割意識」（「男性は仕事をして家族を養い，女性は家庭と家族の面倒をみるべきだ」）という 3 つの項目で尋ねた。「性別役割意識」については第 6 章で詳細に検討したので割愛し，残りの「大卒有利意識」と「自己責任意識」について見てみよう。

就職における「大卒有利意識」は専門学校女子学生にも一定程度流通してお

り，在学中に「思うようになった」者の割合も小さくない（図7-13）。「理美容」と「自動車整備」で「思わなくなった」者の割合がやや大きい理由として，職業資格による排他的な労働市場を理解していくことや，大卒者にはない職業的な知識・スキル等の獲得による自己効力感の向上などが考えられる。ただし，「理美容」では「思うようになった」者も3割近くおり意識は分化している。逆に「保育・介護福祉」で「思わなくなった」者が少ないのは，「幼稚園教諭」「保育士」の資格を有する大卒者との競合や職業的な知識・スキルの差を意識して，自身の学歴を低く評価することを意味しているのかもしれない。女子学生の回答から，専門学校卒という学歴の意味が分野によって異なりうることが示唆された。

「自己責任意識」を有する女子学生は，学科を問わず多い（図7-14）。「個人内変化」をみるとどの学科でも「思わなくなった」者が少なくないが，「理美容」では約3割の女子学生が「思うようになった」に該当している。ある女子学生

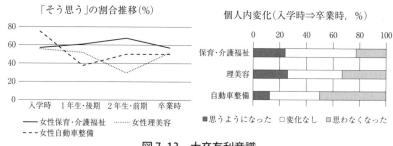

図7-13　大卒有利意識

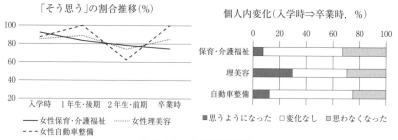

図7-14　自己責任意識

が，「サロンに入ったら，接客になるし，まず自分の技術を上げてからじゃないと，お客さんが付けれんけん，ちゃんと練習したい」「自分のお客さんが付いてきだしたら，（自分の店を）「開けるんですよー」みたいな感じで，進めていって，がいいですね」（C-7，2年次）と語っているように，理容師や美容師など労働者個人が顧客を獲得していくような職種では，個人的な努力とキャリアの成否を結びつけて考えるようになるのだろう。

5. 結果のまとめ

　本章では，専門学校在学中に実施された質問紙調査への回答から，在学時の意識の変化も含めて，キャリア展望の諸相を明らかにしてきた。以下では，とくに女子学生に焦点をあてて結果を整理しておきたい。

　第1に，女子学生の職業希望の形成時期は「保育・介護福祉」，「理美容」，「自動車整備」の順に早い傾向にあった。保育士や介護福祉士を中心とする介護士，美容師などは女子学生にとって幼少期よりイメージしやすい職業であり，比較的早期から職業希望が形成されている。対して，自動車整備士など工業系職種が選択肢に入ってくるのは相対的に遅い可能性が示唆された。

　第2に，職業観については，具体的な職業希望は違っても専門学校女子学生が仕事に求めるものには共通点が多いことが明らかになった。ただし，仕事とプライベートの両立を諦める者が現れたかのような傾向も看取された。地元での就職希望は学科ごとに異なっており，「理美容」女子は地元にこだわらない者が多かった。

　第3に，実際の就職地域について，「保育・介護福祉」は県庁所在地やそれ以外の多様な地域で就職していたが，「理美容」の学生は多くが都市部で就職していた。どこで初期キャリアを開始するかには，各業界・各職種の特質が反映されていたと考えられる。

　第4に，ワークキャリア観について，長期勤続志向が強いのはどの学科にも共通していたが，「理美容」では転職スキルアップ志向と独立志向も相対的に

高かった。当該学科ではこれらが必ずしも排他的なキャリア観ではなく，段階的なキャリア観として解釈できる可能性を提示した。

第5に，職業生活への不安については，全体的には「理美容」女子の不安が大きいことが明らかになった。とくに「学校で学んだことを活かせる仕事に就けるか」と「生活するのに十分な収入が得られるか」という点で他学科よりも不安の程度が大きい。しかし個人内変化をみると，どの学科でも不安を増大させる者は少なくなかった。

第6に，ライフキャリア観については，家族プライベートや「やりたいこと」を重視するとともに，みんなと同じような生き方・働き方をしたいという同調志向もある程度有しているという，学科間で共通した意識が確認された。しかし，個人内変化には学科の特徴が表れており，「理美容」女子では同調志向を高める者が多かった。

第7に，社会意識について，大卒有利意識は卒業時に各学科で似たような数値を示したが，個人内変化の傾向は学科によって異なっていた。それは大卒者との競合の有無によるのかもしれない。自己責任意識や性別役割意識（第6章を参照）も各学科で似たような数値を示したが，いずれも「理美容」で「思うようになった」者が相対的に多かった。

以上の結果から，学科間で共通した女子学生の意識傾向がいくつも確認された。とくに職業観やライフキャリア観では，在学期間を通じて似通ってくる意識が複数見受けられた。それらは調査協力者たちの世代に共通するものとして，あるいは学科を問わず専門学校という場の経験として，把握されるべき意識といえるかもしれない。他方，学科に応じて異なる意識傾向も明らかになった。地元志向の強さやワークキャリア観，職業不安の程度などは，各業界の特質に対応している可能性が示唆された。個人内変化の傾向に学科の特質が表れていたものもある。

本章が明らかにしたようなキャリア意識のもと，専門学校女子学生たちは職業世界へと移行し，ときには地域を移動していく。次章以降，彼女たちの卒業後初期キャリア形成の過程を描いていこう。

注

1) 例えば，工業高校などで学ぶ女子生徒たちを調査した尾川・尾場（2023）は，幼少期より工業系職種を希望していた女子生徒の事例を紹介している。
2) 個人内変化から，転職スキルアップ志向高めている「保育・介護福祉」の学生も一定数確認できる。とくに保育系では「自分の理想とする保育ができるか」が就職先の選択や勤続において重要視されているようだ。詳細は第8章を参照されたい。
3) 岩脇（2022a）では，他学歴女性と比して，20〜24歳の専門卒女性のキャリア観では「一社勤続型」は最少で「転職・独立型」が最多だが，30〜34歳では「一社勤続型」が最高水準になり「転職・独立型」が最低水準であることを示している。ただし，年齢階級によるキャリア観の違いが世代効果なのか，加齢効果なのかは明確に判別できない。

引用・参考文献

乾彰夫，2010，『〈学校から仕事へ〉の変容と若者たち―個人化・アイデンティティ・コミュニティ』青木書店．

岩脇千裕，2017，「新卒採用正社員の早期転職希望の背景」労働政策研究・研修機構編『「個人化」される若者のキャリア』JILPT 第3期プロジェクト研究シリーズ No.3：79-118．

岩脇千裕，2022a，「日本的雇用システムと若者のキャリア形成」労働政策研究・研修機構編『非典型的キャリアをたどる若者の困難と支援に関する研究』労働政策研究報告書 No.214：18-42．

岩脇千裕，2022b，「専門学校新規学卒者の修飾語3年以内離職の背景」労働政策研究・研修機構編『非典型的キャリアをたどる若者の困難と支援に関する研究』（労働政策研究報告書 No.214）：43-80．

児美川孝一郎，2013，『キャリア教育のウソ』筑摩書房．

真鍋倫子，2011，「専門学校卒業の効果」『教育学論集』53：55-72．

真鍋倫子，2016，「女性のキャリアに対する専門学校卒業の効果―就業構造基本調査の分析より―」『教育学論集』58：55-75．

真鍋倫子，2022，「ファッション・調理系専門学校の生徒の進路選択」『教育学論集』64：231-250．

溝上慎一，2004，『現代大学生論―ユニバーシティ・ブルーの風に揺れる―』NHK出版．

尾川満宏・尾場友和，2023，「工業系女子のキャリア形成―学校学科選択の経験に着目して―」『教育学研究紀要（CD-ROM 版）』68：354-359．

労働政策研究・研修機構，2018，『「日本的高卒就職システム」の現在―1997年・2007年・2017年の事例調査から―』（労働政策研究報告書 No.201）．

8章 キャリア形成と地域移動
——保育系と美容系における仕事と地域

上地香杜

1. はじめに

　本章では，専門学校卒の女性のキャリア形成について，職業と地域の関係性に着目して考察する。ここでは，保育士や幼稚園教諭に就職した保育系と美容師やメイク関連の職に就職した美容系を対象として，それぞれの職業における地域移動の有無に着目し，両者の職業と地域の関係性についての認識を比較検討することを通して，キャリア形成と地域移動の関係性を明らかにする。

　地域移動と職業（キャリア）の関係については，所得や世帯収入に着目した経済学的な要因からのアプローチ（太田 2007，朴澤 2014 など）が多い。そこでは，地域移動によって得られる所得の増減と，都市／地方に住むことで得られる財やサービス等といったものもあわせた便益がどの程度見込まれるのかといった点を中心として議論がされている。一方，本章では，主に就職時に地域移動を経験している若年女性（未婚）に注目する。分析の主眼は，彼女らが働くことと，働く場所をどのようにとらえているのか，ということである。客観的に測られる便益などの指標ではなく，インタビューデータをもとにして，個人が地域に対してどのような考えを持ち，そのうえで自身のキャリアをどのようにとらえているのかを明らかにする。

　とくに，本章が着目するのは地方の若年女性である。地方の女性については，地域の人口の増減に影響を与えることから，人口減少社会においてはその動向が注目される。人口減少という社会問題を背景として，近年では男女を問わず地方に住む若者に焦点をあてた研究が蓄積されてきている（轡田 2017，石井・宮本・阿部 2017 など）。しかし，これらの研究では一部高校卒業時の地域移動

には着目されているが，基本的には地方に定住している若者が対象である。また，女性という対象では結婚というテーマが結びつけられており，未婚女性もしくは女性一般のキャリア形成という視点が欠如している。同時に，第3次産業への就業が予想される専門学校卒という学歴についても地方，もしくは女性という観点からは看護といった特定領域を除いては，研究対象として除外されてきた。

そこで，本章では地方出身の保育系もしくは美容系専門学校を卒業し，保育系・美容系職に就く若年女性に着目し，キャリア形成と地域移動の関係性を彼女らの認識に着目して明らかにする。

2. 保育系職業と地域移動

まず，保育系職業から見ていこう。我々の実施した調査から，専門学校入学前の居住地域と就職先の地域を整理したのが**表8-1**である。これによれば，X県（学校A），Y県（学校B）の県庁所在地，その他県内出身者，県外出身者のいずれも，専門学校入学前の居住地域と就職先の地域が同じ者の割合が最も高い。少なくとも，入学以前から馴染みのある地域を中心に就職先を選んでいる様子がうかがえる。いわば，「見知った土地」で働くことを選んでいるのである。

インタビューデータを見ると，保育系職業を希望する対象者の多くは在学時から自分が「見知った土地」で働くことを希望していた。

表8-1　入学前地域×就職先地域

（保育系　数値：％）

専門学校入学前の居住地域	就職先の地域			
	X県・Y県の県庁所在地	X県・Y県内（県庁所在地を除く）	X県・Y県外	合計（N）
X県・Y県の県庁所在地	93.3	0.0	6.7	100.0 (15)
X県・Y県内（県庁所在地を除く）	36.1	63.9	0.0	100.0 (35)
X県・Y県外	0.0	50.0	50.0	100.0 (4)

調査者：じゃあえっと将来働きたい場所っていうのは例えば地元で働きたいとか，Z市で働きたいとか，いや，東京行きてえとか，(中略) なんかそういうのってありますか？

B-4：いや，いま地元で働くか，Zで働くかで (悩んでいる)。

(在学第1回インタビュー)

B-4は都市部で働くという選択肢はなく，地元や専門学校があり，Y県の県庁所在地であるZ市周辺が選択肢にあがっている。ほかの対象者も，働く場所については「それまだ悩んでて，帰ってもいい保育園はあるし，こっちにもいい保育園はあると思うし」(B-6：在学第1回インタビュー) として，見知った土地をあげており，いわゆる都市圏での就職を希望する者はみられなかった。その背景には，経済的要因があげられていた。ほかにも，4章で示したように，実習園にそのまま就職するといったルートも存在しており，自分の見知った土地や環境で保育者としてのキャリアをスタートさせる傾向が読み取れる。

実際に，「見知った土地」で働き始めた彼女らは，地元で順調に保育者としてのキャリアをスタートさせている。A-4とA-9の二人は中学校の同級生で，同じ専門学校を卒業し，A-4は幼稚園教諭，A-9は保育士 (他園への転職経験あり) として働いている。A-4は，専門学校も実家から通い，就職した幼稚園にも実家から通勤している。A-9はA-4と同様に専門学校在学時から実家暮らしだったが，卒業後2年目で一人暮らしを始めた。しかし，実家から30分程度の場所に住んでいる。二人はもともと友人だったこともあり，二人の許可を得て，卒業後インタビューは同時に実施をしている。彼女らに「どんな保育士／幼稚園教諭になりたいか」と聞くと次のように語った。

A-4：いろいろ幼稚園で決められてることが多いんですよ。これを作りなさいとか，年長だとこれをやりなさいとか，(中略) なんて言えばいい？

A-9：臨機応変さがしっかりある。

A-4：こういうのを作らなきゃいけないけど，(子どもが) こういうことして

みたい，この作品にこういうのを描きたいとか，ここ切ってみたいっていうのも，いまはそれがやっていいのかわかんないから，ちょっとそれはやめようねって言っちゃうけど，年数重ねてって，そういうのもいいね，おもしろいねって言って。個性が出るじゃないですか，そういうのをやると。そういうのを引き出していけるような保育士，幼稚園の先生とかになれたらいいかなと思います。

（卒業後3年目インタビュー）

　A-4は園でのルールを理解しながらも，子どもたちの「やりたい」という意欲を引き出せるような保育者になることを目指していた。彼女に一人暮らしをしたいかどうかをたずねると，「疲れて，帰ってきて，今は家に帰ればご飯が出てくるし，ちょっと朝寝過ごしても，「時間だよ」って起こしてくれるっていう，安心感があるので。」（卒業後1年目インタビュー）として，これからも実家暮らしを続けていく予定であった。彼女が考えている保育者像とつなげて考えると，このまま地元で生活をしながら，地元の園で働き続けることの延長線上に，理想の保育者の実現を考えているようである。

　一方，A-9は自身が幼少期に受け持ってもらった保育士をロールモデルとして次のように語った。

A-9：自分2歳の記憶あって，2歳のときに教えてくれた先生覚えてたんですよ。（その先生と）前の職場でいっしょだったんですけど，（中略）そういう感じの先生になれればいいかな。いま教えてる子たちが，あの先生覚えてるってなれるような先生になりたいなって思います。

調査者：A-9さん自身はどういうとこ，ただ顔を覚えているっていうよりかは，なんか具体的なことを覚えてたの？

A-9：なんで覚えてたかいまいちわかんないんですけど，（中略）会ったときに「○○ちゃんだよね」って言われて。「4月29日の○○ちゃんだよね」って言われて。

A-4：誕生日まで覚えてるの？　すごい。

調査者：誕生日覚えてんの？

A-9：って言われて，自分もこんな先生になりたいなって思って。（中略）ちゃんと（子どもたちを）覚えてられる先生になりたいなって思いました。

(卒業後3年目インタビュー)

　上記のようにA-9は，幼少期にかかわった教員との経験をもとに，子どもたちが「覚えている」先生であり，子どもたちを「覚えてられる先生」をなりたい保育士として語ってくれた。「以前と比べてなりたい保育士像に変化があったか」と聞くと彼女は，「あんま変わらないかな。その人が頭の中にあったので，保育士といったらこの人って頭の中にあったんで」（A-9　2022年8月）として，自分のことを覚えていた保育士がロールモデルであったと語っている。この経験を紐解いてみると，彼女が思い描いていた先生と再会できたのは，彼女が地元に残り，地元の保育園に就職したからである。自身のことを覚えていたことは，就職してから知ったわけであるが，専門学校在学中から当該教員のことは頭にあり，理想としていた。彼女は卒業後2年目から一人暮らしをしているが，実家からは車で30分程度の距離に住んでいる。インタビューは彼女の地元で行ったが，インタビューの前後に実家に立ち寄って，食材を分けてもらう旨を話しており，実家との関係も良好なようである。地域移動についても，県外に出ることは考えていない様子であった。つまり，彼女もまた，地元に残って，自身の理想とする保育士像を目指してキャリアを継続させていくようである。

　彼女らの保育者観をみると，特定の場所に準拠した像というよりは，保育士として子どもとのかかわり方に重きを置いている様子がうかがえる。子どもの個性を引き出すことや，子どもに覚えられる，また子どもを覚えていられるくらいにしっかりとした信頼関係を持った保育者を目指している。その根底には，彼女らは生活基盤の安定している地元でキャリアを形成できているという要素が考えられる。将来の結婚などについて聞くと，二人とも結婚願望はあったが，具体的に考えているわけではなく，将来的にも地元を中心に生活することを語っ

8章　キャリア形成と地域移動　　165

てくれた。生活の基盤ができている地域で，彼女らはキャリアを継続させていくのである。

3. 美容系職業と地域移動

　次に，美容系職業について見ていこう。調査の結果（**表8-2**参照）をみると，卒業後の就職地域が県庁所在地に就職した者と，県外に就職した者の2つに分かれている様子がみられる。県外の就職地域は，東京都，大阪府，京都府，神奈川県など都市部が多い。また，美容系職業は，大きくメイク系と理美容師系に分けられ，県外の就職先を選択しているのは理美容系が中心となっていた。

表8-2　入学前地域×就職先地域

（美容系　数値：%）

専門学校入学前の居住地域	就職先の地域			
	X県・Y県の県庁所在地	X県・Y県内（県庁所在地を除く）	X県・Y県外	合計（N）
X県・Y県の県庁所在地	70.0	0.0	30.0	100.0 (10)
X県・Y県内（県庁所在地を除く）	66.7	0.0	33.3	100.0 (12)
X県・Y県外	50.0	0.0	50.0	100.0 (2)

　ここでは，メイク系として化粧品販売職員（ビューティーアドバイザー，以下BA）と美容に関するスキルを必要とする「スキル職」であるアイリストの事例，理美容師系として美容師の事例をそれぞれ取り上げ，職業と地域の関係性を見ていこう。

3.1　メイク系と地域移動

(1) BA

　まず，BAを希望する学生について整理する。BAの職場は，おもにデパー

ト内にある化粧品売り場，化粧品店，ドラッグストア等である。4章で示したように，デパートでのBAには企業採用とデパート採用があり，企業採用のBAは難易度が高いとされている。BAを志望する学生に，働きたい企業や地域についてたずねると，以下のように語っている。

C-7：でも県外もいいなと思うけど，やっぱ。うーん，地元もいいなと思う。
　　○○○（大手百貨店）とかがいいなあと。
調査者：○○○だったらどこでもいいってことかな？
C-7：東京か，大阪に行きたいなって。
調査者：やっぱ，都会が。
C-7：いいな。
調査者：何で都会がいいなあと思うの？
C-7：うーん，なんか都会に住むのが憧れ。

（在学第1回インタビュー）

　彼女は大手百貨店でのBAを希望していた。大手百貨店は全国展開をしており，学校CがあるZ市にも店舗がある。しかし，彼女は「都会に住むのが憧れ」として，東京や大阪といった都会での就職を希望していた。彼女には，在学時にもう一度インタビューを実施しており，2回目のインタビューは2年生の9月に実施した。この時点で彼女は就職先が決まっておらず，自分の「好きなメイクの方に進みたい」として，引き続きBAを希望して就職活動を続けていた。ただ，希望する場所については変化が見られた。

調査者：地元がいいとかなんかそういう場所はなんかこうこだわりありますか？
C-7：うーん，どっちでもいいかなっていう。
調査者：あー。なんか今応募してるところは，実家から通えるとこなんですか？
C-7：あっ，今のとこ，うん地元。（中略）

調査者：やっぱ働く場所についてとくにこだわりはないですか？一人暮らし
　　でもいいとか，絶対実家から通いたいとか。

C-7：うーん，最終的には家出て，違うとこに住みたいなあって思う。

(在学第2回インタビュー)

　2回目のインタビューでは，「都会」に出ていくことに対してはトーンダウ
ンし，地元を中心に就職活動をしていた。「家（を）出て，違うとこに住みたい」
として地域移動については希望としてはあるが，積極的に「都会」に出ていく
ために手だてを講じているわけではなかった。求人票を見ているのもドラッグ
ストアが中心だと語っており，当初のデパートでのBA職はこの時点では考え
られていなかった。4章で示したように，デパートでのBA職に就職すること
は難易度が高いことを踏まえると，2回目のインタビューデータからは就職活
動がうまくいっていない様子がうかがえた。彼女のインタビューからは，当初
は華やかな「都会」でデパートのBAを夢見ていたが，就職活動を経て，現実
的な近隣の職場でのBAへと希望を変更していった様子がみえてくる。

(2) アイリスト等の「スキル職」

　次にメイク系の一つとして，アイリストと呼ばれる「スキル職」をとりあげ
る。アイリストは，その名の通り，目元の施術をする「スキル職」であり，主
にまつ毛エクステ（まつエク）やまつ毛パーマを担当する。まつエクなどの施
術には，美容師免許が必要になる。メイク系では，都会のデパートでのBAを
志望し，都会への移動志向が語られていた。しかし，のちに現実的にはBAに
なれる地元での就職にトーンダウンする姿がみられた。都会で働くこととBA
として働くことは必ずしも同一視されておらず，地域と職業の関係性は希薄で
あった。一方，アイリストを志向する対象者の語りでは，働く場所と職業が密
接にかかわりを持つ様子がみられた。

C-5：自分で将来的には，自分のサロンを持ちたい。自宅サロンとか，そう

いうのにしたいんで。

調査者：じゃ，ちなみに，うーんと，自分のお店出したいとおっしゃいまし
　　　たけど，場所ってどこがいいですか？

C-5：場所は，Ｚ市ですかね。やっぱ。大阪も，いいなと思ったんですけど，
　　　まあ，一応大阪の，技術とか，やっぱＺ市と違う技術学んで，こっち帰っ
　　　てきて，で，まあ，その，技術を生かせたらいいなと思って。え，Ｚ市に
　　　はない技術とか。

（在学第２回インタビュー）

　C-5は，地元で自宅サロンを開業することを具体的な目標として掲げている
が，そのためには大阪に行く必要があると語った。その理由として，大阪には
「Ｚ市にはない技術」の存在をあげ，それを身につけたうえで，独立開業する
ことを目指している。この認識をした下支えしているのは，先輩の実例である。

C-5：３つ上の先輩が，もう，Ｚ市で（サロンを）開いとって，

調査者：ほー，早いですね。

C-5：そう。２年ぐらいその，東京のサロンで店長しよって，で，こっち来
　　　て開いてみたいな感じやったんですよ。

（在学第２回インタビュー）

　C-5の語りによれば，年の近い先輩が東京で技術を身につけ，サロンを開業
しているという。その姿は，自分も都会で技術を身につければ，独立できると
いう具体的なキャリアモデルとなり，自身の数年後の姿を想起しやすくさせて
いると考えられる。さらに独立開業は，将来結婚や子育てをすることも想定し
たうえでの構想であった。

調査者：じゃあ，何で持ちたいんやろ，自分の店を。

C-5：やっぱ，まあ，結婚して子供できてってなった時に，やっぱ，自宅で，

おれて，仕事もしながら，まあその家庭のこともできる，っていうところがいいなあって思って。

(在学第2回インタビュー)

　まつエクであれば，子育てと仕事の両立が可能になるということについては4章においても検討している。彼女たちにとっては，自分で店を経営しながら，子育てをすることは将来構想の中に具体的に入っており，それが実現できる仕事としてアイリストをとらえていた。

　ここで，彼女たちが持つ「都会」への認識についてもう少し考察したい。先にあげたC-5の語りでは，Z市よりも「都会」に行くことが重要視されており，都市度の比較軸はZ市であった。「より都会に行くこと」は，彼女らが技術を身につける場所として適切な場として認識した「都会」で技術を身につけることがキャリア形成のうえで重要だと考えているからである。一方，「都会」に対して語られたY市（＝地方）は，彼女にとって独立して店を出す場所であった。つまり，彼女にとって「都会」は初期キャリア段階で技術を身につける場所であり，それに対する「地方」は自分が独立して，培ってきた技術をもとに店を経営していく場所なのである。加えて，独立した店については，将来的な家族構成についても言及し，子供がいても働くことができるかどうかも考えている。こうした考えを見ると，彼女は自身のキャリア段階に応じて，特定の地域に意味づけをし，キャリア段階に応じた地域移動を考えているといえる。

3.2　美容師と地域移動

　メイク系における地域移動をみると，BA職は都会を夢見ながらも地元への販売員へと希望を変更したのに対して，アイリストを目指す技術職では技術を身につける場所として，積極的に「都会」に出ることが重要視されていた。次にみる美容師では，BA，メイク系よりも，顕著に「都会」への移動志向がみられた。

(1)「都会」でのスキル獲得と「地元」での独立

C-6：とりあえず働いて，3から5年ぐらい働いてから自分の店は絶対出したい。(中略)都会で，1回修行積むことも，してみたいし。都会はお店も多いし，Y市も多いんですけど，やっぱり都会の方が。(中略)いろんな技術とか接客とか勉強できる。

(在学第2回インタビュー)

C-1：(店を)持ちたい。1回はまあ県外出といて，地元(Y県外)に戻ってきてしたいなと。

調査者：すぐに地元に帰らずに，なんかこう意図があるんですか？

C-1：地元から出て来るときに，とりあえず出た意味がなくなっちゃうっていうのが，自分の中であって，せっかく出たから，もうちょっとこっちで踏ん張って，入ったほうが，いいのかなっと思って，もうちょっとこっちで力をつけてから帰りたいなって。

調査者：なるほどね。ここだったら，大阪とか福岡とかが，半都会として近い所で武者修行をしてみたいなことは考えなかった？

C-1：は，ないですね。一切ないです。

(在学第2回インタビュー)

　C-6，C-1はともに美容師志望である。上記の語りにあるように，メイク系と同様に，彼女らは自らの持つ都市度の比較軸(Y市もしくは地元)を参照して，より「都会」で技術を身につけることが将来的な目標である独立につながると考えている。そのため，「都会」は彼女らの夢を達成するための一時的な修業の場となっているといえる。ここでの「都会」とはいわゆる大都市圏(首都圏や関西)だけではなく，技術が身につけられると考えられる相対的な「都会」ということになる。「地元」で独立することに対しては，「小さいころからの夢」，「地元が好きだから。」(C-1)と語っており，「都会」で技術を身につけた後に，「地方」に帰ってきてから独立する，すなわち自ら店を持つことについても，

在学時から具体的な構想が考えられていた。

　このように「地方」から「都会」へ移動し，そこで技術を身につけ，「地方」で独立して自身の店を持つという「地方」と「都会」を循環する形でのキャリア形成が一つのモデルケースとして考えられる。

(2) さらなる技術を追い求めて

　卒業後に実施したインタビューでは，実際に働き出した彼女たちのキャリアについて聞き取りを行った。卒業後2年目のインタビューにて，C-4は今後のキャリア展望について次のように語っている。

　C-4：30，40（歳）になってくると，ま，ちょっとずつその，可能性っていうか，あれが狭まってくるんですよ，枠が。美容業，美容業界は基本的にその，ある程度年がいって役員？っていうか，店長になる人，オーナーになる人，マネージャーになる人，とか役職が付いてくる人が多いんですよね。で，それで役職で最終的に本部のほうにまで行って，基本は座って何かをしているとか。基本的にその，現場に立つ人って，若い人が多いんですけど。

　　　　　　　　　　　　　　　　　　　　　　　（卒業後2年目インタビュー）

　美容師のキャリア展開については，「20代後半で店長職に就くことが多い」ということがほかの対象者からも聞かれた。そのため，20代後半から30代にかけては美容師（技術者）としてのキャリアから，経営者としてのキャリアへの移行期であるといえる。先に示したように，彼女らのモデルケースとして「都会」で技術を身につけた後に，「地方」で独立した店を起業することがあげられる。現時点（最終インタビュー時点）でのインタビュー調査においては，「起業した」という対象者はいない。20代前半で，美容師としての初期キャリアである彼女たちが，どのように今後のキャリアを展望しているのか。ここでは，順調に社内カリキュラムを進め，スタイリストとしてのデビューを目前に控えるC-4へのインタビューデータから，キャリア展望と地域移動について見て

いく。

C-4は学校Cのある県出身で，高校は進学校に在籍していた。専門学校入学当初のインタビューでは，高校3年生で大学進学から専門学校進学への進路変更を行い，「先生とか親もびっくりしている間に全部決まりました」として，進学を決定した様子を語っている。専門学校では，美容師コースに在籍していたが「女の子を可愛くできれば何でもいいなって思ってて」として，将来的には美容師だけでなく，メイクやセラピストなども候補にあげていた。就職は県外である都市部の美容室に決定し，卒業後1年目インタビュー時点においては順調にカリキュラムをこなし，スタイリストへの道を進んでいた。そのなかで，将来構想については次のように語っている。

C-4：全然，機会があれば東京にも出てみたいし，大阪に引っ越してもいいかなと思ってるし，何か，薦められて，何か，どっか「どこどこに行ってよ」って言われたら，海外でも行ってもいいかなって思ってます。なんでも経験なんで，えへへ。現状維持をしたいわけじゃないんで，何か，ステップアップのために必要なのであれば引っ越したいって思ってます。(中略)条件がきちんと明記してあれば，そっちに行く可能性もあるっていう感じです。

調査者：ふーん。じゃあ仮にそれがZ市であるってなったらどうですか？

C-4：あ，帰ります。全然帰ります。(中略) 自分がやりたい所とか，って言うよりは，なんかやりたいことに対してしっかりなんかできる場所に行きたいって感じなんで。

(卒業後1年目インタビュー)

彼女は「都会」で技術を身につけて「地方」に戻るという単純な循環モデルではなく，さらに地域を移動する可能性が高いことや，移動先については彼女の考える「条件」が合うところであれば場所は問わない姿勢をとっていた。これは，彼女にとって「都会」であることは自分の技術（スキル）を身につける

場所であるが，「どこで働くか」よりも，「技術を身につけられる場所はどこか」ということが先立っている状況だといえる。彼女は，主要都市にあるサロンだから経験できることとして，「雑誌の撮影」や「ヘアショー」をあげていた。こうした経験は，地方在住の対象者からは聞かれなかった。人や文化が集積する「都会」だからこそ経験できるものなのであろう。そんな経験ができている彼女は「都会」にこだわらずに，自身が求める技術が身につけられるかどうかを軸に，将来構想を企てている。美容師としての技術を彼女は何よりも優先させながらキャリアを展望しているのである。

(3) 「都会」で考えたキャリア

次に取り上げるのは，当初からモデルケースに当てはまらない対象者の語りである。C-2は，都市部で美容師として働いているが，一貫して独立志向を持っていない。独立することに対しては「えー，なんかでも大変そうやなって思いますね。オーナーさんとか。まだそこまでは想像できてないですね。」(卒業後2年目インタビュー)として，興味を示していない。そもそも，彼女が都市部で就職したのは「友達が○○(現在の居住地)で就活するっていうから私も」といったように自ら積極的に行動して実現したものではなかった。彼女に将来的にはどのような美容師像を抱いているかを聞くと，以下のような語りが得られた。

C-2：私はもうバチバチの美容師っていうよりは，お客さんとなんか楽しくおしゃべりしながら，っていうのがよくって。なんで，なんか地域密着型とかアットホームな美容室のほうがどっちかっていうと働きやすいんやろうなと思って，この会社にしましたね。

調査者：「バチバチの美容師」っていうのはどういうイメージなん？

C-2：なんかインスタとかよく見るんですけど。お客さんをもうすごい綺麗なカラーして「カラーが得意です」って，なんか自分を売り出してる美容師さんとか，かっこいいなと思う。やっぱかっこいいな，憧れるなと思うんですけど，自分がなるのはいいかなって感じで。(中略)それよりはやっ

ぱお客さんとなんか楽しい時間が過ごせるようなほうがいいかなっていう。（中略）（転職したいということは）ないんですよね。なんかだから今の会社の雰囲気が，自分のなりたい美容師っていうのに近いから。逆に他の美容室に行くっていうのが怖くて。

（卒業後3年目インタビュー）

　彼女が形容した「バチバチの美容師」というのは，自身の技術力を積極的に発信している美容師である。彼女は自身の理想とする美容師像は，このような美容師ではなく，「お客さんとなんか楽しい時間が過ごせるような」存在だとする。これは，今後努力して成し遂げたい姿というよりも，現状での勤務を継続することで十分実現できそうな美容師像であった。実際に彼女は，コロナ禍でオンラインでの技術講習などが増えたというが，「（講習に出る）自信もない。」として，積極的に新しい技術を得ようとする姿はなかった。地域移動については次のように語っている。

C-2：全然なくって昔から。独立したい，自分でお店を持ちたいとかなくって。全然雇われでいいかなって感じで。ただちょっと最近思ってるのは，タイミングがあるならZ市帰って仕事するのもいいんかなっていうのは，ちょっとだけ思ってますね。

（卒業後3年目インタビュー）

　彼女からは一貫して積極的な独立志向や地域移動志向を持っている様子はうかがえない。むしろ「バチバチの美容師」を忌避し，それとは異なる自身の美容師像を作り出している。Z市へ帰ることも考えてはいるが，具体的な時期までは考慮されていない。現状，彼女にとっては偶発的な動機づけによって地域移動を経験し，移動先の職場で理想とする働き方を実現することができている。「都会」で技術を身につけるために修業をするといった様子は彼女からうかがえず，美容師としての技術を高めるというよりも，美容師としての仕事（施術）

を通した客とのふれあいを重視していることがうかがえる。一方で，彼女は同期よりもカリキュラムの進みは遅いが，決して技術が不足しているわけではなく，「お客さんからシャンプーをほめてもらえると嬉しい」と語っていることから顧客に満足してもらえるサービスを提供できる技術を有しているようである。彼女の状況は，一見するとスキルを追い求めた「都会」志向とは矛盾する考えのようにも思われる。しかし，彼女は高度なカラーやカットの技術を行う「バチバチの美容師」になることは求めていなくとも，接客も含めた美容師として必要な技術を「都会」で習得しているのである。偶発的に彼女は「都会」を選択したが，その後に地域移動は望まず，今の環境でのキャリアの継続を考えている。その意味では，前述した「技術を身に付けられる」場所を追い求めるC-4と同様に，自身の理想とする美容師像を実現できる場所を彼女は選択しているのである。

4. キャリア形成と地域移動

　本章では，保育系職業と美容系職業に就職した女性のキャリア形成について，彼女らが考える職業と地域の関係性に着目して分析を進めてきた。本章を通して示されたのは，それぞれの職業におけるキャリア形成と地域移動との関係性の違いである。

　保育士の地域認識について見ていくと，彼女らの想定では「都会」であるといった点は重要視されていない。あくまで，「見知った土地」である地元等で働くことを前提としており，自分の理解している地域認識の範囲内で働くことを前提としていた。4章にて，保育士を志望する学生は，基本的に職場に「近さ」を求めていることを示しているが，この「近さ」は物理的距離だけでなく，当人たちが認識可能な範囲という意味も内包しているといえる。「見知った土地」ならば，自身の生活基盤を安定させられることが予見できるし，「見知った」園ならばどのように働くかについても予見可能である。そうした場所で，彼女らはスキルを身につけ，保育者としてのキャリアを形成していくのである。

美容系職業では，働く場所を重視する語りが多くあった。とくに，「都会」への移動を志向する語りである。将来的な独立志向の強いメイク系職（アイリスト等）や美容師では，スキル形成と地域移動が強く結びついているものとして語られた。すなわち，当人らが希望する技術の獲得は特定の場所でないとできないことだと認識されているのである。結果的には地域移動を強く望まなかったBA職であっても，「都会」で働くことに対して意味づけを行っていた。BA職を希望する彼女が「都会」への移動志向を持たなくなったのは，BA職が地域移動せずとも達成できる職業であることが考えられる。技術職や美容師などのように，特定の場所でないと獲得できないスキルがあるわけではなく，販売員として働く環境が整備されていればその職業に就いてキャリアを形成することができるのである。この点は，保育士においても同様であり，キャリア形成のうえで特定の場所であることが持つ意味合いが職業によって異なっていることが考えられる。

　「都会」への地域移動を強く求めていたメイク系の「スキル職」であるアイリストや美容師では，求める技術が得られる場所で働くことが重要視されていた。それは，相対的に「都会」な場所であり，最先端の技術や「都会」ならではの撮影経験やショーの経験ができる場所である。この背景には，「都会」での経験をもとにスキルを獲得し，将来的に独立したいという彼女たちの将来設計がある。具体的に，独立して経営者となった先輩が過去に「都会」で技術を身につけている様子等をもとにして，自身が独立した店を持つために必要な手段として，「都会」への地域移動が重要なものとして考えられていた。ここで「都会」であることが重要視されているが，彼女らが最も重視するのは自分の求めるスキル（技術）を獲得できる場所であることであった。また，彼女らのインタビューにおいて，「都会」で独立を希望する者はいなかった。あくまで，「都会」はスキルを獲得する場という認識のようである。独立する場所はＺ市などの「地方」や「地元」であり，将来構想としては，「地方」や「地元」で美容師として働き続けることを念頭に置いていた。このことからも，スキルを獲得の場としての「都会」と，得たスキルを活用して生活をしていく「地元」

という彼女らの地域認識上の対比がうかがえる。

　一方，こうした美容系の「地元」で独立を志向するという傾向は，保育系が当初から「見知った土地」で働くことともつながる。保育系は，そもそも独立志向は低く（7章を参照），基本的に園に雇われる形でキャリアが続く。その前提を踏まえると，雇用形態の変化がなく，当初から生活基盤の安定を求めて「見知った土地」でのキャリア形成を考えている。美容系も独立して，誰かに雇われるわけではなく，自ら生活基盤を成立させていく時期になると，専門学校のあったZ市や「地元」といった「見知った土地」に価値を見出すのである。自身のキャリア段階と，それに応じたスキル形成ができる場所として，彼女らは「都会」や「地元」に意味づけを行い，保育系では地域移動をしない形で，美容系では地域移動を踏まえて，自身のキャリアを形作っていくのである。

　このように保育系・美容系の若年女性キャリアを見てみると，就「社」ではなく，スキルの獲得できる職場に就「職」している様子がみえてくる。保育系であれ，美容系であり，彼女らは自身の考える将来像を見据え，そのために必要となるスキルを希求していた。そのために必要なのは，一つの会社の枠ではなく，保育系・美容系職業のスキルを得られる場であった。このような経験を通して，彼女らは保育士，美容師，メイクの職業のキャリアを形成していくのである。

　彼女らが本章では，専門学校卒の若年女性を対象にして，彼女らのキャリア形成と地域移動について考察してきた。専門学校を卒業して得た保育系・美容系それぞれのスキルを獲得できる場所を求めて彼女らが地域移動を選択（美容系）・非選択（保育系）している状況が明らかとなった。こうしたスキル形成が特定の地域に由来するという視点を踏まえると，地域移動に対して所得や便益などの経済的な視点だけでなく，彼女らのスキル観や職業観を踏まえてより幅広い対象を分析していく必要がある。我々の調査では彼女らのキャリアの最初期を追っている状況である。今後も追跡調査を重ね，今後彼女らがどのようなキャリアを，どんな場所で重ねていくのか追いかけていきたい。

引用・参考文献

荒尾千春, 2020, 『美容師の人的資源管理：専門職と経営者のジレンマ』晃洋書房.

朴澤泰男, 2014, 「女性の地域移動歴と所得の関係について：優配偶者の学歴に着目した考察」『一橋大学大学教育研究開発センター年報』：47-70.

石井まこと・宮本みち子・阿部誠, 2017, 『地方に生きる若者たち』旬報社.

轡田竜蔵, 2017, 『地方暮らしの幸福と若者』勁草書房.

太田聰一, 2007, 「労働市場の地域間格差と出身地による勤労所得への影響」樋口美雄・瀬古美喜・慶應義塾大学経商連携21世紀COE編『日本の家計行動のダイナミズム〔Ⅲ〕経済格差変動の実態・要因・影響』慶應義塾大学出版会：145-172.

9章 保育系／美容系専門学校卒業生の初期キャリア

上地香杜・都島梨紗

1. はじめに

　本章では，保育系専門学校ならびに，美容系専門学校の女性卒業生の初期キャリアについて取り上げる。そのさい，本章では卒業生による語りの分析を通し，仕事のやりがいと結婚・子育てといったライフイベントに焦点をあててとりあげる。

　2章による分類では，本章で対象とする美容は衛生学科出身者に該当する。対して，保育士については，教育・社会福祉学科出身者が該当する。2章によれば美容師は「独立型」比率が最も高いことを示していたが，保育士は「転職型」の比率が最も高い。本章で取り上げる保育系ならびに，美容系の専門学校卒業生は，業界の風土として，そもそも一つの企業に勤め上げるような働き方が常態化していない可能性がある。

　保育士と美容師は，いずれも専門資格を要するサービス職である。両者の業界は，近年若年層の早期離職が問題視されている現状でもある。

　若年保育士の離職を扱った研究レヴューによれば，「保育者の賃金」や「やりがい搾取」が問題視されてきた（市原2021）。厚生労働省が実施する令和3年雇用動向調査結果によると，最も離職率が高いのは宿泊業・飲食サービス業の25.6％であるが，次いで美容師を含む生活関連サービス業・娯楽業の22.3％が続く。美容系専門職についても同様に，若年美容師の離職が課題となる状況である（荒尾2020）。

　前掲の市原純の研究でも，若年層の早期離職と人材不足に絡めて「やりがい搾取」が触れられている。本田由紀は「自己実現系ワーカホリック」と称しな

がら若者を「働きすぎ」にいざない，企業に都合よく「労働者から高水準のエネルギー・能力・時間を動員」（本田 2011：102）する状況が生み出されるという。

　ただし，上記の本田の主張に対し松永伸太朗は「趣味性」を例に出しながら「バイクを仕事で運転することに楽しさを感じる労働者自体が消え去ることは考えにくい」（松永 2023：243）とし，「労働者を自己実現に向かって『巧妙にいざなう仕組み』が具体的にどう作動しているのかという問題」（松永 2023：243）が重要だと述べる。そのうえで松永は，事例研究の知見を整理しながら職場の相互作用に目を向けることの重要性を指摘した。本章でも松永の指摘を引き受けながら，労働者である卒業生が，職場において経験していることに着目し，当該専門職としてどのように初期キャリアを形成しているのかを明らかにする。本章では，「やりがい搾取」のような状況に身を置いているとも位置づけられうる労働者の主観的な解釈に焦点を置くことで，当事者のとらえる「やりがい」とはどのような様相であり，転職や独立といった業界特有のキャリア形成の在り方が，労働者の主体的な初期キャリア形成にどのように関係しているのかを明らかにすることを目的とする。加えて，女性の卒業生による解釈に注目することで転職や独立の行動背景が労働領域のみでは説明できないことについても提示する。

2.　若年保育系専門職と美容系専門職の辞める理由・続ける理由

2.1　保育士の実態調査からみる辞める理由・続ける理由

　「令和5年賃金構造基本統計調査」より，保育士の平均年齢は38.1歳，平均勤続年数は，8.6年であった。「平均勤続年数」は「労働者がその企業に雇い入れられてから調査対象期日までに勤続した年数」（厚生労働省 2023）を指している。そのため，出産や育児を機に離職し，別施設へ再就職した場合を含めて，他施設に転職した場合は1年目からのカウントとなる性質のものである。この平均年齢と平均勤続年数を，企業規模ごとに比較してみよう。図9-1が示すように，保育士の場合は企業規模が大きくなればなるほど，平均年齢と平均勤続年数が

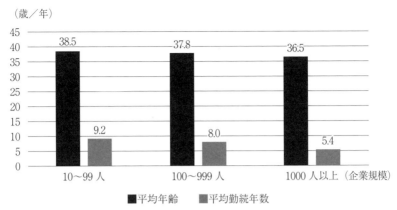

図 9-1　企業規模別の保育士の平均年齢と平均勤続年数
出所：厚生労働省『賃金構造基本統計調査』令和5年

減少していく。さらに，企業規模ごとに平均現金給与額を見てみると，10～99人が26万8千円，100～999人が26万9千円，そして1000人以上が27万5千円であった[1]。1000人以上の保育施設は，おそらく全国展開企業による施設であると推察されるが，そのような企業型施設では平均勤続年数が短くなる傾向にある。したがって，「働き続ける」という観点で保育士の従事先をとらえたとき，企業規模や給与以外の観点が決め手となっていることが予想される。

「令和4年度東京都保育士実態調査報告書」では，現在保育士として就業中の保育士に対して，「保育士を辞めた理由」について調査している。すなわち，保育士としての転職経験があり，保育職からは完全に離れていない人々への調査結果である。「辞めた理由」としては「職場の人間関係」が最も高く，38.1％だった。次に，「仕事量が多い」(25.2％)，「労働時間が長い」(20.9％)，「給料が安い」(20.6％) だった。

他方で，現在保育士就業中の回答者による「職場満足度」もたずねているが，「大変満足」が最も高い割合を占めていたのは「自宅からの(片道)通勤時間」だった（「大変満足」：30.6％，「大変満足」＋「満足」「やや満足」：73.8％）。第4章では，就職先決定に際して専門学校生たちが「自宅からの近さ」を重視している様子を取り上げたが，東京都の調査を踏まえればこうした在学時の選択行動

は，後々自身の職場への満足度を高める一助を担っていることがうかがえよう。

さらに，保育の仕事内容の質に関わる，「保育士としての仕事全体の『やりがい』度」は「大変満足」が12.8％で，「満足」，「やや満足」をあわせると70.8％を占める。労働者への搾取構造の問題からしばしば非難されがちな「やりがい」ではあるが，労働者である保育士の立場からすれば職場満足度として重要である点も見過ごせない。

では，実際に保育系専門学校を卒業した若者たちが，どのように「やりがい」を追い求めながら保育士としてのキャリアを歩んでいるのかについて，3節以降見ていきたい。

2.2　美容師の実態調査からみる美容業界の働き方

美容師については，美容業界を取り巻く構造的背景が美容師の働き方に影響を与えているといえる。4章でも示したが，主に美容室数・美容師数は増加傾向であり，とくに従業美容師数は20年間で約1.4倍（2002年383,214名→2021年561,475名）になっている。その背景として，小規模・個人経営の店と，法人経営の中規模・大規模経営の二層化が進み，小規模美容室は倒産も多いことが指摘されている（荒尾 2020）。そのため，美容室は小規模・個人経営よりも比較的大きな組織体での経営継続が困難であることが示唆される（東京商工リサーチ 2021）。

このような状況のなかで，美容師は比較的に大きな経営組織のほうが平均年齢，平均勤続年数ともに長いことが厚生労働省による令和5年度賃金構造基本統計調査から示される。同調査から美容師の平均年齢と平均勤続年数をみると，10人以上の企業規模での平均年齢は31.8歳，平均勤続年数は7.5年であった。これを企業規模別（10〜99人，100〜999人，1000人以上）でみる（**図9-2**参照）と，企業規模が100〜999人だと平均年齢，平均勤続年数が短くなるが，企業規模が1000人以上ではそれらが長くなる傾向が見られる。

しかし，美容師の働き方としては自身が経営者となる「独立型」や，店を変える「転職型」が存在している。リクルート（2023）によると，美容師として

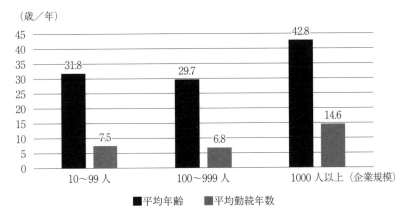

図9-2　企業規模別の美容師の平均年齢と平均勤続年数
出所：図9-1に同じ。

働いている人（回答者1,020名，平均年齢42.6歳）のうち，自身の役職を「オーナー」と回答したのが23.3％であった。また，賃金構造基本統計調査では10人以上の企業規模での集計となるが，リクルートの調査では1〜10人の企業規模（オーナー，自営業主も含む）で働いていると回答したものが33.5％であった。加えて，同調査では美容師，ネイリスト，エステティシャン等の美容系職業に従事する者（回答者計2,660名）を対象としており，その中でかつて美容師として従事したが，現在は美容師を辞め，ほかの美容系職業についている割合が46.5％であった（リクルート2023）。つまり，美容師の働き方として，「転職型」とは異業種への転職ではなく，同業種内での転職が行われている実態がみえてくる。そのため，美容師のキャリアを考えるうえでは，同業種内での「転職」や将来的な「独立」を見据えたキャリア展開を踏まえる必要があるといえる。

それでは，実際に美容系専門学校を卒業した若者たちが，市場競争のなかで，どのように働き始め，働き続け，転職や独立を考えているのか。4節以降で見ていこう。

3. 保育系専門学校卒業生のやりがいと初期キャリア

3.1 保育系専門学校生の卒後追跡状況

　保育系専門学校の卒業生の追跡対象者のうち，ここでは保育業界に就職した7名の卒後4年間の就職状況を**表9-1**にまとめた。4年間の追跡調査を通して，同じ施設で従事し続けていることが確認できたのはA-5のみである。A-5を除き，追跡不可のため確認ができていない者は4名で，それぞれ追跡できていない年には斜線を引いた。また，7名中3名は自主的に他の施設への転職をしている。B-7は公立保育所の臨時保育士として採用されているため，異動という形で4年目に勤務する職場が変わった。

　以下ではまず，保育系専門学校生の卒後4年間の経験について触れ，彼女らがどのような初期キャリアを歩んでいるのかを明らかにする。

表9-1　卒後4年間の職業状況（インタビューによる）

ID	追跡1年目（2019）	追跡2年目（2020）	追跡3年目（2021）	追跡4年目（2022）
A-1	保育士（※2020夏インタビューより）	前年と同じ（※2020夏インタビューより）		
A-5	幼稚園教諭（3歳児の担任）	前年と同じ	前年と同じ	幼稚園教諭（年長クラスの担任）（前年と同じ）
A-7	放課後等デイサービスに従事し，卒後4施設を転々とした。（※2022インタビューより）			休職中（2022年4月から）
A-9	小規模保育園の保育士（※2022春インタビューより）	前年と同じ／※2022春インタビューより	前年と同じ／※2022春インタビューより	老人ホーム内託児所の保育士（半年間契約社員／※2022春インタビューより）
A-11	保育士⇒8月に転職（院内保育の保育士）	認可の小規模保育園の保育士		
B-6	保育士（ボランティア，実習も行ってて安心する保育園）			
B-7	公立の保育所で臨時（※2020インタビューより）	前年と同じ	年長クラス担当（臨時，市の保育所）（前年と同じ）	臨時，市の保育所（施設の異動があり，新しい保育所で従事）

3.2 保育専門職のキャリアとやりがい──①転職しない保育専門職の語り

　A-5 は 4 年間同じ職場で働き続けている。ここでは，A-5 の語りを取り上げ，彼女が同じ職場で働き続けている理由を探る。A-5 は幼稚園にて 1 年目から 3 歳児クラスの担任を任されている。副担任がつくこともなく，1 人で担当している。谷川夏実 (2018) は，保育士の初期キャリアを取り上げるなかで，新任保育者が 1 年目から担任を任されることに伴う責任が大きいことを述べている。そして，リアリティショックやバーンアウトといった，危機場面がおとずれる可能性があるという。では，A-5 についてはどうだろうか。

　彼女は，1 年目の 4，5 月頃は一週間のスケジュールである，週案の作成に加えて「子どもも慣れてないし，私も慣れてないしで，結構わーってなってった時期はあったんですけど」と語るが，徐々に慣れていったという。A-5 も，谷川が指摘するように働きはじめの頃は慣れない業務で大変だったと語るが，インタビュー時点では「慣れた」と語り，上記以外に保育専門職としての危機場面を語ることはなかった。もっとも，インタビューを実施したタイミングが入職後 11 カ月を経過していた時期であったため，キャリア上の危機場面が補正された語りになっている可能性も否めない。だが，少なくとも 1 年目を乗り切った A-5 は保育専門職としての「やりがい」を見出しているようである。

　では，危機場面さえ経験しなければ同じ職場で働き続けられるのだろうか。そこで A-5 のインタビューを改めて整理してみると，やりがいに関する質問については饒舌に語っていた点が目立つ。A-5 にやりがいがあるかどうかを質問すると，「うーん，いろいろあるんですけど」と前置きしながら，保護者から手紙をもらったエピソードや，家庭で園のことを子どもと話しているという保護者のコメント，また子どもが先生にいろいろ見せてくれることなど，子どもや保護者との関わりについての場面をいくつも語ってくれていた。下記にその一例を示したい。

　A-5：全部がこう，担任に見せてくれるっていうか。「先生，先生，先生」って言ってくれるのが。実習のときも，「先生，先生」って言ってくれてた

けど，やっぱ担任になって，この子たちには私しかいないのかなって思う
のはすごい感じて，ちょっと嬉しいなっていうのは。

　谷川（2018）もまた，新任保育者たちが離職の危機に瀕しながらも，なんと
か踏みとどまる要素として，子どもたちの担任として「やるしかない」という
意識が大きいことを示している。「この子たちには私しかいない」という意識
は責任感を喚起し，ともするとネガティブな「やりがい搾取」を喚起する可能
性もある。だが A-5 に関していえば，「私しかいない」という責任感は担任と
しての特権意識とも読み取れる。B-7 の事例で後述するが，保育施設によって
正規・非正規の序列構造が明確な場合もあり，非正規の立場では「仕事をさせ
てもらえない」という場面に遭遇することもある。こうした労働環境上の特質
を踏まえれば，担任としての責任が，特権としてポジティヴに作用することも
考えられよう。

　とはいえ，A-5 も決して辞めたいと思ったことが一度もないわけではない。
以下の語りは，A-5 の 1 年目に，仕事を続けられそうかどうかをたずねたとき
の回答である。

A-5：辞めたいなって思うときはやっぱあるんですけど，でもそれは，上の
　　　先生から，（中略）結構，グサッて言われるので，そういうときはちょっと，
　　　うってなるんですけど，でもなんか，やっぱ子どもがすごい，もうかわい
　　　いし。なんか，年少さん持たせてもらって，卒園するまでは見たいってい
　　　う気持ちがあるので，とりあえず 3 年間は頑張ろうとか，思いながらやっ
　　　てて。

　A-5 の語りを踏まえれば，同僚からの指摘により，辞めたいと思う場面があ
るものの，「子どもがかわいい」，という感覚が A-5 が仕事を続けるうえでの
の継続の大きな要素であることがわかる。また子どもが卒園するまで，という
ように，受け持ちの子どもの卒園年数を自身の仕事の継続の目安としている。

A-5は同じ園で4年目を迎えているため，1年目の目安としていた3年以上継続して勤務していることになる。なお，A-5の1年目の語りでは，なかなか定時に帰れず，残業もあると語るが，実家暮らしで，疲れて帰ってきてもご飯が用意されている環境だという。残業があるといっても，休みの日はアイドルのライブ参戦をしており，余暇として熱中する趣味を持って仕事とのバランスをとっていることが語られていた。ただし，新型コロナウイルス感染拡大時は行動制限を余儀なくされていた。一方で，コロナ禍では園の行事が中止になったり，感染予防対応をしたりと業務の変化はあったものの，仕事に対する考え方は変わらないと述べている。

3.3 保育専門職のキャリアとやりがい―②転職する保育専門職の語り

　ここで取り上げるA-11は，1年目に就職した保育園から，2年目は認可の小規模保育園に転職している。以下の語りは，2年目のインタビューにおいて現在従事する保育園に転職する前の園と比較している部分である。

　A-11：うーん。前の園は，ざっくり言うと託児所って感じだったんですけど今は保育園ていうかたちになったので，子どもに，教える？ ただ子どもと一緒に遊ぶのを見守るだけじゃなくて，その子が成長できるように。もちろん前の園でもしてたけど，それがより深くするようになったことですかね。

　調査者：なるほど。そういう保育のかたちは結構ご自身は望まれてた感じなんですか？

　A-11：そうですね。

　A-11の語りを踏まえると，園の違いにより現職の方が，子どもの成長を促すような役割が求められているようである。2節で言及した東京都調査の「職場満足度」に関するデータでは，「保育所や法人の保育理念や運営方針」の満足度に対して，肯定回答が54.1％を占めていた。職場の「保育理念」や「保育

観」が職場への満足度に影響を与える可能性が結果からは読み取れる。A-11にとってみれば，子どもの成長を重視するかどうか，という「保育理念」の有無が，満足度ややりがいに関わるといえるだろう[2]。ちなみに，A-11以外にも「保育理念」や「保育観」の違いにより，転職をしたという事例はほかにもある。例えば，A-7は「保育環境が合っていなかった」と1年ごとに施設を転々としていたと語る。

　他方でB-7は，卒後4年間公立の保育所で臨時保育士として働き続けている。「保育士以外考えられない」とインタビューで語るほど，保育士一筋の卒業生である[3]。ただし，臨時保育士という立場にともなう待遇などの面から1年目より不満を抱いている。B-7は日本の百名山の麓に位置する地方都市出身であり，地元（実家）から通勤している。私立の園への転職も検討していたようだが，自治体のホームページを確認するとB-7が居住する地域には，公立・私立を合わせて11園ほどの施設しかない[4]。B-7は卒後4年目にして，異動の形で別の保育所へと移り変わった。異動した当初は嬉しかったが，「前が良かったと思います」と語る。

　上記の地理的状況を踏まえると，A-11のように「やりがい」に合致した保育園を容易に見つけられない状況が，地方都市にはあるともいえる。以下の語りはB-7による，現在の職場についての評価である。

　　B-7：今までいっぱい動いてきた分，仕事がなかったら何したらいいか楽しくないのと，大規模のところでしてきたので，こんな仕事量でいいんかなっていうぐらい，ほんとに何もすることなくて。今の保育所は，正規さんが基本でする感じなんですよ。なので今までしてた自分の仕事が，全部正規の方がされるようになったので，園庭周りの掃除とか雑用が多い。何してるんだろ自分，ていう感じなんです。

　現在の職場に異動する前，B-7は3年間同じ保育所で臨時保育士として勤務した。上記の語りを踏まえると，彼女の抱く不満は「忙しすぎる」というより

もむしろ，「何もすることなく」と言うように，「忙しくなさすぎる」という点であった。臨時採用であるために，任せられる範囲が狭いという。B-7はインタビューの別の個所では，これまでに勤務した職場では，担任の補助に入らせてもらっていたが，現在の職場では正規が入るから入らなくていい，と言われたと語り，「何もさせてくれない」と不満を述べている。なお，B-7は卒後1年目から一貫して実家から職場へと通勤している。職場上の悩みは母親に聞いてもらっているようだ。卒後2年目のインタビューでは，「とりあえず，3年は頑張ってみな」と母親に言われていたと語り，「あと1年は頑張ろうかなと思う」と述べていた。結果的にB-7は，同じ臨時採用というポジションで，4年目を迎えている。

　B-7によれば，正規と非正規の間には序列構造があり，職場では「責任感の違い」によるものだと説明されているという。しかし，B-7としては保育士であれば臨時でも責任感は持つべきだという考えのもと，こうした序列構造はおかしいと考えているという。B-7は，現在はこうした現状を変えていくために，正規として自ら採用されることを望んでいる。しかし，公立の保育園でもあるため，なかなか求人がでない状況だという[5]。

　B-7と，3.2で紹介したA-5の事例を比べると，任される範囲に大きな違いがあるといえよう。A-5は初任から一貫し，担任として子どもや保護者との関わりを主として任されている。一方で，B-7は「雑用」と本人が述べるように，正規保育士の手が回らない部分を補助的に任されている。B-7とA-5の事例を踏まえれば，保育士にとって「やりがい」は子どもや保護者との関わりにおける範囲の広さが関連しているとも推察されよう。

3.4　いつでも復職でき，子育ての社会化を選択できる，という将来の見通し

　最後に，ここでは保育系専門学校の卒業生による，将来展望を整理しておく。第6章で取り上げたように，卒後4年間の期間において結婚・子育てについてのライフステージが現実的になり，彼女たちも将来展望を具体的に語るように

変化している。

B-7 は，非正規として公立保育所で保育士をしているが，彼女は「30 まで
に結婚して子どもが欲しい」と語る。また，「今はとりあえず正規目指してい
るんですけど，(中略) 正規が無理なら結婚して子育てに専念する」と述べている。
だが，B-7 は，結婚し子育てするというヴィジョンのなかで，専業主婦という
暮らし方は視野に入れていない様子である。

> B-7：でも私的にはちっちゃい頃から保育所に入れて集団生活をさせたいので，
> 私は 1 歳ぐらいになったらすぐ入れるかな。仕事しながら子育てするイメー
> ジです。
> 調査者：仕事は保育系で決めてるのか，それともそのときになってみないと
> わからない感じなのか。
> B-7：たぶん 90 パーぐらい保育士だと思います。

B-7 は，結婚し子育てをするとしても，自身は保育士として働きたいと述べ
る。「ちっちゃい頃から保育所に入れて集団生活をさせたい」というように，
子どもの養育環境を考えて，「子どもを預ける」という選択を考えており，子
育ての社会化を志向しているともいえよう。また子どもを出産したあとには保
育士として復職する展望を持っているが，「いつでも復職可能」である資格を
要する専門職のメリットを内面化していることがうかがえよう。なお，B-7 は
結婚や子育てに関して参考にしているのは母親であるとインタビューの別の箇
所で教えてくれた。

加えて A-5 は，職場に産休明けの保育士がいたことを参照しながら，現在
の職場が子育てしやすそうな職場環境だと実感したという。

> A-5：えっとー，結婚されて子ども産まれた方で，働いてる方もいるので。で，
> あの，私が今年入ったじゃないですか。それと同時に産休・育休から戻っ
> てきた先生もいるので。しかも，戻ってきて，あの，「おかえり」とか (中

略）。なんか受け入れてもらえてるのかなって。で，もし，自分も結婚して子ども産んだとしても，戻ってこれるのかなっていうのはありますね。で，しかも急に休む，子どもってやっぱ熱をすぐ出したりとかするので，そういうときは「休んで良いよ」って。

　上記の語りはA-5が入職後1年目時点の内容である。A-5は，入職後1年目時点ですでに，現職場について，妊娠・出産・子育てを「受け入れてもらえる」職場であるととらえている。彼女は職場の同僚同士のコミュニケーションを参照しながら，現職場は「結婚して子どもを産んだとしても，戻ってこれる」場所であるという解釈を示している。A-5は，上記の「子どもが熱を出す」というエピソード以外にも，「小学生のお子さんの授業参観や個人懇談で保育士が不在になる場合も「いってらっしゃい」と言われている」，という事例を述べており，子どものライフステージに合わせた子育てに対し，理解のある職場であると感じている。B-7およびA-5の事例からは，「いつでも復職可能」な専門職の性質について，資格面のみならず，職場の実態も伴っているという側面が垣間見えるだろう。

4. 美容系専門学校卒業生のやりがいと初期キャリア

4.1. 美容系専門学校生の追跡状況

　本調査において，卒後インタビュー調査として継続して話を聞き取れている美容系専門学校出身者は5名である。そのなかには，当初は美容系に就職したが，現在ではクリニックの受付業務等の他業種へ転職したものもいる。ここでは，美容師として入職し，現在も美容師を続けている2名（C-1・C-4）を中心に，入職後から現在までのインタビューデータを中心に彼女たちが考える美容師の仕事について明らかにしていきたい。2名のプロフィールは以下の通りである。

　C-1は，専門学校卒業後から出身県とは異なる県の県庁所在地で美容師として勤務している。初職は比較的年齢層の高い女性客が多い美容室に勤務してい

た。入職から2年9か月後，美容師として2社目に転職した。2社目ではスタイリストとして勤務をしている。専門学校在学時から，将来は「自分の店を持つこと」を目標に掲げ，とくに地元（中国地方の地方都市）で店を持つことを希望している。卒後は断続的に半年～1年に1度話を聞いているが，店を持つという将来展望についてはぶれることがなく，計画的にキャリアを積み重ねている様子である。

C-4は，専門学校卒業後に大都市圏で美容師として勤務している。勤務先は通常のカットやカラーといった業務に加えて，雑誌の撮影におけるヘアメイク業務があり，C-4は1年目から積極的にヘアメイクにもかかわっていた。入職後半年くらいで「シャンプーで指名」をもらうことや，スタイリストがカットなどの施術をした後の「最後のヘアセット，仕上げまでさせてもらう」ようになった。2年目の夏の時点で「メンズスタイリスト」に昇格し，男性のヘアカットを任せられ，女性のヘアセットでは彼女を指名する客もいた。将来像については，専門学校在学時から独立志向を持っているが，業種については「美容室でもいいし，ブライダルとかでもいい」といっており，幅広く美容業に興味を持ちながら，自分のキャリアを考えている様子である。

4.2　勤務時間外でスキルを身につける

(1)　「職人」の世界へ入職する

ここでは，入職後の美容師としての業務内容を確認しつつ，それに対する彼女たちの認識を見ていく。

美容師として入職すると，まずはアシスタントという役職につき，スタイリストの補助業務や，店内の清掃など基本的な業務から担当することになる。美容室には社内カリキュラムがあり，それに沿ってレッスンを重ね，社内のテストに合格することで，より多くの業務（例えば，シャンプーのテストに合格すれば，シャンプー業務）が可能となる。テストに合格するためには，営業後に先輩に教えてもらったり，自主練という形で実施されるという。こうした状況について C-1は次のように語っている。

調査者：なかなかじゃあ，厳しい世界なんだね。

C-1：みたいですね。まあ，お給料もあんまりよくないですしね。(中略) まあ職人の仕事なんで，やっぱ，こだわりの強い方もいらっしゃるし，結構厳しい世界でもあるけど，でもそこで頑張ったら上があるから，って私は思ってるので，

調査者：上ってどんなことイメージしてるんかね？

C-1：私のゴールは，自分でお店を出すことなんで。

　C-1は，「お店を出すこと」が「ゴール」であり，それは現時点よりも「上」に位置しており，それにむかって「厳しい世界」でやっていく必要性を受け入れている。「厳しい世界」については，技術を習得するために，「営業後にお店」で先輩に見てもらいながらや，「自主練」の形でレッスンを行っていると語った。インタビュー時点において，すでに辞めた同期や専門学校の同級生がおり，その原因としてはレッスンなどを含めた長時間労働や低賃金が考えられると語っていた。

　次に，C-1は職人 (美容師) になるために必要なこととして，美容師としての接客方法について語った。次の語りは，卒後3年目，すでに2社目に転職した後に1社目や入職1年目を振り返る形で語られた。彼女が1社目に勤めた美容室は年齢層が高い女性客が中心で，彼女は客層について「マダムたち」と称していた。一方，2社目は若年層を中心とした美容室であり，年齢層の違いから接客の仕方は大きく変わったようである。

C-1：今〔卒後3年目，2社目〕が楽勝。話す話題とかも近いし，考え方とかも近いから。全然，昔の話とかされてもわかんないじゃないですか。だから昔の勉強とかもしてたし。だから全然，逆にネットニュースとかよりもテレビ見てたんでマダムたちは。テレビ，新聞読んでみたりとか，(中略) 私〔家に〕テレビなかったんです。

調査者：そうなんか。

C-1：なのに買って，小っちゃいやつです。いらないのに，勉強のために。今こんな感じなんだ日本，みたいな。

調査者：勉強っていうのはなんの勉強？　ニュースとか見てるってこと？

C-1：ニュース。私あんま気にせんのです，ニュース番組とか，今流行ってる俳優とか。もう一切興味がないし，時間の無駄って思っちゃうから。見ないのに時間の無駄をわざわざしてました。

調査者：それはマダムたちとお話するためにっていう。

C-1：仕事のために。

　上記の語りでは，話題作りのために興味のないテレビ番組から情報を収集することに対して「時間の無駄をわざわざしていた」と語っているが，「仕事のために」自由な時間を使って「勉強」していたことがわかる。ほかにも，「あっち（1社目）では着る服困ってたんで。UNIQLO か GU でしか買わないみたいな。こんな髪型とかしたら破門でしたよ。怒られてた。」として，服装や髪形に制約があったことも語っている。語り口は1社目に対してネガティブな評価を下すものであるが，美容師として客層に合わせた接客が必要であり，そのためには勤務時間外での情報収集や，自身の身なり（服装や髪型）を変える必要性があることを理解している様子である。シャンプーをする，髪の毛を切るといった美容師の技術面だけでなく，美容師として必要な接客の内容や身なりを整えることを理解しながら，美容師という「職人」の世界に入職したことがうかがえる。

(2) 自分の興味に合わせたスキル習得

　次に，C-4 の語りを見てみよう。C-4 は C-1 と同じく社内カリキュラムを進めることに加えて，ヘアメイクの出張業務を請け負っていた。ヘアメイクの出張業務はヘアショーやコレクション時にモデルに対して行うものである。この業務について C-4 は「外部のお仕事」と言っており，美容室の仕事が休みの日に参加し，給与とは別に「日給を頂いて」いるという。美容室での勤務体制として休みの日は「月8（日）で基本的に不定」となっているが，外部の仕事と

9章　保育系／美容系専門学校卒業生の初期キャリア　195

の調整をつけて休みを取っているという。ここでの休みは，美容室の勤務を休む意味であり，「月8回の（休み）中で6回は基本仕事」しているといい，外部で行うヘアメイクも「仕事」として認識している。通常の店舗での業務に加えて，ヘアメイクの仕事を行うのは，本人がヘアメイクの話を「なるべくやりたい」という思いと，「基本的に，1回断ってしまうと，お仕事来づらくなっちゃうっていうのもあって，なんでオファーが来たらもう，ほんとにほかの外部の仕事とかぶってない限りは引き受けるっていう，スタンスでいます。」として，やりたいことをやるためには休みの日に仕事を引き受けることが必然だと認識している様子であった。そんな彼女に通常の勤務が終わった後や休みの日の過ごし方について尋ねると，以下のように語った。

　調査者：仕事がある日に，例えば仕事の前とか後とかに仕事以外のことをするみたいな時間とかってありますか？

　C-4：仕事以外のこと？

　調査者：例えば，自分で自発的に勉強してるとか，あとは趣味，何かやってるとか。

　C-4：趣味が，ちょっと仕事にかぶってるところがあるんで，ちょっと境目が難しいんですけど，（中略）基本的に家に帰ってからは，インスタとかも半分趣味なので，インスタの更新するための，画像，私，画像作るのも好きで，そういう画像を厳選してたりとか，そういう加工の，勉強，写真の勉強，色彩の勉強。あと，コスメとか，そういうものもやっぱり取り扱うっていうか，お客様に「何がいいと思う？」って聞かれることも，やっぱりメイク職業にしてたらあるので，パーソナル的な，メイク，「こういうメイクが似合いますよ」とか，そういう勉強だったりとか，っていうのは毎日してますね。基本，休みの日でもやってるかもしれないです。

　C-4は美容に関する情報収集や，SNSでの情報発信の準備，それらに関する勉強を「毎日」，「休みの日でも」欠かしていない様子であった。加えて，C-4

は情報を収集するだけでなく，自ら情報を発信するために SNS を活用していた。情報発信のための画像や写真の加工など，直接的に美容の技術に関するものではないが，C-4 は仕事に関する取り組みとして同列に語っていた。

　C-4 が積極的に取り組んでいる SNS の活用については「全部仕事で運用している」というが，店から「強制されていない」として，仕事の一部であるが自主的・自発的に SNS での発信を展開している様子であった。こうした SNS での発信について，C-4 はとくに新人美容師にとって必要なものだとして，以下のように語っている。

C-4：もう自分のお客様に直で伝わるっていうのもあって，まあ，自分の好きな世界観だったりとか，自分がこういうことやってますよって発信することで，「あっ，そういうのやってるんだ」とか「ちょっとこの人に頼んでみたいな」って思われることを目的にしてやってるので。

調査者：そっかそっか。じゃ，結構もうインスタとかやるのはまあ当たり前みたいな？なんでやらないのぐらいの？

C-4：私はやってない人に対しては，それこそ年配のスタイリストとか，あのもう歴が長い人とかになってくると，やっぱり特定の方が絶対来店されるんですよね。そういうことでプラスで集客し過ぎてしまうと次，予約がいっぱいすぎて〔予約が〕入らないってなってくるので，そういう人に対してはとくに思いはしないんですけど。まあ，若い世代ですよね。始めてまだ1，2年だったりとか，スタイリストになって1，2年とか，ってなってくるとなんでやらないんだろうとは思います。やったほうが言ってしまえば，（中略）いいことしか基本的にないので。まあいい影響をもらうっていう意味ではインスタ運用，ツイッター運用はしていったほうがいいのかなと思います。

　C-4 は SNS を「運用」し，「自分の好きな世界観」を「発信」していくことで，新たな顧客の獲得につながるといった自身へのメリットを感じ，積極的に時間

を投資している様子である。このSNS「運用」はとくにはじめて1，2年の美容師にとって必要であり，重要だとする認識であった。このことから，C-4にとってSNS運用は将来スタイリストとして顧客を得るために，いわば美容師になるために必要不可欠な行動であり，美容師になるためのスキルとして重要なものと考えているといえる。上記の語りは2020年2月のものであるが，同年8月に話を聞いた時には，美容関係の生配信を行う考えも語っており，自身を積極的に「発信」していくことの重要性は引き続き感じている様子であった。

4.3　将来を見すえたキャリア形成

(1) 転職—C-1

　彼女たちが美容師として2年目に入ったころに大きく社会状況が変化する。新型コロナウイルス感染症の感染拡大である。美容室は休業要請を受けることはなかったが，店内レイアウトの変更（席と席の間隔を離す等）や，店内の除菌作業などの業務負担の増加といった変化を彼女たちは経験していた。一方で，C-1，C-4ともに給与形態に変化はなく，彼女たちが知る限りにおいて勤務する美容室の経営悪化の状況もなかった。

　C-1はコロナの影響によって，営業後の自主練に対して「会社からストップ」がかかり，思うようにレッスン[6)]ができなくなったことで「メンタル的にも，割と疲れてたので，(中略) 気持ち的にも結構，浮き沈みあったり」として，精神的な負担が大きかったと語っている。しかし，C-1はレッスンが一時的に中断したことで，自身の将来について次のような変化があったと語ってくれた。

　調査者：今回〔新型コロナウイルス感染症による影響〕のことはなんか変わったこととかある？
　C-1：でも，考えは変わってないんですよ。(中略) ですけど，なんか，やっぱ，家にいる時間が長い分，考える時間ができて，こうしたいな。これからこうしたいなとか，こうするにはどうせないかんなとか，そういう考える時間ができたんで，たくらみが増えましたね。

調査者：たくらみが増えた。あー，そう，どんなことが増えたの？

C-1：なんだろう。（中略）まったく〔考えて〕なかったんですよ。私は私っていうのがあったんですけど，やっぱ，競争率ある世界だし，そこでどうやって上がっていくかって考えて，で，一人でやっていかんといかんしとか，それで，やっぱ強みないと対等にはおれんから，競争率なんで，って考えたらいかんなあとか，思い始めました。

調査者：それはなんか，こう強みっていうのは，まあ，この先，変わるかもしれないけど，今のところこういうの頑張ろうみたいなのが見えてるわけじゃあ？

C-1：今のところ取りあえず，美容師だけじゃなくて，まつエクも今美容師免許が要るんですよ。まつ毛の。（中略）だから強みじゃないですか。免許ないとできんことって。（中略）誰でもできる仕事じゃないんで。

　C-1は，コロナ禍で思うようにレッスンが行えず，精神的な負担を抱えていたが，いままでレッスンに充てていた時間を生かして，将来的に独立したときの構想を考えるようになっていた。C-1は「店を出す」という目標がぶれているわけではなかった。むしろ，経営的な視点から美容師という職業や美容業界をとらえるようになっている。以前は「私は私」として個別性を重視していたが，「競争率ある世界」として美容業界をとらえなおし，自身の「強み」を考えるようになったという。具体的な強みとしては，まつ毛エクステ（まつエク）ができるようになることをあげており，「だからもう取りあえず今の職場で，ある程度できだしたら私，1回まつエクにも行ってみたい」とも語り，将来の独立を見据えて，転職をしながら美容師としてのスキルの幅を広げようとしている様子がみられた。さらに，コロナ禍であっても経営に大きな影響を受けなかった自社について，「カラー会員[7]って，すごいなって思いました。ほんとにそれだけでつなぎ止めれるし，1年の約束ができるわけなん。（中略）確実これは将来的に採用です。」として，技術を習得するという視点だけでなく，具体的な美容室経営のノウハウを身につけているようである。

また，まつエクの技術を身につけることについては，以下の目的を語っている。

C-1：私女性だから，将来的に子どもも欲しいってなったときに，ずっとは
〔髪の毛を〕切れんのですよ。でもエクステだったら座ってでもできるん
ですよ。

調査者：うんうんうん。

C-1：だから，その赤ちゃんできて，お店できないっていう状況，閉めたら
やっぱお客さん離れて行っちゃったりとかあると思うんですけど，それで
もやっぱりどっかでつなぎ止める作戦としては，ベストかなって思って。

調査者：まつエクね。

C-1：まつエクも一つの作戦だし，美容，髪切りに来るだけじゃなく，まつ
毛しに来て，ついでに髪も染めようかなっていうパターンにもなるじゃな
いですか。

調査者：なるほど。なるほど。

C-1：だから振り幅が，やっぱ強みがあったら広がるんですよね。

　彼女は将来的な出産・子育てを想定して，「座ってでもできる」まつエクに
有用性を見出していた。まつエクの施術に美容師免許が必要であることに加え
て，働いているときの体勢にも着目し，美容師として持続可能な働き方を見出
していた。美容師免許だけでなく，幅広い技術を習得し，長期にわたって働き
続けられる様態を彼女なりに考え，将来を構想しているのである。

　その後，C-1 は卒後 2 年目の途中で，ほかの美容室に転職した。その理由と
して，自身の「経験値」を引き合いに次のように語っている。

C-1：経験値としては振り幅が狭いなっていうのは感じてて。すごいマダム
のお店なんで，今は。なんか若い子も勉強したいなって。とかメンズのそ
ういうスタイルも勉強したいなとか。いろいろ見てみたいなっていう，自
分の欲のみです。

調査者：今のお店（1社目）に対するネガティブな感情というのは，存在しない？

C-1：全くないですね。

　C-1は，1社目についてネガティブな感情は「全くない」として，あくまでも自身に対して「経験値としては振り幅が狭い」と感じ，新たな客層である「若い子」や「メンズ」のスタイルに対する「勉強」のために転職を決めている。具体的に1社目と2社目では習得できるスキルが大きく異なるという。例えば1社目では白髪染めが中心であったが，2社目は髪の毛を明るくするブリーチ剤の使用や特殊なパーマが中心だという。彼女にとっては，1社目の経験に加えて，2社目ではより幅広い顧客に対応できるスキルを身に付け，自身の経験値を蓄積していきたいようである。同時期のインタビューでは，引き続き将来の独立願望についても肯定的に語っていることから，将来的な独立を見据え，幅広い技術を身につけた美容師になるために転職し，それが実現している様子がうかがえる。

(2) 理想の美容師像の実現—C-4

　一方，C-4は卒後2年目も同じ会社に美容師として勤めていた。転職についてたずねると「いつか美容の仕事をしたくないって思うときがきたならば，違う職でもいいかなって思ってる」として業種にこだわりを見せない面もあるが，「仮に，今いる会社より撮影がしっかりしてて，ヘアショーがありますとか，まあ，お客様に対しての発信がこれぐらいありますよっていう条件がきちんと明記してあれば，そっちに行く可能性もあるっていう感じ」として，現状では美容関係の仕事を続け，より「条件」の良い職場ならば転職する意思をみせている。とくに，カットやヘアカラーといった一般的にイメージしやすい美容師の仕事よりも，「ヘアショー」などの仕事，「お客様に対しての発信」や「条件」という対価について言及しており，彼女は独立して店を持つという形ではない，美容師としての働き方を考えているようである。そのために，スキル習得には余念がない様子を語ってくれた。

C-4：そのコロナのなかで今学べる環境がめっちゃ少ないんですよ。それこそ，オンライン講習とかはめちゃくちゃ増えたんですけど，やっぱオンラインじゃわかり切れないとこあって。なんかこの角度からと，撮影してて，この角度での仕事のあれはわかるけど，結局手元どうなってんのみたいなとか。

　C-4は入職1年目の時からヘアメイクの現場に積極的に参加するなど，自身の身につけたいスキルに対して貪欲に学んでおり，それはコロナ禍になってオンライン講習という形式になっても継続されていたが，オンラインゆえの不満足感を持っていた。受講しているオンライン講習は「1時間前後から2時間」程度であり，月に7本程度受講し，「年会費や月額費」は自己負担している。このような意欲的なスキル習得の背景には，彼女が理想とする美容師像があった。入職2年目のインタビュー当時，メンズスタイリストとして男性のカットを担当していた。アシスタント業務も兼任しながら，自身の理想とする美容師像について次のように語っている。

C-4：私お客様になんかすごい金銭的な負担をかけたいとかじゃないけど，(中略) ま，例えば私やったら，えっと毎回4,950円をカット料金に770円のシャンプー料金いただくんですよ。なので，だいたい5,120円とかいただくんですよ。(中略) ほかの方だとそのシャンプーとカットで3,300円とか。
調査者：あ，全然違いますね。
C-4：2,000円違ったら結構じゃないですか。(中略) 別にその安さを求めるならその子の所に行けばいいって私は思っちゃうんですよね。私がやりたいのはそれとは違うって思っちゃうから。(中略) あの人 (美容師) のためにお金を使いたいみたいな。あの人がおすすめしてくれるんだったら，間違いないみたいな。
調査者：あーなるほど。
C-4：だってあの人がいいって言ってるんだもん。それは買うよみたいな感じのお客様がめっちゃ多いんですよ。でもその信者作りが，要はファンな

わけで，めっちゃそういう人たちって，もうほんとにま，それこそほんとに質も良くなるし，ま，いい事でしかないけど，この人に任せとけば自分がきれいになれるって信じてる人なんで，何かそういう信頼感を得られるのが指名の売り上げのてっぺんの人ね。

　C-4は入職2年目ながら料金設定を高く設定し，その代わり質も高いサービスを提供することを重視していることを語っている。インタビューのなかで彼女が繰り返し語ったことは，「売上を出せる人」になることであり，具体的な金額を示しながら，その重要性を示していた。目標とする「てっぺんの人」である先輩スタイリストの姿を念頭に置いて，売り上げは顧客からの信頼に互換できるものとしてとらえていた。「信者」や「ファン」と顧客を称し，顧客から絶大な信頼を得られるような美容師になることが彼女にとって重要であり，そのためには高い質が必要である。ここでの質として，彼女は美容師としての技術であり，そのために彼女はコロナ禍でもオンライン講習を受け，休日や昼夜を問わず，自身のスキルを磨いていくのである。

5. 考察

5.1　保育系専門学校卒業生の働き方

　新人保育者への質的調査を行った市原（2022）は，保育職自体を辞めたい時期があったときのエピソードを聞き取ったうえで，保育職志望の若者たちにとっての「やりがい」には，子どもとの関わりが関係しており，「離職するか否かの瀬戸際で，この『子どもの力』が最も強く現れる」（市原 2022：34）と言及している[8]。

　本章で検討した卒業生もまた，保育職の外部への転職を行わない大きな理由の一つとして，「子どもがかわいい」を実感したうえで得られる保育者としての「やりがい」が関連しているといえる。さらにいえば，臨時採用と担任を持つ正規採用の保育士の事例の違いでもみられたように，「子どもがかわいい」

を実感するために，保育士の任される裁量の幅広さもまた，「やりがい」に大きく影響しているといえる。

　本章で取り上げた保育系専門学校卒業生は，「やりがい」をキーワードに，他施設に転職する，と語る卒業生もいた。第4章では，実務経験を有する専門学校教員も施設の理念により，「合う施設／合わない施設」があることを述べていたが，卒業生たちも「やりがい」を軸にしながら施設が合わなければ転職する，という意識で職業選択をしているということがみえてきた。つまり，卒業生たちは，一方的に「やりがい」を「搾取」され続ける受動的な存在というわけではなく，自身で「やりがい」をみつけ，職場環境をコントロールしていくという主体的な存在として，保育職に従事しているのである。ただし，地域によって保育施設数が大きく異なっているため，地域間において選択肢の格差が生じている側面にも目を向ける必要がある。

　また，労働領域におさまらない観点として子育てに関する将来展望についての言及もみられた。保育施設では同僚が産休・育休明けに復職する姿を入職1年目で見ており，妊娠・出産・子育てを「受け入れてもらえる」職場であるととらえている。保育士は「いつでも復職可能」な職業であるとともに，子育てとの両立が可能な仕事として解釈されうることがインタビュー結果からいえることである。

5.2　美容系専門学校卒業生の働き方

　美容系卒業生については美容師2名のインタビューデータをもとに，彼女らの初期キャリアについて検討してきた。彼女らは，美容師としてさまざまなスキル習得を積み重ねていた。ここでのスキルとは，客の髪を切るといった美容師の技術面に加えて，店の雰囲気に合わせた身なりや振る舞い，顧客に対する質の高いサービスが含まれる。そして彼女らは，勤務内外を問わずにこれらのスキルを習得するために行動していた。こうした行動の源には，美容師として独立して経営を成り立たせていくためや，自身の理想とする美容師像にたどりつくためという彼女らの目標があった。

ここで，ワーク・ライフ・バランスの視点から彼女らの働き方を考察したい。彼女らは，時に仕事にかかわる情報収集のためにテレビを買い，自費で講習を受け，社内カリキュラムに合格するために勤務時間外にレッスンを受けていた。このことに対して大きな不満はなく，C-4の言葉を借りれば，仕事と趣味の境目がない状態である。いわば，ワークとライフの２つに分けることができない状態ともいえる。荒尾千春（2020）は，美容師が働き続けられる要因として「ワーク・ライフ・バランスがとれていること」をあげているが，荒尾の調査で「ワーク・ライフ・バランス」の重要性が語られるのは，自身の子育てと仕事のバランスについて語られる状況においてである（荒尾 2020：144-145）。初期キャリアを形成している時期であるC-1の語りのなかでは，将来的に子育てと美容師を両立させるためにまつエクの技術を習得したいといったものがあった。これは，C-1にとっては美容師の技術に加えて，まつエクの技術を習得することで，子育てとの両立が可能になるという見通しを持っていたといえる。つまり，初期キャリアの時点では幅広いスキル習得に励むことで，将来的にワーク・ライフ・バランスの整った働き方が可能になると考えられているのである。そのため，初期キャリアではワークとライフを融合させながら，スキル形成をしていく必要性がみられるということである。

　彼女らがワークとライフを融合しながら働いている様子からは，労働領域のみで女性の初期キャリアを解釈することは不可能であることが明白である。さらに，その働き方を強いられているのではなく，彼女らが自ら選択している様子がうかがえる。これは，松永が指摘する「趣味性」と重なる部分だといえよう。彼女らへのインタビューからは，職場環境の大きな不平不満などは語られず，美容師としてのキャリアを進めるための充実した環境があった。加えて，将来的な独立や，自身のなりたい姿へのステップが明確であり，それに向かって何をすればいいのかを考えられる環境でもあった。こうした環境であるからこそ，ワークとライフを融合しながら，「趣味性」をもった働き方が可能になり，ワークとライフのバランスがとれた働き方が実現できているといえる。

6. おわりに

　本章では，保育系専門学校ならびに美容系専門学校の卒業生への追跡インタ
ビューより，彼女たちがどのような初期キャリアを歩んでいるのかを見てきた。
卒後4年間という期間であっても，保育系ならびに美容系の卒業生のうち，同
業界での転職をしている者が見受けられた。保育系については，やりがいをキー
ワードにしながら，転職をしており，より自身の保育観や保育理念に合致した
施設を求めて転職をしている。ただし，地方都市で勤務する場合は，施設数が
少ないために選択肢の幅が限られている場合もある。そうした場合には，自身
に合う施設をなかなか見つけられない，という事態もあり得るだろう。他方で，
美容系については，「得たい技術」がベースにあり，得たい技術とマッチする
顧客を求めて転職するという行動が見られた。また，保育系の卒業生と美容系
の卒業生のあいだにおける大きな違いとして，「一人前」とみなされる時期が
異なるという点が見られる。保育士の場合は，初任からいきなりクラス担任を
任されている一方で，美容師は，「スタイリスト」として勤務するまでに5年
程度かかる。

　保育系専門学校の卒業生による語りでは直接的に待遇面や勤務条件について
の語りを詳細に聞き取ることはできていないが，休日をケアワークとは全く関
係のない趣味に費やしたり，平日も大幅な残業をせずに帰宅できている様子が
聞き取れている。加えて，実家住まいにより，家族に仕事の相談を共有してい
るといった語りもみられた。一方，美容系専門学校の卒業生は平日の勤務時間
前後や，休日に講習会に参加することや，レッスンを受けること，またSNS
で美容系情報を自ら発信したり，情報収集したりしている。ただし，彼女たち
はこうした行動は，一定の顧客を得るまでの若年層に限られたかりそめの活動
であるとの展望を持っている。そのため，今後継続してキャリアを見ていくと，
やりがいを搾取され続ける構造に陥らない展望が望めるのかもしれない。

　保育士は，女性の従事者の多いケア領域の専門職であるために，相対的な待
遇の低さなどは構造的な問題として残る部分ではあるが，一方で「復職のしや

すさ」は大いにある。また，保育士については，自身が良く知る現場であるからこそ，子育ての社会化に対する抵抗感を抱きにくく，安心して子どもを預けて復職できる，というメリットもある。ただし，妊娠・出産・子育てへの理解のある職場環境は一方で，仕事と家族のケアを両立しなければならない（両立できて当たり前という論理構造が支配的な）職場環境を強いる可能性があるともいえる。本章の事例では実際に妊娠・出産を経験した卒業生がいないため検討しえなかったが，この点については，初期キャリアに留まらず長期的なキャリア形成調査を踏まえて検討すべき課題であろう。一方で，美容師については，ヘアカット以外の選択肢であるまつエクなどの資格を視野に入れることで，妊娠・出産を見据えて身体に負荷のかかりにくい職業選択をするという語りが見られた。いずれにおいても，専門資格を要する職種であるからこそ，資格を用いて子育てをしながら働き続けるという見通しが持てるのだといえる。これらのメリットについては，主体的に保育・美容系専門職を選択する労働者の実態を描き出すうえで重要な要素だといえる。

　最後に，新型コロナウイルス感染症拡大に伴う働き方への影響についてであるが，保育士では業務の変化や負担感についての語りは見られたが，キャリアに関する大きな変化として実感をともなった語りは得られなかった。一方，美容師においては，大幅に業務が変更されたことで現職において自身のキャリア上必要なスキル形成が行えないと判断し，転職のきっかけになったという語りもあった。当然ではあるものの業界によって新型コロナウイルス感染症拡大に伴う労働や生活の変化は異なっており，今後はさまざまな業界における若年層のおかれた現状を明らかにする必要もあるといえる。

注

1) 賃金構造基本統計調査より，千円未満の数値は四捨五入した結果を記述している。
2) A-11 は，「やりがい」として，子どもの成長を「間近に感じれる」ことをあげている。こうした語りを踏まえれば，子どもの成長に携わることができると実感することが，「やりがい」につながっていることがわかる。そのため，転職

先である保育園は，A-11 にとっては前職よりも満足度の高い職場であるといえそうである。

3) B-7 は専門学校入学前から保育関係のアルバイトをし，子どもと関わるボランティア経験もあることなどを引き合いに，「ずっと」保育士以外は考えられないと考えていたと語る。彼女の人生に染みついたケアの経験は，「保育士以外考えられない」といった，現在の専門職へ従事するストーリーの重要な構成要素になっているといえる。

4) 他方，都市部の学校 A が所在する都市では少なくとも 700 園以上，地方都市の学校 B が所在する都市においても，少なくとも 100 園以上の保育施設がある。

5) B-7 にインタビューで正規の保育士採用試験についてたずねたところ，退職者が出ないため募集がないことが語られている。

6) インタビューでは，レッスンとは「営業後にその自分で残って，そのスタイリストになるための，その技術練習」(C-1) とされており，誰かに教えてもらうというよりも自主練習の形に近い様子であった。

7) カラー会員とは，美容室で実施されているヘアカラーの先払いシステム（チケット制）のことである。

8) 市原の調査では，「私がすごい辞めたいなと思ってるときとか，『先生，大好き』とか言って，来てくれたりとかするんです，タイミングよく。」(市原 2022：34) といった新人保育者の語りもあった。

引用・参考文献

阿部真大，2007，『働きすぎる若者たち「自分探し」の果てに』生活人新書.

荒尾千春，2020，『美容師の人的資源管理：専門職と経営者のジレンマ』晃洋書房.

本田由紀，2011，『軋む社会—教育・仕事・若者の現在』河出文庫.

市原純，2022，「新人保育者の早期離職と職場実態に関する一考察—保育労働研究の視点から」『子ども発達臨床研究』16：21-42.

———，2021，「新卒保育者の早期離職研究と若者たちの『早期離職という経験』」『子ども発達臨床研究』15：67-80.

岩脇千裕・小杉礼子・千葉将希，2019，『若年者の離職状況と離職後のキャリア形成Ⅱ—第 2 回若年者の能力開発と職場への定着に関する調査』独立行政法人労働政策研究・研修機構。

木曽陽子，2018，「保育者の早期離職に関する研究の動向—早期離職の実態，要因，防止策に着目して」『社会問題研究』67：11-22.

厚生労働省，2023，「令和 4 年賃金構造基本統計調査：職種（小分類），年齢階級別きまって支給する現金給与額，所定内給与額及び年間賞与その他特別給与額（産業 計 ）」(https://www.e-stat.go.jp/stat-search/files?tclass=000001202287&cycle=0　2023 年 8 月 15 日最終閲覧)

松永伸太朗，2023，「労働者評価がもたらす個人間競争」永田大輔・松永伸太朗・

中村香住編著『消費と労働の文化社会学』ナカニシヤ出版：241-255.

大岳美帆・木村由香里，2018，『美容師・理容師になるには』ぺりかん社.

リクルート，2023，『（株）リクルート　ホットペッパービューティーアカデミー美容就業実態調査2023』

谷川夏実，2018，『保育者の危機と専門的成長―幼稚園教員の初期キャリアに関する質的研究―』学文社.

東京商工リサーチ，2021，「長引くコロナ禍で苦境の美容室，9月の倒産は4倍に【2020年度上半期】」https://www.tsr-net.co.jp/news/analysis/20211008_05.html（最終閲覧2023年3月1日）

東京都福祉保健局，2023，『東京都保育士実態調査報告書』https://www.fukushi.metro.tokyo.lg.jp/kodomo/shikaku/r4hoikushichousa.html（最終閲覧2023年7月3日）.

専門学校卒の女性は職業教育の効果をいかに語るか？

片山悠樹

1. 問題関心

　教育の課題のひとつは若者を労働市場に送り出すことであり，1世紀以上にわたり教育機関の中心的目標である (Van de Werfhorst 2014)。こうした課題に応えるために特化したのが，職業教育である。ただし，その役割を十分に果たしているかといえば，必ずしもそうとはいいきれない。教育の効果から考えてみよう。理論的立場が異なれば，職業教育の効果に関する対立的な予測が導き出される。人的資本論 (Becker 1975=1976) では職業教育を通じて職業に必要な知識やスキルが伝達され，賃金や雇用機会が高まると想定される。一方，シグナリング理論 (Spence 1974) や仕事競争モデル (Thurow 1975=1983) にもとづけば，雇用主は職業教育よりも普通教育の生徒の潜在能力を高いと見なしやすく，結果として職業教育の効果はネガティブなものになると予想される。

　職業教育の効果に関する実証研究を見ると，中等教育レベルだけでもいくつもの研究が存在しているが，その結果は必ずしも一致していない。ただし，労働市場への新規参入者に限っていえば，中等教育レベルの職業教育の効果は，概ね次のように要約することができる (Inanelli and Raffe 2007)。

- 収入や職業的地位と比較し，雇用の有無で効果が顕在化しやすい
- 無業や単純労働に就くリスクを低下させるなど，セーフティーネットの役割を果たす
- 男性よりも女性で効果が確認される

210 III部　専門学校の女性とキャリア

　2000年代に入ると，データの整備にともない，職業教育の効果やその社会的文脈に関する検討が進んでいる（Shavit and Müller 2000a, 2000b, Breen 2005, Estevez-Abe, Iversen and Soskice 2001＝2007, Busemeyer 2015など）。効果検証は，引き続き重要な課題であるが，本章では効果検証ではなく，学習者が効果をいかに解釈しているのか，この点に焦点をあて検討してみたい。

　効果検証では，雇用機会，収入，職業的地位を基準に検討が進められているが，そもそも学習者は効果をどのように認識しているのであろうか。また，効果の認識が顕在化しやすい状況はどのようなものであるのか。本章ではこうした問題を議論する。効果に対する学習者の認識を明らかにすることで，職業教育の効果が表れやすい要因を探る際のヒントを導き出したい。なお，本章で扱うのは専門学校卒の女性である。専門学校は職業教育の一翼を担い，また女性は男性よりも職業教育の効果が表れやすいため，専門学校卒の女性に焦点をあてる。

2. 分析データ

　3章で示したように，追跡調査（インタビュー）は卒後1年目から4年目まで実施されており，いくつかの項目は繰り返し尋ねている。そのひとつが，専門学校での学びの効果（「専門学校で学んだことは，いまの仕事に活かされていますか？」）である。本章では，この項目に対する対象者の語りを扱う。語りの変化の有無と，その文脈を分析することで，専門学校卒の女性が職業教育の効果をいかに認識しているのかを検討する。取り上げる分析対象は，追跡調査で2回以上回答した8名である（**表10-1**）。

3. 分析結果

3.1 保育系

　専門学校で学んだ女性たちは，就業後，専門学校での学びをどのように振り

10 章　専門学校卒の女性は職業教育の効果をいかに語るか？　　211

表 10-1　分析対象

	卒後 (1 年目)	卒後 (2 年目)	卒後 (3 年目)	卒後 (4 年目)
A-5	幼稚園教諭			
A-9	保育士 (保育園)		保育士 (託児所)	
A-11	保育士 (こども園→院内保育)	保育士 (保育園)		
B-7	保育士 (契約)			
C-1	美容師		美容師 (会社異動)	
C-2	美容師			
C-4	美容師			
C-6	ネイリスト (正社員→アルバイト)	ネイリスト (アルバイト)	ネイリスト (会社異動)	

注：表中の斜線部はインタビューが実施できなかったため，状況が不明。

返るのだろうか。まずは，保育系専門学校の卒業生から見ていこう。

　A-5 は卒業と同時に，大規模幼稚園に正規の教諭として就職し，1 年目から 3 年目までは年少組の担任を，4 年目は年長組の担任となっている。A-5 は子どもの対応に関する先輩保育士との違いなどで，保育実践の難しさを感じていた。

　　泣いてる子になんて言ったらいいんだろうとか，ほかの先生はやっぱり子どもの「ママがいい。ママがいい」って言うのをうまくこうなんか言葉で，「お散歩行こうか」とか「ママ来るかもしれないから外行ってみようか」とかって言いながらこう，「うん」って言って，泣き止んだりとか，子どもがつけてるもの，女の子だとリボンつけてたりとか，これかわいいねとか靴下とかもキャラクターのものが多いんで「これなんていうキャラクターなの」とか言いながら，泣き止む（泣く）のを忘れさせるじゃないですけど，そういうのが最初は見えるじゃないですか。

212　Ⅲ部　専門学校の女性とキャリア

　実践の難しさを経験している A-5 であるが，卒後 1 年目に，専門学校での
学びについては次のように語っている。

　　調査者：専門学校で学んだことでいまの仕事に，活きてるなとか思うところっ
　　　　　て何かありますか？
　　A-5：活きてること……。うんと……。
　　調査者：うん。大丈夫よ，忖度しなくて。
　　A-5：うんとー……。ええー。あのう，リトミック？
　　調査者：音楽の？
　　A-5：っていう授業は，簡単なピアノとかが教科書に載ってて，それで 4 月
　　　　　とか 5 月はよくピアノの音が鳴ると子どもって，興味を示して，反応して
　　　　　くれるので，それはすごい。

　A-5 は質問への回答に戸惑いながら（「活きてること……。うんと……。」），自
信なさそうにリトミックをあげている。在学中，A-5 は幼稚園教諭に必要な能
力として手遊びをあげ，卒業までに「いっぱい手遊び覚えて，子どもたちと一
緒に楽しくそれをやれたらいいなって」と語っており，手遊びやピアノの演奏
といったスキルを重視していた。子どもたちがピアノの音に興味を示し，反応
してくれる経験から，就職後もそうしたスキルは役に立つと考えているようで
ある。ただし，リトミックという答えも悩んだ末に出したものであり，専門学
校での学びの効果を明確に認識している様子ではない。
　こうした曖昧な認識は，卒後 3 年目を迎えると，一層顕著になる。3 年目の
インタビューで専門学校での学びについて質問したところ，A-5 は次のように
語ってくれた。

　　調査者：いま 3 年経ったけどなんか，専門学校とかで勉強したことが活きた
　　　　　なみたいなのとか。やっぱあれは勉強しておいてよかったなとか思うこと
　　　　　ってありますか？ないならないでいいよ。

A-5：ない，あんまりない。働きだして学ぶことのほうが多かったので。あとはやっぱ現場の先輩の（音声不良）を声というか参考，「こういう子がいるんですけど」って話したときに「こういうふうにするといいよ」っていうほうがなんか学びになる。

　卒後1年目とは異なり，専門学校での学びの効果は「ない，あんまりない」と否定している。仕事をするうえで，現場での経験や先輩からの意見が重要であり，専門学校での学びは関係ないという。

　学びの効果の否定は，ほかの卒業生でも確認できる。卒業後に保育園に就職し，低年齢児（0歳から2歳）の託児所に異動したA-9は，「最初は返事すらできなかった子が，いまは返事をしたりとか，これ片づけてきてっていう会話ができるようになったり」など（卒後2年目），子どもの成長を実感できることに保育士としてのやりがいを見出している。ところが，専門学校での学びについて尋ねると，ほとんど活かされていないという答えが返ってきた。以下は，卒後2年目のインタビュー時のものである。

　調査者：専門学校で学んだことって，いまの仕事にどれぐらい活かされてると思いますか？

　A-9：えーと，10パー。

　調査者：え？

　A-9：10パー。

　調査者：10パー……。100％のうちの10％。それは，10％はどこが活かされてるんですか。

　A-9：うーん，手遊びとか。あとー……体育とかで，ふれあい遊びとかしているなかで，どういうことをやったらいいんだろうねっていうのを学んだことは一応身になってるかな。使えてるかな，いまの保育って感じですね。

　調査者：ほかに使えてるところは？

　A-9：ないです。

働いて２年目の A-9 は，専門学校で学んだスキル（手遊びやふれあい遊び）は「使えてるかな」と認識しているが，「こういう授業は受けたかったな」や「こういうことは教えてくれなかったんだろう」というように，現場での経験と専門学校の学びが乖離していると感じている。A-5 と同様，学びの効果に対する評価は低い（＝「10パー」）。

　専門学校の学びの効果に否定的な A-5 と A-9 であるが，卒後４年目を迎えると，ふたりの認識に変化が見られるようになる。４年目のインタビューは A-5 と A-9 の同席で実施されたが，はじめは学びの効果に否定的であった。ところが，会話をつづけるなかで，効果を確認する様子がうかがえる。少し長くなるが，そのまま引用しておこう。

調査者：４年間お仕事されてきて，専門学校出て資格もお持ちだし，専門学校で学んだことが活かされてるなとか，思うことってありますか？

A-9：ない。

調査者：ない？

A-5：活かされて？

A-9：だって（職場は託児所であるため）ピアノもないし。

調査者：ピアノはないのか。

A-9：いや，ないところに行っています。

調査者：苦手なの？

A-9：大っ嫌いです。

調査者：そうなんだ。

A-9：よく卒業できたねっていうレベルの弾けないんで。手遊びくらい？（活かされていることが）あるとしたら。

A-5：確かに。手遊びは活かせるかも。

A-9：でも，そんなにやってこなかったやん。やったって言うほど。

A-5：一つの授業がすごいいっぱいあったね。

A-9：そうそう。活かされたっていうのはちょっと。

A-5：なんか手遊びプリントもらったじゃん。そのめっちゃ前。

A-9：(音声不良) すべて消去してる。

A-5：その1個の授業で毎始まりのときに絶対1個手遊びやるんですよ。そ
　　れでもらったプリントはいまでもあるんですけど，たまに誕生日会とか，
　　保育参観とかは結構しっかりめにやるので，そういえばと思って探したり
　　とか。

A-9：教科書は，でも役に立ってるかも。

A-5：教科書ね。

調査者：見るんだ。

A-9：手遊び，遊びみたいな。

A-5：歌でしょ。

A-9：歌みたいな。

A-5：あるある。あれは使った。

A-9：何があったかな。あと，あのマンガみたいなやつ。これぐらいのぶっ
　　といやつ。マンガみたいな。

A-5：あったね。あれだよね，わかるよ。

A-9：子どもの成長とか，

A-5：(音声不良)。

A-9：赤と青……

A-5：水色。

調査者：覚えてる？

A-9：それは結構役に立って。

調査者：遊びが載ってる本じゃなくて？

A-9：とかじゃなくて，子どものこういうときどうしたらいいとか。

調査者：対処法とかが載ってる？

A-9：子どもがイヤイヤ期のとき，どう対処したらいいみたいなのがマンガ
　　風に載ってるんですよ。前の職場で見てました。いまは見てないですけど。
　　なんか預かる方が優先なんで，あんま教えるとかもないんで。

質問当初，A-9は学びの効果に対して否定的であり，「あるとしたら」という条件つきで手遊びをあげている。それを聞いたA-5は「確かに。手遊びは活かせるかも。」と同意し，授業のことを思い出している。それでもA-9は懐疑的なままであるが（「活かされたっていうのはちょっと。」），A-5が専門学校で配布されたプリントを使っていることに触れると，A-9は「教科書は，でも役に立ってるかも。」と述べる。スキルに対する肯定的な評価は，卒後1年目にも確認されたことであり，卒後4年目で再評価されたということだろうか。

それだけではない。ふたりは教科書を使うことを確認したあと，子どもの発達（＝子どもの成長）へと話が移り，A-9は「結構役に立」つと言う。卒後4年目になって，スキル以外に子どもの発達の知識の重要性が曖昧ながらも認識されているように見える。

A-5は4年目になっても教科書やプリントを見直す機会があり，専門学校での学びを肯定的に認識している様子がうかがえる。一方，A-9は「教科書は，でも役に立っているかもね。」と学びの効果を認識しつつも，保育園から託児所に職場を異動したこともあってか，「授業が役に立ったかどうかは微妙だけど。」と，懐疑的な認識も併せ持っている。ただいずれにしろ，A-5とA-9は3年目まで学びの効果に対して否定的であったが，4年目にスキルに対する再評価とともに，発達の知識の重要性を認識するようになる。

発達の知識に対する重要性は，ほかの対象者からもうかがえる。正規の保育士として働くA-11は，卒後1年目のとき，学びの効果に対して次のように述べている。

調査者：学校で勉強したことって，いまの仕事で活かされてるみたいなところってありますか？

A-11：そんな深く感じることはないんですけど，小っちゃなことや手遊びとかも，いっぱいそこで教えてもらったから，子どもにふとしたときに，これやろうみたいな感じでも言えるし。子どもが，熱とかじゃないけど発達の段階で，何かおかしいなって感じるときに，この時期はこんくらいで

きてるのが普通ってでも教科書に書いてあったよなっていう参考とかには
なるから。でも一人一人が違うから，必ずそれが当てはまるとは，感じな
くなったんですけど。

調査者：教科書をベースに，現場で知った……？。

A-11：そうですね。

調査者：じゃ教科書見たりとかもしますか？

A-11：見たり……。教科書よりは先生が配ってくれたプリントとかのほう
　　　が見ますね。

　学びの効果に対しては明確ではないものの（「そんな深く感じることはないんで
すけど」），A-11 も手遊びなどのスキルに言及する。その後，子どものトラブ
ルの際には，子どもの発達の知識が役立つという。A-11 は，子どもの発達に
関しては「一人一人が違うから」，知識がそのまま使えるわけではないと慎重
な言い回しをするのだが，卒業しても「先生が配ってくれたプリントとかのほ
うが見ますね」とあるように，専門学校で学んだ知識＝子どもの発達を参考に
している。

　A-11 が A-5 や A-9 と異なるのは，子どものトラブルを経験することで，卒
後 1 年目から発達の知識の重要性を指摘するところである。もちろん，A-5，
A-9 と A-11 の発達の知識に対する認識は，曖昧である。それでも，保育士と
いうキャリアを歩むなかで，子どもの発達＝知識の重要性がおぼろげながら認
識されていることは注目に値しよう。

　ただ一方で，キャリアを通して知識の重要性を実感するには，ある条件が必
要になる。この点を B-7 の事例で見ていこう。

　B-7 は専門学校卒業後，地元で保育士となることを希望するが，地元には正
規の募集がなく，仕方なく非正規で働くことを選択する。非正規で 2 年目を迎
えた B-7 に，専門学校での学びについて聞くと，「先生から教えていただいた
ことが，いますごく役に立ってますね。」と答えていた。この時，専門学校の
先生と連絡を取っていると述べていた。

ところが，こうした認識に変化が生じる。3年目以降もB-7は非正規のまま
であり，職場や正規の同僚に対する不満が高まる。例えば，地元の保育所が集
まる会議には，正規の保育士が参加する一方，非正規の保育士には声もかから
ないという（「正規の人は行くのに，私とか臨時の先生はそういう時はのけ者って。
そこも不満の点ですけど」）。また，園内の行事や活動も正規の保育士のみで決
定されている点も不満であるという（「同じ内容で，子どもを守るのも臨時正規関
係ないのに，そういう大事な時とか。運動会を主に考えるのは正規の先生。行事の
ことはすべて正規の先生が話し合って決める。で，常にそういう感じで，大事なこ
ととか，決め事はすべて正規の先生に絞られてて」）。日々の業務の忙しさや不満
のなかで，B-7は自身が学んだことも振り返れない状況に陥ってしまう。その
結果，学んだ事柄を考える余裕すらなくなってしまう。そのことがうかがえる
のが，3年目のインタビューである。

調査者：専門学校の学んだことっていまのお仕事に活かされてるなっていう
　ことってありますか？
B-7：去年はいっぱいできたんですけど。フリーっていう役割だったので，
　教えてもらったことをいろんなことをやって遊んで。もう今年は，流れに
　ついていくのに必死で，振り返る前にもう次に進んでいかないといけない
　ので，あんまり専門学校のことも，どんなんしたっけっていうのも考えれ
　ず，もう日々過ごすのに必死です。
調査者：去年は例えば，読み聞かせとか手遊びとかを使ったりとかってこと
　ですか？
B-7：うん。
調査者：そういう遊びの小ネタみたいなのを思い出してやったりとかっていう。
B-7：はい。先生がこんなんしてたなとか。オープンキャンパスとかで来て
　くれた生徒さんにおんなしことしてたなとか。私もハッと思ったものをノー
　トに書いておいてたので，それを見たりして，去年はしよったんですけど。
調査者：いまはもう子どもたちに手一杯で一人一人に。

B-7：はい。本当大変です，いまは。

　卒後2年目までは学びに対して肯定的であったが，非正規に留まらざるを得ない状況や理不尽な扱いを受けるなかで，専門学校で学んだことが振り返れなくなる（「あんまり専門学校のことも，どんなんしたっけっていうのも考えれず」）。B-7の事例が示すように，学びの効果の実感には，安定したキャリア形成が欠かせないのではないかと推察される。

3.2　理美容系

　次に，理美容系の卒業生について見ていこう。

　C-1は卒業後すぐに正規の美容師として働きはじめ，卒後3年目には憧れの店舗に異動し，美容師をつづけている。以下は，卒後1年目のとき，専門学校の学びについて尋ねたものである。

調査者：学校のときにいろいろ勉強したことあるでしょ？学科（の授業）もあるし，実技（の授業）もあるしね。これは活かされてるな，みたいなことって思い出すことあります？

C-1：別にこれといってはないですけど。やっぱサロンさんによって，全然やり方も違うから，美容室で習ってたシャンプーとかも，全然やり方が違うし。やけど，やっとったからこそたぶんできてるのもありますね。スムーズにすぐ入れたし，やり方さえ覚えたら。確かにでも……。

調査者：それはシャンプーとか？

C-1：はい。

調査者：これ絶対使わないだろうと思っとったことが，実は働いてみると，意外に重要だったとかっていう気づきとかあります？

C-1：髪の毛の1本1本のつくりとか……。

調査者：つくり？

C-1：髪の毛には，構造があるんですけど，三層の。それとかも，切るとど

うなるとかもお客様に説明できるし，このトリートメントは，ここの髪の
毛のどこまでいきますとか，そういうのって美容学校のときにけっこう国
試（＝国家試験）で勉強してたから，絶対国試だけのためだと思ってたんで
すけど，意外とサロンワークでもお客様にしっかり説明できるから。

調査者：なるほど。カットの技術とかではなくて。髪の毛の……。

C-1：その商品……，トリートメントとか，お勧めするときとかも。

調査者：そうすると結構，あれなんじゃないの。薬に関すること（知識）と
かも，薬の成分とか（の知識）も必要なんじゃないの？

C-1：うん。そうですね。結構。

調査者：そういうことも，（専門）学校で習うチャンスはあったのかな？

C-1：ありましたけど，やっぱ使ってるカラー剤もどんどん進化してるし，
変わってるから。一概には言えないんですけど，パーマの成分とかは，あ
る程度結合させて，髪の毛を結合させて，離して，形作ってもう一回結合
させるとかあるんですけど，それは変わんないかなって思いますね。カラー
はもうほんとに技術がどんどん進んでるから，成分的には。

調査者：学校で習うことっていうのは，現場に行ったら，周回遅れみたいな
感じ？

C-1：まあでも，ほんとに進化してるので，だから，教科書とかもたぶん，
どんどん新しくなるし，追いかけごっこですよね。

調査者：なるほどね。やっぱり働き出して，そこでまた，勉強してかなきゃ
いけんわけだ。

C-1：そうですね。日々勉強ですよ。新しい物どんどん出るし。

　美容室によってやり方が異なるため，C-1は学びの効果に対して必ずしも肯
定的ではない（「別にこれといってはないですけど」）。髪の構造などの基礎的知識
に関しては，消費者への説明の際には重要であると認識しているが，スキルや
道具の進歩は目まぐるしく（「カラー剤もどんどん進化してるし，変わってるから」），
「日々勉強ですよ。新しい物どんどん出るし。」と答えている。スキルや道具の

変化に対応し，学校で学ぶ内容も変化しているが，「追いかけごっこ」との表現にあるように，現場と学校での学習にはタイムラグがあるとC-1は考えている。

タイムラグという認識は，卒後4年目になると，より明確になる。学びの効果に対して，C-1は「これっぽっちもない。」と明確に否定する。そして，専門学校の2年間は「無駄」と言い，その理由はスキルや道具の進歩に専門学校はついていけないためである。スキルや道具の進歩という面で見れば，進歩の速度が加速すればするほど，美容の現場と学校の乖離が目につくようになり，専門学校の学びに対しては懐疑的になるのであろう。

調査者：専門学校での学びが活きてるなとかつながってるなっていうことは，これ毎年聞いてることだけど，4年目のいまなんか感じることある？

C-1：これっぽっちもない。

調査者：これっぽっちもない？

C-1：無駄な2年だった。1年学校にしてほしいです。もう2年も絶対いらない。

調査者：そんなに使ってる感がない？

C-1：学校がサロン向けというよりかは国家試験のための学校だから，そんなの1年も半年もいらないから。

調査者：そうなんだ。

C-1：（専門学校は）基礎知識をつけるためには大事かもしれないですけど，技術って進化してるから。大昔の話とかしとっても，（技術の進歩に）ついていけんのでしなくていいです。そんなのは現場出てから学べばいい。（専門学校は）半年とかにしてほしいです。

C-1以外も，現場と学校の乖離という認識をもっているのか。ここではC-2を取り上げておこう。C-2は専門学校卒業後，関西の美容室に正規のアシスタントとして就職し，卒後3年目にはジュニアスタイリストへと昇格し，4年目

にはスタイリストの手前のポジションにいる。順調なキャリアを歩んでいる C-2 は，専門学校での学びをどのように感じているのだろうか。以下は，卒後2年目のインタビューである。

> 調査者：専門学校でもいろいろ美容に関する勉強もされてたと思うんですけど，そのなかで学んだことがいま活かされてるなみたいに思うことってありますか？
> C-2：なんだろう。技術的にはまあでもシャンプーの授業がそのまま自分の会社に教わったのと，あと学校で教わったのを自分で組み合わせて，やりやすいやつでやったりとか。基礎の部分とか，お客様になんかこれはこうだからこうなんですよみたいな説明をするのに，やっぱ勉強したことも，これはこうやったなって思うのを覚えてて，それをお客様に話すことができるんで。

　スキル（シャンプーなど）に関しては美容室で教わったやり方と専門学校で学んだ方法を組み合わせながら働いている。また，専門学校で学んだ知識については，卒後1年目の C-1 と同様，消費者への説明に用いているという。
　C-1 は美容師としてキャリアを積み上げていくにつれ，専門学校での学びに対して否定的な態度をとるようになっていくが，C-2 にはそのような変化は見られない。卒後3年目以降のインタビューでも，「学校で学んだこと。そうやな。やっぱ知識系ですかね。教科書とかで筆記とかで習ってた知識とかって意外とお客さん知らんかったりするじゃないですか。なんかこれがこうなってこうなってるよっていう理論的なものとか。そういうのをお客さんに説明してあげると「あーなるほど」ってなるのが，やっぱそれは活きてるんじゃないかなとは思います。」と語っているように，学んだ知識は消費者への説明の場面で有効であるとの認識を持ちつづけている。
　消費者への説明における知識の必要性は，ほかの対象者からも確認できる。ここでは，C-6 を取り上げてみよう。ネイリストとして働くことを希望してい

た C-6 は正社員として就職するが，思うように仕事ができず，正社員で働く
ことに困難を感じるようになる。職場をやめるつもりであったが，社長から「休
みとか増やして，やりたいこともやりながら，ちょっと続けてみん？」と言わ
れ，アルバイトへと変更する。以下は，正社員からアルバイトに変更したあと
のインタビューである。

調査者：学校で勉強したことは活かされてる？

C-6：めっちゃ活かされます。

調査者：めっちゃ活かされてる。

C-6：もっと勉強しとけばよかったって，やっぱ後悔してます。

調査者：そう。

C-6：うーん。何か学んだこと全部の応用みたいなことが，ほんと多くて。
　　　なんかこの授業いらんやろって（在学中は）思っとったことも，やっぱい
　　　るなーみたいな。

調査者：例えば？

C-6：なんやろう？衛生管理の部分とか。栄養とか。トータルやけん，いるっ
　　　てもんじゃないなーみたいな。エステ関係のことも，やっぱ学校で学んだ
　　　んで，それもすごい活かされとるけど，たぶんネイル専攻の人が，卒業し
　　　て，ネイルサロン，ネイル専門のお店で働くってなっても，この知識って
　　　いるなっていうのはすごい思いました。

調査者：当時（＝在学中）は全然……。

C-6：うん。いや，いらんやろと思とったやつを。いま，いるなーと思って。

調査者：どうしていると思うの？

C-6：なんかやっぱお客さんと話しよるなかで，自分の説明不足さが目立つ
　　　んですよね。なんか，言いたいことが伝わらん。なんか習ったことやのに，
　　　全然それが思い出せんくて急に。何かお肌にいいのってなんやったっけみ
　　　たいな。急にわからんくなって。あのときちゃんと聞いとけば良かったみ
　　　たいな，後悔する場面に出くわします，けっこう。

224　Ⅲ部　専門学校の女性とキャリア

　正社員としてうまく働けなかったと思っている C-6 は，専門学校で勉強しておけばよかったと後悔している。しかし，在学中には「爪の構造やったり，（爪の）病気やったりが違う皮膚科学とか，栄養学とかに繋がってくるけん，そっちもまあ楽しいっちゃ楽しい」と語っていたように，専門学校で学ぶことを軽視していたわけではない。それでも，実際に働き，消費者へと説明する場面になると，自身の勉強不足が目立つようになり，専門学校での学びを軽視していたと遡及的に解釈している。

　C-6 はコロナ禍の影響もあり，卒業後 3 年目にはほかの会社へ異動する。ここではその詳細は扱わないが，確認しておくべきことは，消費者への説明という場面を契機に，学びの効果に対する認識が明確になるという点である。

3.3　考察─知識と職業教育への語り

　保育系／理美容系専門学校の卒業生の在学中の学びに関する語りを記述してきた。

　保育系専門学校の卒業生は，専門学校で学んだスキル（手遊びやピアノなど）に対しては保育の現場でもある程度効果的だと考えているようである。学びの効果に対して否定的であった A-5 と A-9 でも，スキルの有効性を認識していた。

　それに対して，子どもの発達という知識について，その効果は認識されにくい。A-11 はキャリアの初期から知識の必要性を認識していたが，A-5 と A-9 は卒後 4 年に曖昧ながら認識するようになった。

　子どもの発達＝知識は，在学中とくに実習を通してその重要性は強調されている。例えば，学校 A の教員は次のように述べている。

　（教育実習の）日誌の気づきの覧。自分の子どもの動き，先生と実習生の動き，気づきのところで，その気づきで，こうこうこうだからこうなんだと思ったっていうところまで書けてる子はやっぱり裏付けがあるんですよね，先生の姿を見て，この年齢でいままでこうしてきたからこうなんだなって。間違ってたとしても，やっぱりそういうふうに考えることができる子は，短絡的に判

断しないっていうところは，すごい日誌を見て感じるので。「だから知識が
必要なんだよ」っていう話はします。感情だけでは，その子を判断してはい
けないから，この子がここまで育ったうらには，どんな背景があって，実際
の，平均的にはなってしまうけど，その発達段階とか，心の発達とか，人間
関係の育ちとかっていうものをちゃんと理解してからだったら，なんとなく
その標準値っていうのがわかるので。なのでそこからはみでたのかなみたい
なことを考えればすこし納得ができると思うか，なので「その材料を，あの
あなたたちはいま集めてるんだよ」っていう話はします。

　実習のなかで，子ども理解にとって発達の知識が重要であることが述べられ
ている。そうした知識があってこそ，子どもを「短絡的に判断」せず，理解す
ることが可能となる。保育系専門学校の卒業生は，在学中にこうしたことを繰
り返し耳にし，学んでいるはずである。ところが，現場に入ると，誰もが知識
の重要性に気づくわけではない。発達（段階）は心理学的には概念化されては
いるものの，学習者が容易に可視化できるような知識ではない。発達は「見え
にくい」知識である。そのため，A-11のように，子どものトラブルとリンク
させて考える機会があると，キャリア初期の段階でも専門学校で学んだ知識の
有効性に気づくことができるかもしれない。
　しかしながら，機会があれば，知識の効果を実感するというわけではない。
B-7の事例にもとづけば，卒後当初には学びの効果を実感していたにもかかわ
らず，不安定なキャリアのなかで，学びを振り返る余裕を失い，いつしかその
効果を認識することができなくなっている。学びの効果を認識するには，安定
的なキャリアが不可欠なのであろう。
　理美容系専門学校の卒業生でも，シャンプーなどのスキルの語りは聞かれた
が，それ以上に髪や爪の構造といった知識に対して言及されていた。在学中に
国家資格（美容師）や技能検定（ネイリスト）の取得が目指されるため，知識に
対する語りが目立ったと思われるが，キャリア形成とともに知識に対する語り
方には変化が生じていた。C-1の事例にあるように，現場のスキルや道具の目

まぐるしい変化に焦点をあてた場合，知識は陳腐化しやすく，専門学校での学びに対して効果はないと認識されやすくなる。一方，C-2やC-6のように，消費者への説明に焦点化されると，基礎的な知識であったとしても，説明には必要であるため，専門学校で学んだ知識は有効であると認識される。

　子どもの発達と比較すれば，髪や爪の構造などの知識は，標準化され，誰にとっても可視化できる「見えやすい」知識であるといえる。そうした知識でも，どのように用いるのかによって，専門学校での学びに対する評価は分かれるのであろう。

　なお，C-1は美容施術の知識のアップグレードはつねに必要であると考えており，陳腐化した（あるいは現場では使用されない）知識は，役に立たないと認識している。そうしたC-1の考えを象徴するひとつが，SNSに対する語りである。C-1は，最新の美容の知識やスキルの動画を視聴して学ぶことの必要性を主張している。

C-1：アシスタントのうちにめちゃくちゃ叩き込まれたことと，現場に出てやることのギャップ。全然使わなかった，正直。やってみないとわかんないこといっぱいあったって感じで，いろんな知識も増えたからもう一回勉強しよと思って。いままたしてます。私勉強嫌いなんですけど，好きなことだったらできるって思いました。

調査者：勉強ってどうやるの？

C-1：教材みたいなあるんです。いまYouTubeでも見れるんで。

調査者：前に○○（＝出身の専門学校に）行ってたときも学生が何でそういう（YouTubeで）勉強してるかって聞いたら，授業でも勉強するけど，実際のスタイルの勉強とかはYouTubeとかネットでしてますよ（って言っていて）。

C-1：ネットでしょうね，みんな。無料だし。

　こうした主張の背後には，知識は次々更新されていくという考えが見え隠れする。

4. まとめ――知識への意味づけ

　本章では，専門学校卒の女性を事例に，職業教育の効果に対する学習者の語りを検討してきた。多くの先行研究では，職業教育の効果を計量的に実証してきた。そうしたアプローチから，職業教育のあり方を議論することは有効である。ただし，学習者が職業教育をどのように認識しているかという把握は必要であろう。そのため本章では卒業生の語りを検討してきたが，そこから導き出せる知見は「知識の意味づけ」という視点である。

　保育系専門学校の卒業生は，子どもの発達＝「見えにくい」知識に対する重要性を認識するようになると，職業教育の効果を肯定的にとらえるようになる。ただし，そのためには，安定したキャリアという条件が不可欠である。

　理美容系専門学校の卒業生の語りは，知識の用い方で分岐していた。美容関係の知識は「見えやすい」ものであるが，自身の施術のために知識が必要であると考える場合，教育機関で獲得された知識は陳腐化しやすいため，効果は否定的となる。一方で，知識を消費者のために使用する場合，学校で獲得した知識は基礎知識であっても有効と評価される。そのため，職業教育の効果は肯定的になりやすい。

　専門学校卒女性の語りを辿ると，職業教育の効果は，どのような場面で知識をいかに使うのかといった，知識の使用方法によって左右される。職業教育の議論では，特定の仕事に有効な／必要な知識（あるいはスキル）や，知識の（学習者の）習得状況に焦点をあてられがちである。ところが，習得した知識を具体的な場面でいかに使いこなすかといった，学習者の「知識の意味づけ」について，必ずしも分析が進められてこなかったように思われる。

　文脈に紐づかない能力（コミュニケーション能力など）が特定の行為や内容をもたない「空虚」な訓練可能性になってしまうように（Bernstein 1996＝2000），具体的な場面や使用方法とリンクさせない知識は「空虚」な知識となるのではないか。消費者への説明とリンクさせなかったために知識は有効でないと認識したC-1の事例が，それに該当する。本章の分析結果にもとづけば，職業教

育の効果を検討するうえで，「知識への意味づけ」は重要な視点であろう。

　本章では，学習者の視点から職業教育の効果を検討し，「知識の意味づけ」という観点の重要性を導き出した。今後は，この点を含めて職業教育の効果のメカニズムを検証することが必要であろう。

引用・参考文献

Becker, Gary S., 1975 = 1976, 佐野陽子訳『人的資本論—教育を中心とした理論的・経験的分析』東洋経済新報社.

Bernstein, Basil., 1996 = 2000, 久冨善之・長谷川裕・山崎鎮親・小玉重夫・小澤浩明訳『〈教育〉の社会学理論—象徴統制，〈教育〉の言説，アイデンティティ』法政大学出版局.

Breen, Richard, 2005, "Explaining Cross-national Variation in Youth Unemployment." European Sociological Review 21(2) : 125-134.

Busemeyer, M. R., 2015, *Skills and Inequality: Partisan Politics and the Political Economy of Education Reforms in Western Welfare States*, Cambridge University Press.

Estevez-Abe, M., Iversen, T., and Soskice, D., 2001 = 2007,「社会保護と技能形成—福祉国家の再解釈」Hall, P. A. and Soskice, D.（eds)., 遠山弘徳・我孫子誠男・山田鋭夫・宇仁宏幸・藤田奈々子訳『資本主義の多様性—比較優位の制度的基礎』ナカニシヤ出版：167-210.

Inanelli, Cristina and Raffe, David, 2007, Vocational Upper-Secondary Education and the Transition from School, *European Sociological Review*, 23(1) : 49-63.

Shavit, Yossi and Müller, Walter, 2000a, "Vocational Secondary Education: Where Diversion and Where safety net?" *European Societies*, 2: 29-59.

Shavit, Yossi and Müller, Walter, 2000a, "Vocational Secondary Education, Tracking, and Social Stratification" Hallinan, Maureen T.（ed.), *Handbook of Sociology of Education*, Kluwer: 437-452.

Spence, Michael A., 1974, *Market Signaling; Informational transfer in Hiring and Related Screening Processes*. Harvard University Press.

Thurow, Lester C. 1975 = 1983, 小池和男・脇坂明訳『不平等を生み出すもの』同文館.

Van de Werfhorst, Herman G., 2014, Changing Societies and Four Tasks of Schooling: Challenges for Strongly Differentiated Educational Systems, *International Review of Education*, 60(1) : 123-144.

229

終章 就「職」型キャリアを考えるために

片山悠樹

　調査対象者が専門学校に入学した2017年から2022年までの6年におよぶ調査データをもとに，専門学校の若者たちの移行やキャリア形成を分析してきた。各章は執筆者の独自の論考であるため，あえてまとめることは控えたい。ただ，編者として各章の知見をできるだけ適切にとりだしながら，本書の暫定的なまとめとさせていただく。

　ここで「暫定的」と書いたのは，調査は現在も進行中であるという意味もあるが，（繰り返しになるが）学科の構成など多義的な性格を有する専門学校の実態にもかかわらず，地域と学科が限定された，われわれの調査から導かれる知見は仮説に留まるという意味も含むためである。こうした限界を踏まえながら，ここでは3つの視点を提起しておきたい。

1. 専門学校からの移行

　まず指摘しておきたいことは，専門学校からの移行の特徴である。

　本書では，保育，介護福祉，理美容や自動車整備といった，労働市場への参入に職業資格[1]が必要となる「資格職」を養成する専門学校を取り上げてきた。ドイツのような学校教育と職業資格の結びつきが強い社会と比較すれば，日本社会は結びつきが弱いという特徴を有するため（Müller and Shavit 1998，多喜 2020），これまでの移行研究では企業社会への移行に関心が集中し，議論されてきた（就「社」型キャリア）。これまでの研究と比較すると，専門学校からの移行にはどのような特徴が見られるのか。

　4章で見たように，ほとんどの学生たちが卒業前に，少ない回数（1〜2回）の

受験で就職先を決めており（**表4-1，表4-2**），一見すると高卒就職（苅谷1991，中村編2010など）と大きな違いはない。しかしながら，保育・介護福祉系と理美容系専門学校を事例とした分析によれば，「資格職」で構成される労働市場（就「職」型キャリア）における移行の特徴が指摘できる。ここでは，「実習」と「地域移動」の2つの観点から議論してみたい。

　コロナ禍で人口に膾炙した「エッセンシャルワーカー」には保育士や介護福祉士も含まれ，私たちの生活圏と密接に結びついた職種といえる。どの地域にとっても不可欠な職種ということもあってか，都市／非都市にかかわらず，保育士や介護福祉士を目指す学生のほとんどが入学当初から「地元」への就職を希望し，実際に就職していた。ただし，「地元」であればどこでもよいというわけではない。働く地域以上に，働く職場（＝施設や園）との相性（例えば，保育観など），働きやすさや雰囲気が移行の際に最も重要な要素となる。そうした相性や雰囲気を知るうえで実習はまたとない機会となる。われわれの調査でも，実習での経験をもとに就職先を決める事例がいくつも確認された。

　こうした実習を介した移行は，採用側にとっても一定のメリットが存在している。保育士を例にとれば，人材不足のなか，面接などで初めて会う候補者を採用するよりも，実習を通じて「能力」をある程度理解したうえで採用する方がミスマッチを避けられると，採用側は認識している。その意味で，実習はマッチング機能を果たしている。高卒就職のように，成績をシグナルに訓練可能性を推し量るしくみとは異なり，実習という直接的な経験をもとに，採用側も学生側も判断する点において特徴がある。

　理美容系専門学校においても，サロンの見学や実習が就職先を決める契機となるように，実習は重要な位置を占める。ところが，保育・介護福祉系と異なるのが，地域移動である。対象者の認識にもとづけば，キャリアアップや起業に必要な技術・スキルを獲得するには都市が有利であり，さらなる技術・スキルを求めて都市へと移動する（9章）。保育・介護福祉系の場合，必要な技術・スキルは都市／非都市に関係なく存在するが，理美容系の場合，技術・スキルは都市に集中すると認識されている。地域移動の研究では，若者の都市への移

終章　就「職」型キャリアを考えるために　231

動の要因として，収入の高さや安定性などが指摘されるが[2]，本書の知見にもとづけば技術・スキルもひとつの要因になる可能性がある。

実習＝直接的な経験を介した移行と地域移動の要因＝技術・スキルという視点は，専門学校の若者の移行の特徴を理解するうえで重要になろう。ただ，それは専門学校の若者のみに確認される特徴ではない。

職業資格を取得するうえで実習が必須である職種や，高度な技術・スキルが都市に集中しやすい職種は，本書で取り上げた職種以外にも数多く存在する（看護師やパティシエなど）。しかも，養成機関は専門学校に限られているわけではない。こうしたことを踏まえれば，上記であげた移行の特徴を支えているのは，専門学校というよりも，就「職」型キャリアの特徴といえよう。序章で指摘したように，就「職」型キャリアを理解するうえで，従来の移行研究とは異なる本書の視点は検討する価値があるのではないかと思われる。

2. 就「社」社会周縁でのキャリア形成

次に指摘しておきたいのは，専門学校卒の女性の初期キャリアである。

専門学校入学時から開始したわれわれの調査は，対象者が卒業した後も追跡してきた。調査人数の関係で，限られた対象者しかフォローできていないが，ここでは本書の目的に即して女性のキャリアについて言及しておこう。

表終 -1 には，卒業後に追跡できた女性の初期キャリアを示している。すべての対象者を常に追跡できているわけではないため，インタビューが実施できず状況不明の部分は斜線となっている[3]。表を見ると，卒業時に進路未定で専門とは異なる職種に就いた者（B-5）[4]，卒業後 1 年目で職種を変えた者（C-3）[5]，職場を変え卒業後 4 年目には休職になった者（A-7）[6] がいることがわかる。また，卒業後 2 年目の時期は新型コロナウイルス感染症の流行（第 1 波～第 3 波）と重なり，通常以上の業務を負わざるをえなかった者[7]，キャリアの変更を余儀なくされた者[8] もおり，感染症の流行が彼女たちの初期キャリアの形成にとって大きな障害となった。本書の取り上げた保育・介護福祉や理美容の業界は，

III部　専門学校の女性とキャリア

表終-1　卒後4年目までのキャリア

	2019年度 卒後（1年目）	2020年度 卒後（2年目）	2021年度 卒後（3年目）	2022年度 卒後（4年目）
A-1	保育士			
A-5	幼稚園教諭			
A-7	子ども向け福祉施設 （施設変更3回）			休職中
A-9	保育士 （保育園）		保育士 （託児所）	
A-11	保育士 （こども園→院内保育）	保育士 （保育園）		
B-5	清掃関係 （卒業時に進路未決定）			
B-6	保育士 （保育園）			
B-7	保育士 （契約）			
C-1	美容師		美容師 （会社異動）	
C-2	美容師			
C-3	美容師→ オペレーター			
C-4	美容師			
C-6	ネイリスト （正社員→アルバイト）	ネイリスト （アルバイト）	ネイリスト （会社異動）	

注：表中の斜線部はインタビューが実施でいなかったため，状況が不明。

対人関係が仕事のベースであるため，その影響は計り知れないものであった。

　こうした困難のなかでも，職場を異動しながらも職種を変えることなく，キャリアを積みあげている者が一定数存在している。10章で見たように，職場で不遇な扱いを受け，学んだ内容を忘れてしまいそうな者（B-7）も含まれているが，専門学校で学んだ知識を職場の具体的な場面にリンクさせながら（10章），初期キャリアを歩んでいる。彼女たちは専門学校で学んだ知識を頼りに，職場を変更しながらも職種を変えないというキャリアを形成している。こうしたキャ

リア＝就「職」型キャリアが，先行研究で指摘されているような，女性に見られる専門学校の教育効果の基礎となっていると考えられる。本書で扱った専門学校の教育効果を，職業教育という文脈で言い直せば，次のようにいえる。

　学歴（教育年数）によって訓練可能性を測定し，就業後に訓練することが「合理的」であるという論理が優勢な社会（とくに日本社会）では，職業教育に対する関心が必ずしも高くなく，研究も多くはなかった。組織内で職種（職務）を異動するキャリア形成では，特定の技術・スキルを伝達する職業教育の効果は表れにくいことを考えれば，ある意味で当然かもしれない。就「社」社会を前提とした，これまでの研究では，スムーズな移行と潜在能力を推定するシグナル＝学歴／成績の影響が議論の焦点となった。

　しかし，「社会サービス」における女性の就業者数の拡大など（序章），脱工業化のなか，組織内で職種を異動するキャリアとは異なる就「職」型キャリアが目立つようになる。そして，本書で見たように，就「職」型キャリアでは職種をベースとした教育内容が就業後も一定の影響を持つ可能性がある。就「社」社会とは異なる労働社会を念頭に置いた場合，若者たちのキャリア形成に対して職業教育はいかなる機能を果たしているのか，改めて考えてみる必要がある。就「社」社会の外部では，職業教育は効果を発揮している可能性がある。

　このように述べると，職業教育（専門学校の教育）に問題がないように見えるかもしれないが，ここでは理美容専門学校を事例に懸念すべき点を指摘しておきたい。それは，「アントレプレナー」的キャリアにおけるリスクである。

　9章で述べたように，理美容系専門学校では将来的な起業を目指し，技術・スキルの獲得のために都市に移動する若者（女性）たちが少なからず存在していた。こうした背後には，専門学校の教育が関係している節がある。対象校の理美容系専門学校では，起業を選択肢に含めた進路指導を行っていた。学校ＣのＳ先生は，理美容業界では店のコンセプトを工夫することで成功している事例があり（例えば，プライベートな空間を楽しむ＝椅子1台，シャンプー台1台の小さな店舗），かつてと比べて起業に必要な運転資金の苦労も軽減していることをわれわれに話してくれた。そして，起業に関する話題を学生にするのかと

いう筆者の問いかけに対して，就職関連の授業で話すと回答している。

　S先生：それ〔は〕就職〔の〕授業のなかで話してます。
　調査者：そうなんですか。
　S先生：はい。就職の授業のなかで，こういうふうにいまは変わってきてる
　　　　　よっていう。で，例えば，美容学科のなかでいま就職のやつを私〔が〕し
　　　　　よん〔＝している〕のは，将来自分が，まずどういう店を持ちたいか，そ
　　　　　れとも店長になりたいのか，オーナーになりたいのか，特別なひとつだけ
　　　　　の技術だけを追求する技術者になりたいのか，まず決めなさいっていうか
　　　　　たちをして。じゃあそういう，そのあとに，就職〔を〕考えようよっていう。
　　　　　そういう人が育ったお店じゃないとノウハウは吸収できないから，そうい
　　　　　うお店を次に探すっていう順番でやっていけるかたちにしてます。

　9章で描かれた「地元」での起業を目指し，都市で技術・スキルを身につけ
る若者（女性）の姿は，理美容業界では「あたり前」なのかもしれないが，専
門学校もこうした傾向を後押ししている可能性がある。
　起業が業界におけるキャリア形成のひとつであれば，さまざまな可能性（起
業／店長／技術者など）を学生に示す指導は，とくに問題はないのかもしれない。
ただ，起業には，資金繰りの仕方，必要書類，マーケティングやプランニング
などさまざまな知識や手続きが必要となる。また，統計を見ると，業種別（中
小企業・小規模事業者）では，理美容を含む「生活関連サービス業・娯楽業」は
開業率が高い一方で廃業率も高く[9]，生き残りをかけた競争が厳しいため，短
期間のうちに廃業に追い込まれるリスクがある。とくに理美容系の業界では，
その傾向が強い。そういった実態を鑑みれば，起業に向けた具体的な指導とま
ではいかなくとも，起業にともなうリスクについてはある程度教える必要はあ
るのではないか。起業は，組織のなかでのキャリア形成と比較すれば，不確定
要素が多く，リスクを抱えやすいキャリアである。起業に対するあこがれだけ
を支援するかたちでは，若者が抱えるリスクはあまりに大きいのではないか。

終章　就「職」型キャリアを考えるために　　235

　上記を「アントレプレナー」的キャリアのリスクとすれば，専門学校はこう
したリスクをどこまで踏まえ，支援を行っているのだろうか。現時点では検証
する材料はないが，理美容だけでなく，トリマーやトレーナーなど起業に関わ
りある職種を養成する専門学校は一定数存在するため，こうしたことを検討す
る必要があろう[10]。

3.　ジェンダー規範の再生産

　最後に，ジェンダー規範の再生産である。

　6章では専門学校の女性の性別役割分業意識に関する分析を行っているが，
一部の女性で在学中に性別役割分業意識を強化している傾向が確認された。仮
説の域を出ないものの，専門学校の教育によって性別役割分業意識が強化され
ている可能性は否定できない。うえで見た女性のキャリア形成を促す役割を担
う専門学校の教育が，一方で性別役割分業意識の強化・維持を助長しているお
それがある。

　こうしたことは，対象者の今後のキャリアにどのような影響を持つのか。残
念ながら，本書では明らかにはできない。ただし，6章の補論で示されている
ように，ライフコースのなかでワークライフバランスに対する意識がどのよう
に変化するのか，またその変化がキャリアにいかなる影響を及ぼすのか，その
兆しが見えている。本書で扱われたのは20代前半までであり，保育観の食い
違いに悩みながらキャリアを続ける対象者や起業を目指し都市へと移動する対
象者など，インタビューで語られる内容は仕事の比重が高い。しかし，結婚や
出産などを意識した語りも徐々に増え始めている。20代中盤にさしかかり，
私生活の比重が高まるなか，われわれの調査の対象者はどのようなキャリアの
転換を迎え，いかなる選択をするのであろうか。

　こうしたことを検討するうえで，職業教育を通じたジェンダー規範の再生産
という論点は不可欠であろう。かつて経済発展と教育をめぐる議論（マンパワー
論）のなかで，職業教育は耳目を集めたが，批判的見解（職業教育の神話）の登

場とともに（Foster 1965），職業教育を通じた階層の再生産が強調された。教育を通じた再生産論という視点が強まるなかで，職業教育（職業トラック）は教育期待や職業期待の階層間格差を維持・拡大する役割を果たしているという実証研究は数多く提出された。専門学校の場合，階層の再生産だけでなく，職業教育を通じてジェンダー規範の再生産がどのように行われているのかを検証することは必要である。そして，再生産されたジェンダー規範が女性のキャリアの選択にどのような影響を及ぼすのか，その議論も不可欠である。

4. 今後の課題

　本書では，専門学校の移行やキャリア形成の特徴を理解するために，就「職」型キャリアという視点から分析を行ってきた。ただし，1章で指摘したように，移行やキャリア形成はいくつかのパターンに分かれる可能性がある。「ビジネスサービス」では，長期雇用を前提に高学歴層を採用し，採用後は長期的な訓練が実施される。「ビジネスサービス」とは対照的に流動的な労働市場の「社会サービス」では，採用時に専門的な技術・スキルが求められ，長期雇用・長期訓練への志向は弱い。また，「消費者サービス」も技術・スキルが必要とされるが，その水準は低い。賃金も低く，雇用環境も不安定である。

　本書では，この3つのパターンのうち，「社会サービス」に該当する保育・介護福祉系と，「消費者サービス」に該当する理美容系や自動車整備士系専門学校を取り上げてきたが，この2つのキャリア形成の違いについて十分に言及できなかった。また，キャリア形成に対する専門学校の効果は，なぜ女性において顕在化しやすいのかという問いへの答えは，「社会サービス」や「消費者サービス」で構成される労働市場が関係していると考えられるが，それでもその解明は不十分である。この点も今後の課題であろう。

　われわれの調査はいくつもの限界を抱えており，本書は実証的研究というよりも，就「職」型キャリアという視点の提示と位置づけられる。それでも，就「社」型キャリアにはない特徴を示せたのではないかと考えている。

終章　就「職」型キャリアを考えるために　　237

　本書の視点は，専門学校以外の職業教育を考える際，どのようなひろがりを持つのか。かつて製造業が経済をけん引していた時期は若年人口が多かったが，1980年代後半から若年人口が減少し，さらに脱工業化により産業構造も変化している。そうした変化のなかで，職業教育は社会に対してどのような役割を担えるだろうか。人口減少のなか，「社会サービス」への需要が増大しつつも，担い手が不足している。そのなかで労働環境を整備とともに，その担い手をいかに育成すべきか。その一端を職業教育が担っているため，専門学校以外の教育機関でもその役割を検討する必要があろう。

　注
1) 辻功（2000）によれば，日本の職業資格は，医師などのように資格保有者で業務が独占される「業務独占型資格」（資格を保有しない者の医療行為は違法）と，保育士のように業務は独占的ではないものの，肩書上必要となる「名称独占型資格」に分類される。
2) 「地元」に留める要因としては，「地元」の人間関係が指摘されている（新谷2002）。
3) 10章の表10-1よりも人数が多いのは，卒業後1回だけインタビューに参加した対象者が含まれているためである。
4) B-5はインタビュー時に，専門学校で学んだ内容は仕事には生かされていないものの，仕事の内容がつらいこともなく，不満もないと回答していた。
5) C-3は，店舗内の人間関係や使途不明の出費などに悩み，専門学校の教師に相談したうえで美容師を辞めたという。ただし，「また戻ろうか，美容室別のとこにしようか，どうしようかって悩んで。まあ，何か資格はなくなるもんじゃないし。で，もうずっと使える資格やけん，何か，いまはちょっと休もうかなみたいな，感じにして。」と語っているように，美容師の仕事内容に対して不満を抱いていたわけではない。
6) A-7は，自身の保育観と職場の保育観の違いで職場を3回変えたという。「思い描いていた保育に対する，なんかそういうのがちょっと違っている。私はもっと言葉を自分で工夫して，子どもたちを誘導っていうか，導いていくっていうか，そういうのしたいんですけど，前の方は結構行動で示すみたいな。本当にダメなことはもうダメって前面に出すみたいな。感じのギャップがすごくって，私の思い描いていたものとは違うなって思って。でも仕事はすごく好きで，子どもたちもかわいいんで，どうしようって悩みながら，ちょっとほかの施設は違うかもとか思いながら，結構転々としてしまって，いまに至るみたいな感

じです。」

7) 例えば，A-5はコロナ禍のなかで，行事などに関して臨機応変な対応が求められ，負担があったという。

調査者：さっき9月の保育参観がなくなったというのは，コロナとかの影響？

A-5：そうです。一回減って，コロナの人が減ったじゃないですか。で自粛が明けたので，保育参観まだやってなかったので，やろうってなったんですけど，また増えちゃったじゃないですか。なので，ちょっと止めようか〔と〕。最初はその決まったときには本当は一日で保育参観，全クラスやるんですけど，2つに，2日間に分けてやろう〔と〕。

8) C-6によれば，コロナ禍で勤務先が本業のネイルだけでは経営が立ち行かなくなり，急遽弁当屋を始めたという。その結果，C-6はある時期の勤務はほとんど弁当屋であったと述べている。

C-6：お弁当屋さんができて……。

調査者：できて？

C-6：その，ネイリストとしての活動期間が減ってしまった。私らが。

調査者：ネイリストとして，働く時間が減って？

C-6：そうなんですよ。

調査者：お弁当屋さんとして働く時間が増えてしまった？

C-6：はい。

調査者：コロナのせい？

C-6：コロナのせいやと思っとんですよ。わからんけど。

調査者：なるほどね。

C-6：そんな気はします。コロナのせいにしたい。もう。

9) 中小企業庁『小規模企業白書』2021年版を参照。
https://www.chusho.meti.go.jp/pamflet/hakusyo/2021/shokibo/index.html（最終閲覧2024年8月9日）。

10) 荒川葉（2009）は，1980年代後半以降の個人の興味・関心に応じた進路形成を推奨する高校教育改革と，そのひとつの帰結として実現可能性の低い職種への水路づけの問題を指摘しているが，「アントレプレナー」的キャリアを促す指導のあり方は類似の構図であると考えられる。

引用・参考文献

荒川葉，2009，『「夢追い」型進路形成の功罪―高校改革の社会学』東信堂.

新谷周平，2002，「ストリートダンサーからフリーターへ―進路選択のプロセスと下位文化の影響力」『教育社会学研究』71：151-169.

Foster, Philip. J., 1965, "The Vocational School Fallacy in Development Planning," in Anderson, Arnold C. and Mary J. Bowman (eds.), *Education and National Development*, Aldine: 142-166.

苅谷剛彦，1991，『学校・職業・選抜の社会学—高卒就職の日本的メカニズム』東京大学出版会.

中村高康編，2010，『進路選択の過程と構造—高校入学から卒業までの量的・質的アプローチ』ミネルヴァ書房.

Shavit, Yossi and Müller, Walter (eds.), 1998, *From School to Work: A Comparative Study of Educational Qualif ications and Occupational Destinations*, Oxford: Oxford University Press.

多喜弘文，2020，『学校教育と不平等の比較社会学』ミネルヴァ書房.

辻功，2000，『日本の公的職業資格制度の研究 – 歴史・現状・未来』日本図書センター.

索　引

あ行

e-Stat　16
一社勤続型　149, 159

か行

外部労働市場　149
可塑性　34, 118, 135
学校基本調査　8, 17, 18, 19, 35-37, 39, 40, 59, 69
起業　171, 230, 233-235
キー・コンピテンシー　95-98, 114
技能　30, 32, 35
技能検定　225
技能職　20, 23, 35
技能水準　4, 32
キャリア　3, 4, 6, 7, 10-12, 16, 20, 53, 57, 60, 82, 86, 107, 140, 141, 149, 157, 160, 162, 164, 169, 171, 173, 175-177, 182, 183, 192, 204, 206, 217, 222, 224, 225, 227, 231-236, 238
キャリアアップ　23, 149, 230
キャリア意識　11, 148, 158
キャリア観　11, 20, 22, 116, 130, 148, 149, 157, 158, 159
キャリア形成　1-3, 8-11, 20, 23, 34, 35, 39, 40, 41, 44, 57, 60, 64, 126, 140, 160, 161, 169, 171, 175-177, 180, 206, 219, 225, 229, 233-236
キャリアコース　21
キャリア支援　91
キャリア達成　20
キャリア展開　183
キャリア展望　10, 11, 82, 106, 107, 130, 140, 141, 157, 171
キャリアパス　90
キャリアモデル　168
教育コンピテンシー　97, 98, 113
教育投資　33

き行（右段）

勤続型　21, 23
訓練可能性　2, 6, 31, 32, 68, 227, 230, 233
訓練機会　10, 30
結婚　23, 132, 135, 150, 151, 161, 164, 168, 179, 189, 190, 235
厚生労働省　16, 20, 30, 32, 35, 179, 182
子育て　135, 147, 151, 168, 169, 179, 189-191, 199, 203, 204, 206
子育ての社会化　190, 206
雇用管理　32, 33, 35
雇用動向調査　16, 18, 35, 70, 179
雇用の安定性　10, 30, 33
雇用の質　4, 10, 16, 23, 24, 26, 30, 32-35
コロナ禍　174, 187, 198, 201, 202, 224, 230, 238

さ行

産業構造　4, 11, 16, 33, 237
ジェンダー　7, 131, 140, 151
ジェンダー規範　117, 131, 132, 235, 236
ジェンダー・トラック　136
資格　5, 7, 20, 32-35, 41, 42, 47-49, 51-53, 56, 60, 64, 68, 74, 75, 81, 89-91, 119, 121, 130, 142, 156, 179, 190, 191, 206, 225, 229, 230, 237
「資本主義の多様性」論　6, 11, 41
社会化　117-119, 122, 131, 132, 151
社会サービス　4-6, 9, 10, 12, 19, 25, 27-34, 36, 37, 42, 49, 52, 53, 56, 233, 236, 237
若年者雇用実態調査　16, 29-31, 36
若年労働市場　68
就業構造基本調査　5, 9, 17, 18, 24-28, 36, 42, 43, 140
就「社」型キャリア　2-4, 6, 7, 12, 68-70, 229, 236
就「社」社会　1, 11, 233
就「職」型キャリア　3-8, 10, 12, 91, 230, 231, 233, 236

従来型サービス　5, 9, 12, 24, 25, 37, 42, 50, 53

従来型産業　5, 9, 20, 24-26, 30-34, 35, 42, 50, 51, 53

従来型ものづくり　5, 9, 12, 24, 30, 31, 37, 42, 50, 53

出産　23, 132, 150, 180, 190, 191, 199, 203, 206, 235

消費者サービス　5, 9, 10, 12, 19, 25-27, 29-32, 35, 42, 49, 52, 53, 56, 236

初期キャリア　10, 16, 33, 34, 38, 41, 44, 47, 49, 56, 140, 147, 157, 158, 169, 171, 179, 180, 184, 185, 203-206, 231, 232

職業希望　87, 141-143, 148, 157

職業教育　4, 6-8, 10-12, 41, 94, 95, 113, 114, 118, 122, 130, 132, 209, 210, 227, 233, 235-237

職業教育の効果　11, 209, 210, 227, 228, 233

職業資格　34, 41, 42, 156, 229, 231, 237

職業選択　118, 140, 203, 206

職業能力　124, 125, 130-132, 135, 153

職業への移行　3, 12, 17, 35, 68, 73

職場定着　32, 132

職務　1, 2, 6, 23, 41, 95, 97-99, 113, 114, 122, 124, 233

職務コンピテンシー　97, 98, 113

職務遂行　32

職務遂行能力　32

ジョブ型　1, 2

JILPT →労働政策研究・研修機構

新型コロナウイルス感染症　16, 92, 187, 197, 206, 231

新規学卒一括採用　2, 68

新規学卒者　2, 18, 20, 32, 68

進路選択　118, 119, 124, 141

スキル　2, 6, 7, 10, 11, 41-43, 49, 53, 86, 130, 154, 156, 165, 172, 175-177, 197, 198, 200-204, 209, 212, 214, 216, 217, 220-222, 224-227, 230, 231, 233, 234, 236

スキル観　177

スキル形成　7, 41-43, 176, 177, 204, 206

スキル形成レジーム　11, 41, 49

スキル職　165, 167, 176

正規雇用（者）　4, 10, 12, 16, 18, 21-26, 28, 30, 32, 33, 35, 36, 132

正規の教諭　211

正規の職員（・従業員）　18, 35

正規の保育士　216, 218

性別職域分離　32

性別役割意識　11, 116-132, 135, 136, 155, 158

戦後日本型青年期　12, 127, 130, 155

潜在的逆機能　11, 132

早期離職　32, 95, 179

即戦力　30, 33

た行

脱工業化　4-6, 10, 16, 19, 20, 24-26, 33, 233, 237

脱工業化サービス産業　5, 9, 24-26, 30, 32, 33, 49-53

地域移動　11, 60, 160, 161, 164, 167, 169, 171, 174-177, 230, 231

知識への意味づけ　228

転職型　21, 23, 179, 182, 183

転職・独立型　149, 159

独立型　21, 23, 179, 182

な行

内部労働市場　149

能力アイデンティティ　131

は行

ビジネスサービス　5, 9, 12, 24-26, 29-32, 34-37, 49, 53, 236

非正規雇用（者）　4, 22, 32, 132

非正規の保育士　218

非認知的能力　11, 63, 94-96, 98, 99, 113, 114

ま行

免許　20, 32, 34, 35, 167, 199

メンバーシップ型　1, 2

や行

やりがい搾取　179, 180, 186

ら行

ライフイベント　151, 179

ライフキャリア観　119, 126, 130, 141, 153, 158

ライフコース　126, 127, 135, 155, 235

労働市場　4, 16, 20, 24, 25, 32, 33, 35, 41-43, 49, 56, 68, 156, 209, 229, 230, 236

労働政策研究・研修機構（JILPT）　16-18, 20-22, 30, 35

ロールモデル　163, 164

わ行

ワークキャリア（観）　119, 125, 127, 141, 148, 157, 158

ワーク・ライフ・バランス　145, 204

執筆者紹介

片山 悠樹（KATAYAMA Yuki）【編者】（序章・2 章・3 章・4 章・5 章・10 章・終章）

所　属：愛知教育大学教育学部　准教授

専　門：教育社会学　職業教育論

主な業績：『「ものづくり」と職業教育—工業高校と仕事のつながり方』（岩波書
　　　　　店：単著），『現場から変える！教師の働き方—できることから始める
　　　　　ローカルな学校改革』（大月書店：共編著），『危機のなかの若者たち—
　　　　　教育とキャリアに関する 5 年間の追跡調査』（東京大学出版会：分担
　　　　　執筆）ほか

岩脇 千裕（IWAWAKI Chihiro）（1 章）

所　属：（独）労働政策研究・研修機構　主任研究員

専　門：教育社会学

主な業績：『日本社会の変容と若者のキャリア形成』（労働政策研究・研修機構：
　　　　　分担執筆）ほか

都島 梨紗（TSUSHIMA Risa）（4 章・9 章）

所　属：岡山大学社会文化科学学域（文）　准教授

専　門：教育社会学・犯罪社会学

主な業績：『非行からの「立ち直り」とは何か』（晃洋書房：単著）ほか

上地 香杜（KAMIJI Koto）（4 章・8 章・9 章）

所　属：静岡大学教職センター　特任助教

専　門：教育社会学

主な業績：「大学進学時におけるジェンダーと地域移動に関する基礎的検討—都
　　　　　道府県別の経年変化に着目して」『日本高校教育学会年報』31：50-59
　　　　　ほか

尾川 満宏（OGAWA Mitsuhiro）（6 章・7 章）

所　属：広島大学大学院人間社会科学研究科　准教授

専　門：教育社会学

主な業績：「若者の移行経験にみるローカリティ—仕事，家族，地元のリアリティ
　　　　　をめぐる社会＝空間的アプローチの可能性」『教育社会学研究』102：
　　　　　57-77 ほか

就「社」社会で就「職」する若者たち
―専門学校生の初期キャリア―

2025年3月15日　第一版第一刷発行

編著者　片山　悠樹

発行者　田中　千津子

発行所　株式
　　　　会社 学 文 社

〒153-0064　東京都目黒区下目黒3-6-1
電話　03（3715）1501 ㈹
FAX　03（3715）2012
https://www.gakubunsha.com

©Yuki KATAYAMA 2025　Printed in Japan
乱丁・落丁の場合は本社でお取替えします。
定価はカバーに表示。

印刷　新灯印刷㈱

ISBN 978-4-7620-3411-4